Longman
Essay Writing

Longman Essay Writing 3rd Edition
Copyright ⓒ 2006 by Pearson Education Korea, Ltd.

이 책은 저작권법에 의해 보호받는 저작물이므로 출판권자의 허락 없이는 무단전재와 무단복제를 금합니다.

Longman Essay Writing 3rd Edition

지은이 | 박광희
펴낸곳 | (주)피어슨에듀케이션코리아
펴낸이 | 오용진
기 획 | 이경헌
표지디자인 | 디자인클립
편집디자인 | 김선희
제 작 | 김지헌
마케팅 | 안백순
인쇄 · 제본 | 갑우문화사

초판 1쇄 | 2000년 8월 21일
2판 1쇄 | 2003년 2월 7일

3판 1쇄 | 2006년 3월 20일
3판 1쇄 발행 | 2006년 3월 27일

출판등록 | 제 13-579호(1999.3.31)

(주)피어슨에듀케이션코리아
120-110 서울시 서대문구 연희동 137-5 신라2빌딩 4층
전화 (02) 2014-8832 / 팩스 (02) 2014-8801

ISBN 89-450-9168-8

※ 잘못된 책은 구입한 곳에서 교환해 드립니다.
www.longmankorea.com

iBT TOEFL® 및 영어논술 시험대비

Longman
Essay Writing

PEARSON
Longman

[머리말]

'돈 버는 영어'와 '돈 쓰는 영어'

필자가 실제 현장에서 영어를 다양하게 사용해 본 결과, 영어에는 크게 두 종류가 있는 듯하다. '돈 버는 영어'와 '돈 쓰는 영어'가 그것이다. 만약 아직 영어로 이메일 하나 제대로 쓰지 못한다면, 여러분은 지금껏 '돈 쓰는 영어'를 한 것이다. 반면, 어느 분야에서든 자기의 지식과 생각을 설득력 있게 영어로 전달할 수 있다면 '돈 버는 영어'를 한 것이다. 따라서, '돈 버는 영어'의 핵심은 Essay Writing Skill 에 있다고 말할 수 있다.

소위 '올림픽 정신'으로 막연히 영어를 배우는 '돈 쓰는 영어'는 끝내야 한다. 일방적으로 영어 교재와 학원에 돈 퍼 주는 일은 이제 그치고, '메달을 기필코 따고야 말겠다'는 자세로 '돈버는 영어'를 익혀 맘껏 세계를 누벼야 할 때이다.

영작문은 모방(Copy)이다!

10년 영어 공부를 하였어도 자신 있게 영어 문장 한 줄 제대로 쓰지 못하는 게 우리의 현실이다. 그렇다면 어떻게 하면 영작문을 잘 할 수 있을까?

필자는 필자 자신의 영작문 학습 체험과 그 동안 학생들에게 영작문을 지도해 온 경험을 통하여 나름대로의 비법을 발견하였다. 바로 '영작문은 모방(Copy)'이라는 명쾌한 원칙을 실천하는 것이다. 즉, 한국인의 입장에서 영어 작문을 잘 하려면, 평소에 좋은 영어 표현과 문장들을 철저히 이해한 후 암기해 두었다가, 다양한 상황에서 적절히 카피, 또는 응용하여 영어 문장을 써 나가는 능력을 키우는 것이다. 이 방법이야말로 영작문을 잘 하는 최선의 지름길이다. 특히, 제한된 시간에 한 편의 에세이를 쓰거나 영작문을 해야 하는 iBT TOEFL Writing Test의 경우는 더욱 그렇다.

한국인의 입장에서 영작문은 '아인슈타인의 물리 공식'이 아니다. 다시 말해, 어느 날 영작문의 이치를 깨치게 되면 술술 풀리는 것이 아니다. 그것보다는 평소 좋은 영어 표현 및 문장을 꾸준히 외우고, 응용할 수 있는 능력을 키우는 것이 바로 자유롭게 영작문을 할 수 있는 비법인 것이다.

한국적 현실에 맞는 '카피 영작문 학습법'

　이 책이 처음 출간된 이후 1차 개정판(2판)을 거쳐 iBT TOEFL과 '영어 논술'이라는 혁명적 영어 학습 환경의 변화에 맞춰 2차 전면 개정판(3판)을 출간하게 되었다.

　이 책이 처음 출간될 무렵만 해도 우리나라의 영작문 교육 환경은 그야말로 황무지와 같았다. 특히, 고급 수준의 독자들을 겨냥한 에세이 영작문 교재를 출간한다는 것은 한마디로 대단한 모험이었다. 그럼에도 이 책이 출간 직후부터 꾸준히 사랑을 받으며 이제는 어엿한 스테디셀러의 반열에 오르게 된 이유를 이 책이 지향하고 있는 한국적 교육 현실에 맞는 영작문 학습 대안 때문이라고 생각한다. 즉, "영작문은 모방(Copy)이다!"라는 모토 아래 에세이에서 바로 활용할 수 있는 영어 문장과 표현들을 꾸준히 암기하여 이를 응용, 작문의 실마리를 풀어나가는 「카피 영작문 학습법」에 많은 분들이 공감한 결과인 것이다.

　일본에서 이 책의 일본어판(키리하라 쇼텐社)이 출간되고 중국어권에서도 이책에 지속적인 관심을 보이고 있는 것은 이러한 「카피 영작문 학습법」이 비단 우리나라에만 해당하지 않고 한자권 영작문 학습자들에게도 하나의 대안이 될 수 있음을 확인시켜준 계기가 되었다.

'카피 영작문 학습법'에 기초한 「Longman Essay Writing」

　필자는 처음 이 책을 쓰기 전에 사전 준비 및 기획 단계로 국내외에서 발행된 영작문 책들을 샅샅이 조사하였다. 그리고, 그 조사 작업을 통해 나름대로 다음의 결론에 이르렀다. 국내외에서 발행된 영작문 교재들의 상당수가 한국적 교육 현실을 제대로 반영하지 못하고 있으며, 더욱이 실전용과는 거리가 있다는 것이다.

　이제까지 국내외에서 출간된 영작문 교재들의 공통적 특징 중 하나는 이론이나 문법적 측면에서 영작문을 접근하고 있다는 점이다. 그런데 막상 제한된 시간에 한 편의 에세이를 쓰거나 영작문을 완성해야 하는 iBT TOEFL Writing Test의 경우, 이러한 이론적 접근은 사실 별로 도움이 되지 않는다.

　이에 필자는 이론적 접근이 아닌, TOEFL이나 '영어 논술 작문'과 같은 실제 시험 상황을 염두에 둔, 다분히 실용적인 영어 작문 교재를 쓰기로 결심하고, 그 방법론으로 「카피 영작문 학습법」을 실제 작문 프로세스에 맞춰 체계화하였다.

　따라서, 이 책에 수록된 내용들을 평소 꾸준히 학습하여 실전 감각을 키운다면, TOEFL이나 '영어 논술'과 같은 실제 시험에서 좋은 결과를 기대할 수 있을 것이다.

2006년 2월　박 광 희

[차례]

- 머리말
- 이 책의 구성과 효과적인 활용법
- 도표로 보는 iBT TOEFL 정보

Self-Test_ Writing Skill Test

Writing Skill Test 1 • 논술형 [Making an Argument]	15
Writing Skill Test 2 • 찬반형 [Agreeing or Disagreeing]	18

Pre-Step_ Study 'Writing X-File'

Part 1 • What Is Essay Writing?	23
Part 2 • The Essentials of Clause, Sentence & Paragraph	28
Part 3 • 10 English Writing Principles	34
Part 4 • How to Find & Use English Dictionaries for Writing	50

Step I _ Writing Collocations

Theme 1 • Family & Society	57
Theme 2 • Culture & Education	64
Theme 3 • Living & Lifestyle	72
Theme 4 • Economy & Business	79
Theme 5 • Thinking & Behavior	86
Theme 6 • Nature & Science	94
Theme 7 • Health & Leisure	99

Step II _ Writing Functions

Part 1 • Functions in 'Introduction'   107
Part 2 • Functions in 'Body'   116
Part 3 • Functions in 'Conclusion'   138

Step III _ Writing Copy-Structures

Part 1 • Warmup Level   145
Part 2 • Intermediate Level   206
Part 3 • Advanced Level   214

Step IV _ Simulation of TOEFL Writing

Part 1 • Independent Writing Task   237
Part 2 • Integrated Writing Task   285

Answer Key   297

이 책의 구성과 효과적인 활용법

이 책은 본격적인 영작문 학습에 앞서 TOEFL Essay Writing 평가 기준을 비교 잣대로 하여 자신의 영작문 실력을 진단해 보는 「Self-Test」와 5가지 Step으로 나누어져 있다. 그리고 각 Step의 배열 순서는 에세이 영작문의 학습 흐름과 일치한다.

즉, Pre-Step에서는 에세이 영작문의 기본을 공부하고, Step I에서는 영작문 시 유용하게 쓸 수 있는 주제별로 분류된 필수 '연어 표현(Collocation)'들을 익힌다. Step II에서는 영작 상황별로 분류, 정리해 놓은 다양한 '기본 문형(Functions)'들을 공부하고, Step III에서는 실제 영작문에서 활용할 수 있는 다양한 '카피(Copy) 문장'들을 익힌다. 그리고 마지막 Step IV에서는 실전에 대비한 시험 전략과 샘플 영작문에 대한 첨삭 컨설팅, 그리고 실전에 곧바로 쓸 수 있는 카피 문단, 문장 및 표현들을 모아 놓았다.

이 책은 실제로 작문 연습을 많이 해볼 수 있도록 문제 양식을 가능한 많이 접목시켰다. 따라서, 학교나 학원에서의 교재로 사용하기에 충분할 뿐 아니라, 개인 독자가 Self-study로 사용하기에도 손색이 없.
이 책을 처음 공부할 때에는 가능하면 책의 순서에 따라 학습하기 바란다. 하지만 일독(一讀)을 한 후에는 자기가 필요한 부분을 골라서 선별적으로 복습하는 것도 좋은 방법이다.

필자의 블로그(blog.naver.com/grandmentor)에 접속하면, 언제든지 보충 테스트 문제들과 함께 영작문과 관련한 다양하고 유익한 정보들을 얻을 수 있을 것이다.

◯ Self-Test_ Writing Skill Test

본격적인 영작문 학습에 들어가기에 앞서 먼저 자신의 영작문 수준이 어느 정도인지 스스로 진단해 보는 일종의 '자가 진단 작문 테스트'이다. TOEFL Writing Test에서 출제되는 에세이 토픽을 가지고 학생들이 실제로 작성한 에세이 글 중 10문장을 영어로 작문해 봄으로써, 대략 TOEFL Essay Writing의 몇 점에 해당하는지 간접 진단해 본다.

◯ Pre-Step_ Study 'Writing X-File'

Pre-Step은 본격적인 에세이 영작문의 학습에 들어가기에 앞서 기초를 다지는 과정이다. 이 장에서는 '에세이 영작문'이란 과연 무엇이며, 어떻게 구성되어 있고, 또 효과적인 영작문 요령은 무엇인지 공부한다. 그 밖에 영작문을 잘 하는 데 필수적인 사전 선택 및 활용법에 대해서도 살펴본다.

Step I _ Writing Collocations

영작문을 잘 하려면 단지 어휘력이 풍부한 것만으로는 부족하다. 그 보다는 두 개 이상의 단어들이 결합돼 하나의 표현으로 쓰이는 '연어 표현'(Collocation)의 구사력이 절대적으로 중요하다. 이 장에서는 에세이 영작문 시 유용하게 쓸 수 있는 Collocation들을 7개의 테마로 나누어, 'word combination' 능력과 이를 활용한 작문 능력을 스스로 테스트해 보면서 학습하도록 한다.

Step II _ Writing Functions

실제로 영작문을 잘 하려면 다양한 상황에 맞는 영어 기본 문형 및 표현을 풍부하게 알고 있어야 한다. 이 장에서는 작문 상황별로 분류, 정리해 놓은 다양한 '기본 문형'(Function)을 공부하기로 한다. 이를 통해 여러분은 어떤 영작문 상황에서도 막힘 없이 문장을 써나가는 능력을 키우게 될 것이다.

Step III _ Writing Copy-Structures

이 장에서는 영작문 시 꼭 필요한 엄선된 '카피 구문'(Copy Structure)을 난이도에 따라 3단계로 나누어 학습한다. 동시에 각각의 Copy Structure를 활용해 실전에서 쓸 수 있는 '카피 문장'(Copy Sentence)을 작문해 보는 응용 연습을 하도록 한다. 이를 통해 실제로 TOEFL 영작문이나 영어 논술 시험에 곧바로 '카피' 해 쓸 수 있는 '레퍼토리 영어 문장'들을 익히게 될 것이다.

Step IV _ Simulation of TOEFL Writing

이 장에서는 마치 시뮬레이션 작업을 하듯, 실전과 똑같은 환경에서 「Independent Writing Task」와 「Integrated Writing Task」의 두 가지 유형에 대비한 작문 능력을 키울 수 있는 단계별 시험 전략을 제시한다. 특히, 시험을 1주일 남겨 놓은 상태에서 실전에 곧바로 활용할 수 있는, '카피(Copy) 문장 및 표현'을 작문에 응용하는 연습은 고득점 획득에 많은 도움이 될 것이다.

도표로 보는 iBT TOEFL® 정보

iBT TOEFL Information

Section		세부 정보
Reading	제한 시간 및 배점	약 60~100분 / 문제 당 1점 [※ 단, 몇 개는 예외]
	지문 및 문제 수	약 700자 길이의 3~5개 지문 / 1개 지문 당 7~14문제 [※ 총 36~70문제]
	질문 유형	객관식 - 전체 파악, 내용 파악, 추론, 어휘 등 일반적 유형
	특기 사항	새로운 문제 유형 : 분류하기, 요약하기, 문장 바꿔 쓰기
Listening	제한 시간	약 60~90분, 그 중 답하는 시간은 약 20분
	지문 및 문제 수	약 3분 길이의 2~3개의 대화 / 1개 대화 당 5문제
		약 3~5분 길이의 4~6개의 강의 / 1개 강의 당 5~7문제
		[※ 총 34~51문제]
	질문 유형	객관식 - 일반적인 듣기 유형, 분류하기
	특기 사항	일부 문항은 보고, 듣고 풀기, 일부는 듣고만 풀기
		답이 2~3개인 경우 주의 [※ 문제에 답의 수 명시]
Speaking	제한 시간	친숙한 주제에 관해 말하기 - 15초 준비, 45초 녹음
		강의 교재 읽고, 강의 들은 후, 말하기 - 30초 준비, 60초 녹음
		대화 듣고, 말하기 - 20초 준비, 60초 녹음
		강의 듣고, 말하기 - 20초 준비, 60초 녹음
		[※ 총 소요 시간 약 20분]
	문제 수	총 6문제 [※ 통합형 4문제, 독립형 2문제]
	질문 유형	1. 자신의 경험에 대해 말하기 - 독립형
		2. 어떤 주제에 관해 의견 말하기 - 독립형
		3. 안내문 읽고, 대화 듣고, 자신의 의견 말하기 - 통합형
		4. 강의 교재 읽고, 강의 듣고, 내용에 관해 말하기 - 통합형
		5. 대화 듣고, 의견 말하기 - 통합형
		6. 강의 듣고, 말하기 - 통합형
Writing	제한 시간	지문 읽고, 강의 들은 후, 내용에 대해 요약하기 - 20분
		주제에 대한 자신의 의견 에세이로 쓰기 - 30분
		[※ 총 소요 시간 약 50분]
	문제 수	총 2문제 [※ 통합형 1문제, 독립형 1문제]
	질문 유형	1. 지문을 읽고, 그에 대한 강의를 들은 후 내용 요약하기 - 통합형
		2. 제시 주제에 대한 자신의 의견을 에세이로 작문하기 - 독립형
	특기 사항	반드시 직접 타이핑을 해야 함.
		통합형 문제에서 강의를 들은 후 작문을 하는 동안, 앞서 보았던 독해 지문이 왼쪽에 제시되므로 참고하여 쓸 수 있음.

※ iBT TOEFL 시험 응시 총 소요 시간 : 약 4시간

iBT TOEFL의 구성 및 제한 시간

Section	Question	Score	Time
Reading	36~70개	0-30점	60~100분
Listening	34~51개	0-30점	60~90분
휴식		10분	
Speaking	6개	0-30점	20분
Writing	2개	0-30점	50분

※ iBT 토플의 점수 체계는 각 영역 30점이 만점이며, 총점은 120점이다. 참고로 CBT는 300점 만점이다.

TOEFL 점수 체계 비교표

Section	iBT	CBT	PBT
Listening	0-30	0-30	31-68
Structure		0-13	31-68
Reading	0-30	0-30	31-67
Speaking	0-30		
Writing	0-30	0-17	option
Total Score	0-120	0-300	310-677

TOEFL 점수 비교표

iBT 점수	CBT 점수	PBT 점수	iBT 점수	CBT 점수	PBT 점수	iBT 점수	CBT 점수	PBT 점수
120	300	677	72-73	200	533	33	100	407
120	297	673	71	197	527-530	32	97	400-403
119	293	670	69-70	193	523	30-31	93	397
118	290	667	68	190	520	29	90	390-393
117	287	660-663	66-67	187	517	28	87	387
116	283	657	65	183	513	26-27	83	380-383
114-115	280	650-653	64	180	507-510	25	80	377
113	277	647	62-63	177	503	24	77	370-373
111-112	273	640-643	62	173	500	23	73	363-367
110	270	637	59-60	170	497	22	70	357-360
109	267	630-633	58	167	493	21	67	353
106-108	263	623-627	57	163	487-490	19-20	63	347-350
105	260	617-620	56	160	483	18	60	340-343
103-104	257	613	54-55	157	480	17	57	333-337
101-102	253	607-610	53	153	477	16	53	330
100	250	600-603	52	150	470-473	15	50	323-327
98-99	247	597	51	147	467	14	47	317-320
96-97	243	590-593	49-50	143	463	13	43	313
94-95	240	587	48	140	460	12	40	310
92-93	237	580-583	47	137	457	11	37	310
90-91	233	577	45-46	133	450-453	9	33	310
88-89	230	570-573	44	130	447	8	30	310
86-87	227	567	43	127	443	7	27	310
84-85	223	563	41-42	123	437-440	6	23	310
83	220	557-560	40	120	433	5	20	310
81-82	217	553	39	117	430	4	17	310
79-80	213	550	38	113	423-427	3	13	310
77-78	210	547	36-37	110	420	2	10	310
76	207	540-543	35	107	417			
74-75	203	537	34	103	410-413			

iBT TOEFL Writing Section 상세 설명

Tasks	문제 수	제한 시간
Independent	1개	30분
Integrated	1개	20분

1) Independent Writing Task

: CBT의 TWE와 같이 일반 주제 또는 학교 생활과 관련된 주제에 대해 자기 견해를 Essay로 작성하는 독립형 문제이다. 최소 300 단어를 써야 한다.

Question : Do you agree or disagree with the following statement?
"Good teachers are more important to child's development than good parents."
Use specific reasons and examples to support your answer.

2) Integrated Writing Task

: Reading/Listening/Writing 영역이 통합된 문제로, 의견을 묻는 것이 아니라 내용을 요약하는 문제이다. 먼저 230~300자 정도의 Reading Passage를 읽고 그와 관련된 Lecture를 2분 동안 들은 후, 두 가지 내용을 요약·정리한다. Lecture가 나오는 도중에는 Reading Passage를 볼 수 없지만 Lecture가 끝나고 나면 Reading Passage를 다시 참고할 수 있다.

Question : Summarize the points mace in the lecture you just heard, explaining why they cast doubt on points made in the reading.

TOEFL Essay Writing Test 점수 등급 및 채점 기준

점수 등급	채점 기준
6	에세이 구성, 구문, 문법적 측면에서 거의 흠잡을 데가 없음.
5	에세이 구성, 구문, 문법적 측면에서 양호하나 약간의 오류를 범함.
4	에세이 구성, 구문, 문법적 측면에서 무난하나 오류를 많이 범함.
3	에세이 구성, 구문, 문법적 측면에서 개선해야 할 점이 많이 발견됨.
2	영작문을 통한 최소한의 의사 전달 능력만을 갖춤.
1	영작문을 통한 의사 전달 능력이 없음.
0	백지로 내거나 출제 에세이 제목과 동떨어진 내용을 작문함.

LONGMAN Essay Writing

Self-Test
Writing Skill Test

| Writing Skill Test 1 | 논술형 [Making an Argument]
| Writing Skill Test 2 | 찬반형 [Agreeing or Disagreeing]

본격적인 영작문 학습에 들어가기에 앞서, 먼저 자신의 영작문 수준이 어느 정도 인지 알아볼 필요가 있다. Self-Test에 제시되는 2종류의 테스트를 통해 자신의 수준을 최종 평가한 후, 본격적인 학습에 들어가도록 하자.

Self-Test의 필요성

Self-Test를 위해 독자 여러분은 먼저 TOEFL Test에서 출제되는 에세이 토픽을 가지고 실제로 어느 학생이 작성한 5.5점 수준의 에세이 글 중 10문장을 영어로 작문하여야 한다.

만약 여러분이 이 테스트에서 3개 이상을 모범 답안처럼 작문하지 못하였다면, 당신의 영작문 실력은 '세계화 시대의 미아(迷兒)' 상태이다. 5~7개를 작문하였다면 iBT TOEFL과 '영어 논술' 시대에 살아남을 가능성이 비교적 높은 편이다. 한편 8개 이상을 정확히 작문하였다면 머지않아 영어가 제2외국어가 될 'ESL 시대'의 글로벌 인재가 될 상당한 잠재력을 갖추고 있다.

혹시 테스트 결과가 만족스럽지 못하다면, 다시 5.0점 수준의 TOEFL 에세이 글 중 10문장을 영어로 작문해 보라. 그리고 이 두 번째 테스트를 통해 자신의 실력을 최종 진단 평가하라.

필자는 꽤 오랜 기간에 걸쳐 제자들을 대상으로, 이 장에서 제공하는 자가 진단 테스트 결과와 실제 TOEFL Essay Writing 점수의 상관 관계를 조사해 보았다. 아래의 도표는 이를 바탕으로 만든 것으로, 독자 여러분의 영작문 실력을 객관적으로 평가·진단하는 데 나침반 역할을 해줄 것이다.

점수 상관 도표

Self-Test	→	TOEFL Essay Writing
3개		3.0점
4~5개		3.5~4.0점
6~7개		4.5점
8~9개		5.0~5.5점
10개		6.0점

※ Self-Test 시험 시간: 12분

논술형
[Making an Argument]

다음은 TOEFL 에세이 토픽을 가지고 실제로 어느 학생이 작문한 5.5점 수준의 에세이를 교정 보완한 글이다.

| Topic |
Imagine that you have received some land to use as you wish. How would you use this land? Use specific details to explain your answer.

| Essay Writing 5.5 |

Nowadays, teenagers have spaces where they can play. However, our country has few cultural facilities or playgrounds for teenagers. ❶ 그러므로, 만약 내가 원하는 대로 쓸 수 있는 땅을 조금 얻는다면, 나는 단지 10대들을 위한 문화 시설을 만들고 싶다. Thus, they can make their own culture. ❷ 많은 어른들은 10대들의 행동과 문화에 대해 염려를 한다. However, if such misconduct occurs, it would be forbidden. Therefore, adults need not be anxious about bad behavior and culture. There are some other reasons why I wish to create a cultural facility for teenagers.

❸ 첫째, 우리나라는 10대들을 위한 문화 시설들이나 놀이터들이 거의 없다. Teenagers usually go to the same places, such as a singing room(karaoke), a PC room(Internet cafe), or a billiard room(pool hall). ❹ 그 결과, 10대들은 그 곳에 가는 것을 지겨워 한다. Also, adults think that these are bad places for teenagers. Therefore, if I received some land to use as I wish, I would make a cultural facility for teenagers, and there would be no juvenile delinquents.

Likewise, teenagers can make their own culture there.

❺ 둘째, 나는 그 곳을 즐거움을 위한 장소일 뿐만 아니라 독서를 할 수 있는 장소로 만들고 싶다. ❻ 그러면, 책들을 읽고 싶어하는 10대들이 원하는 만큼 독서를 할 수 있다. ❼ 책을 많이 읽는 것은 감정과 사회 능력들을 개발하는 데 필요하다. However, these days, teenagers have not read many books. By going to a cultural facility, they can form the habit of reading books. Therefore, I would make a reading place within the cultural facility.

❽ 마지막으로, 이러한 문화 시설은 10대들의 사회 성장과 인간 관계에 좋은 영향을 끼칠 수 있다. ❾ 그들은 그 곳에서 새 친구들을 사귈 수 있다. Also, they can learn about human relationships. In addition, they can learn to have concern for other people.

To sum up, our country has few cultural facilities or playgrounds for teenagers. ❿ 그 결과, 그들은 기쁨이나 만족을 위한 장소를 갖고 있지 못하다. Therefore, if I received some land to use as I wish, I would create a cultural facility for teenagers where they can make their own culture, read books, and develop socially.

Writing Skill Test 1

Practice 1

Answer P 298

Write the 10 Korean sentences below in English.

1. 그러므로, 만약 내가 원하는 대로 쓸 수 있는 땅을 조금 얻는다면, 나는 단지 10대들을 위한 문화 시설을 만들고 싶다.
   Tip [therefore, receive, create, teenager]

   _____

2. 많은 어른들은 10대들의 행동과 문화에 대해 염려를 한다.
   Tip [adult, be anxious, behavior]

   _____

3. 첫째, 우리나라는 10대들을 위한 문화 시설들이나 놀이터들이 거의 없다.
   Tip [first, have, few, playground]

   _____

4. 그 결과, 10대들은 그 곳에 가는 것을 지겨워 한다.
   Tip [as a result, become sick]

   _____

5. 둘째, 나는 그 곳을 즐거움을 위한 장소일 뿐만 아니라 독서를 할 수 있는 장소로 만들고 싶다.
   Tip [second, would, make, not only ~ but also..., pleasure, read]

   _____

6. 그러면, 책들을 읽고 싶어하는 10대들이 원하는 만큼 독서를 할 수 있다.
   Tip [then, who, read, as much as]

   _____

7. 책을 많이 읽는 것은 감정과 사회 능력들을 개발하는 데 필요하다.
   Tip [reading, necessary, develop, emotion, skill]

   _____

8. 마지막으로, 이러한 문화 시설은 10대들의 사회 성장과 인간 관계에 좋은 영향을 끼칠 수 있다.
   Tip [finally, have a good effect, development, relationship]

   _____

9. 그들은 그 곳에서 새 친구들을 사귈 수 있다.
   Tip [make friends]

   _____

10. 그 결과, 그들은 기쁨이나 만족을 위한 장소를 갖고 있지 못하다.
    Tip [consequently, no, pleasure, satisfaction]

    _____

Self-Test Writing Skill Test • 17

찬반형
[Agreeing or Disagreeing]

다음은 TOEFL 에세이 토픽을 가지고 실제로 어느 학생이 작문한 5.0점 수준의 에세이 작문을 교정 보완한 글이다.

| Topic |
Do you agree or disagree with the following statement?
Parents are the best teachers.
Use specific reasons and examples to support your answer.

| Essay Writing 5.0 |

❶ 우리는 이 세상에서 살아남기 위하여 매일 배워야 한다. The whole world is changing more quickly than ever before. ❷ 일부 학자들은 인간들에 의해 학습되어지는 지식의 양이 매 10년마다 두 배로 늘어나고 있다고 한다. ❸ 효과적으로 학습하는 최선의 방법은 우리의 부모들이 아닌 전문 직업인들로부터 배우는 것이다. Professionals have experience in teaching and also have the latest information that is difficult to get on our own.

Parents can help us in our lives. However, they can't teach us about mathematics or science because they are not used to teaching such subjects. ❹ 전문 직업인들은 학생들을 매일 가르치는 사람들이다. ❺ 그들은 자신들이 가르쳐 본 경험들을 바탕으로 학생들을 효과적으로 가르치는 방법에 관한 기술들을 나름대로 갖고 있다. ❻ 또한, 전문 직업인들은 학습에 대한 더 좋은 방법들과 시험에 관한 최고의 정보를 갖고 있다. The value of this information is priceless.

❼ 우리는 우리가 다룰 수 있는 것을 배워야 한다. As professionals teach many students, they know what materials to use for a student's ability. The best teachers or professionals can teach the students at their level of ability.

Professionals can teach students better than parents because they teach many students. ❽ 학생들은 가르쳐 본 경험이 풍부하고 가장 최근의 정보를 갖고 있는 전문 직업인들로부터 배우는 것이 더 쉽다. ❾ 전문 직업인들에게서 배우는 것은 학생과 부모 모두에게 좋다. Students can learn more quickly than studying on their own, and ❿ 부모는 자기 자녀들을 가르치기 위해 다시 배울 필요가 없다.

For these reasons, I think we should learn from professionals and not from parents.

Writing Skill Test 2

Practice 2

Answer P 299

Write the 10 Korean sentences below in English.

1. 우리는 이 세상에서 살아남기 위하여 매일 배워야 한다.
   Tip [have to, survive, world]

2. 일부 학자들은 인간들에 의해 학습되어지는 지식의 양이 매 10년마다 두 배로 늘어나고 있다고 한다.
   Tip [scholar, say, amount, by humans, double, every 10 years]

3. 효과적으로 학습하는 최선의 방법은 우리의 부모들이 아닌 전문 직업인들로부터 배우는 것이다.
   Tip [way, efficiently, by -ing, from professionals]

4. 전문 직업인들은 학생들을 매일 가르치는 사람들이다.
   Tip [people who]

5. 그들은 자신들이 가르쳐 본 경험들을 바탕으로 하여 학생들을 효과적으로 가르치는 방법에 관한 기술들을 나름대로 갖고 있다.
   Tip [have one's own, how to, effectively, based on, experience]

6. 또한, 전문 직업인들은 학습에 대한 더 좋은 방법들과 시험에 관한 최고의 정보를 갖고 있다.
   Tip [also, method, studying, best, exam]

7. 우리는 우리가 다룰 수 있는 것을 배워야 한다.
   Tip [what, handle]

8. 학생들은 가르쳐 본 경험이 풍부하고 가장 최근의 정보를 갖고 있는 전문 직업인들로부터 배우는 것이 더 쉽다.
   Tip [it is easier to..., for students, from professionals, be full of, the latest]

9. 전문 직업인들에게서 배우는 것은 학생과 부모 모두에게 좋다.
   Tip [learning, be good for, both ~ and...]

10. 부모는 자기 자녀들을 가르치기 위해 다시 배울 필요가 없다.
    Tip [do not have to, relearn]

LONGMAN Essay Writing

Pre-Step
Study, 'Writing X-File'

| Part 1 | What Is Essay Writing?
| Part 2 | The Essentials of Clause, Sentence & Paragraph
| Part 3 | 10 English Writing Principles
| Part 4 | How to Find & Use English Dictionaries for Writing

본격적인 TOEFL 영작문 및 영어 논술 작문의 학습에 들어가기에 앞서, 에세이 영작문의 기초를 다지도록 하자.

이에 Pre-Step. Study 'Writing X-File' 에서는 '에세이 영작문' 이란 무엇이고 어떻게 구성되어 있으며, 효과적인 영작문을 위한 요령 및 사전 활용법에 대해 학습하도록 한다.

Essay Writing의 기초 다지기

필자가 영국에서 공부를 막 시작하던 '애송이 유학생' 시절의 일이다. 하루는 국제 금융학 강의가 끝날 무렵 영국인 교수님께서 칠판에 무엇인가 적더니, "여러분, 이 제목을 가지고 essay를 작성해 2주 후에 제출하세요!"라는 것이었다.(※ 유럽이나 미국의 통역 및 번역 대학원에서는 학생들에게 단지 외국어만 가르치지 않는다. 외국어 교육은 기본이고, Business, Finance, Technology, Biology 등 전문 분야의 교육도 아울러 일정 수준까지 병행한다. 그래야만 졸업 후 특정 분야의 전문 통역사나 번역사로 활동할 수 있기 때문이다.)

그 순간 필자의 머리 속엔 '왠 essay?'라는 생각이 불현듯 스쳤다. 그 때까지 필자가 알고 있던 essay란 단어는 오로지 '수필'이란 뜻이었는데, 국제 금융학이란 과목과 수필은 왠지 잘 어울리지 않았기 때문이다. 그래서 미국에서 유학을 온 옆자리의 동료 학생에게 essay의 정확한 뜻을 물어보았더니, essay는 우리나라 대학에서 말하는 '리포트'(Report)를 가리키는 말이었다.

간단히 말해서 에세이 영작문이란 마치 리포트를 작성하듯 기본적 글의 틀을 갖추어 작성하는 논리적 영어 작문을 가리킨다. 여기서 기본적 글의 틀이란 논리적 작문의 기본 3요소인 서론(introduction), 본론(body), 결론(conclusion) 부분을 뜻한다. 즉, 에세이 영작문이란 서론, 본론, 결론으로 이루어진 영어 논술 작문을 의미한다.

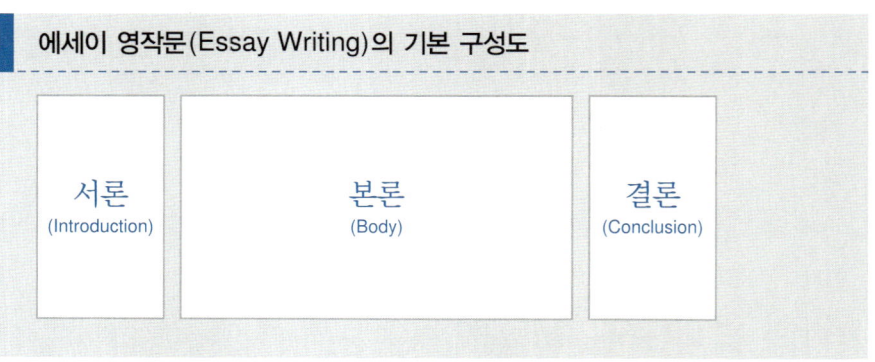

그럼 지금부터는 에세이 영작문을 구성하는 3가지 중요한 요소인 서론, 본론, 결론의 개념 및 효과적 작성법에 대해 각각 살펴보기로 하겠다.

What Is Essay Writing?

1. 서론 [Introduction]

서론은 에세이의 첫 머리를 이루는 글의 도입부를 가리킨다.

구성적 측면에서 서론은 두 부분, 즉 '일반 서술부'(General Statements)와 '논제 서술부'(Thesis Statements)로 이루어진다. 여기서 일반 서술부란 에세이를 읽을 사람의 관심을 이끌어내는 부분이고, 논제 서술부는 에세이의 전체적인 구성에 대해 언급하는 부분이다.

이를 실제 작문 테크닉과 연결해 살펴보면, 에세이 제목을 자연스럽게 소개한다든지 에세이 주제와 관련해 흥미진진한 스토리나 배경 정보를 언급하는 것은 바로 일반 서술부에 속하는 작문 테크닉이다. 한편 에세이의 주제에 대해 개략적으로 언급한다든지 또는 전체적인 논리 전개 방향을 암시하는 것은 논제 서술부의 작문 테크닉에 해당한다.

그럼 좀 더 구체적으로 각각 일반 서술부와 논제 서술부에서 빈번하게 사용하는 작문 테크닉들을 아래에 소개하기로 한다.

일반 서술부에서 사용하는 작문 테크닉

첫째, 에세이 제목을 자연스럽게 끌어들인다.
둘째, 에세이 주제와 관련해 흥미있는 배경 사실이나 정보, 통계를 인용한다.
셋째, 에세이 주제와 관련해 흥미로운 개인 일화나 이야기를 소개한다.
넷째, 에세이 주제와 관련해 권위있는 전문가의 발언이나 언론 기사 등을 인용, 소개한다.

논제 서술부에서 사용하는 작문 테크닉

첫째, 작성할 에세이의 주제 또는 요지를 간략하게 정리한다.
둘째, 에세이에서 다룰 주제의 다양한 측면들을 밝혀둔다.
셋째, 작성할 에세이의 전체적인 구성에 대해 언급한다.
넷째, 에세이 주제와 관련해 하나 또는 두 세 가지의 질문을 던지고 이에 대한 답변을 본론에 논술한다.

이 때, 한 가지 유의할 것은 일반 서술부에서 논제 서술부로 갈수록 작문 내용이 보다 구체성을 띄어야 한다는 사실이다. 그리고 위치적 측면에서 일반 서술부를 먼저, 그 다음에 논제 서술부를 쓰는 것이 보통이다. 이 때, 일반 서술부를 생략할 수는 있지만 결코 논제 서술부를 생략할 수는 없다. 서론의 논제 서술부는 에세이의 전체 구성 및 논리 전개

방향을 암시하는 중요한 기능을 하기 때문이다.

서론의 작문 여부는 에세이 영작문의 전체 결과를 좌우하는 중요한 변수이다. 예컨대, 서론 부분에서 작문이 술술 풀려나가면 영작문 자체가 왠지 수월해지지만, 서론 부분에서 막히기 시작하면 에세이 영작문이 엉망이 되곤 한다. 이 때, 평소 일반 서술부와 논제 서술부에서 각각 쓰이는 위의 작문 테크닉들을 익혀 둔다면, 작문의 실마리가 스르르 풀릴 것이다.

서론(Introduction) 작문의 실례

Changes in the 20th century

Any person who has lived in the twentieth century has seen a lot of changes taken place in almost all areas of human existence. Some people are excited by the challenges that these changes offer; others want to return to the simpler life-style of the past. The twentieth century has certain advantages such as a higher standard of living for many, but it also has some disadvantages such as a polluted environment, the depersonalization of human relationships, and the weakening of spiritual values.

(Source: *Writing Academic English* by Longman)

해석 20세기에 살았던 사람이라면 누구나 거의 모든 인간 생활 분야에서 일어난 많은 변화들을 보아왔다. 일부 사람들은 이러한 변화들이 제공하는 도전에 흥분하기도 하고, 또 다른 사람들은 과거의 보다 단순한 생활 양식으로 돌아가기를 원하기도 한다. 20세기는 많은 사람들의 생활 수준의 향상과 같은 어떠한 장점이 있긴 하지만, 환경 오염, 인간 관계의 비인격화, 그리고 정신적 가치의 약화와 같은 단점들 역시 있다.

코멘트 위의 글은 "Changes in the 20th century"(20세기의 변화들)라는 제목의 에세이의 서론 부분으로, 전형적인 서론의 구조를 가지고 있다. 즉, '일반 서술부'와 '논제 서술부'의 두 부분으로 이루어져 있다. 구체적으로 말해, 처음 두 문장이 제목을 자연스럽게 끌어들이는 일반 서술부, 그리고 마지막 문장이 에세이에서 다룰 주제의 다양한 측면들을 밝힌 논제 서술부를 이룬다.

한편, 논제 서술부의 내용으로 보아, 본론에서는 20세기의 변화가 가져다 준 여러 가지 장점과 단점들을 구체적으로 논할 것임을 짐작할 수 있다.

2. 본론 [Body]

본론은 에세이의 뼈대를 이루는 부분으로, 에세이의 3 구성 요소 중에서 양적으로 가장 많은 분량을 차지한다. 즉, 본론은 서론의 '논제 서술부'를 구체적으로 논술하는 부분으로, 작문의 길이는 서론의 '논제 서술부'를 논술하는 데 얼마나 많은 내용이 필요한가에 달려 있다. 예컨대, 논제 서술부를 논술하는 데 그다지 많은 내용이 필요하지 않다면, 본론의 길이가 1문단에 그칠 수도 있지만 만약 많은 내용이 필요하다면 본론의 길이는 3문단 혹은 그 이상으로 길어질 수 있다. 그러나 여기서 중요한 것은 본론의 길이가 아니라, 논제 서술부를 얼마나 설득력 있게 논술하느냐이다.

예를 들어, 논제 서술부에 대한 논술이 미흡하면서 군더더기 문장들을 잔뜩 덧붙여 본론의 길이만을 늘어뜨리는 것은 아무런 의미가 없다. 왜냐하면 에세이 평가의 기준은 결코 양적인 측면만을 중요시하지 않기 때문이다. 그러므로 무조건 본문의 작문량을 부풀릴 생각보다는, 서론의 논제 서술부를 설득력 있게 논술하는 데 초점을 맞추어야 한다. 그것이 바로 본론 작문의 핵심 포인트이다.

그런데, 막상 본론 부분의 작문에 들어가면 논제 서술부의 논술을 어떻게 전개해야 할지 방향이 잘 잡히지 않을 때가 많다. 이 때, 만약 다음의 4가지 논술 전개 방법을 알고 있으면 훨씬 수월하게 본론 작문의 실마리를 풀 수가 있다. 아울러, 이 책 Step Ⅱ의 에세이 파트별 Function(문장 틀)을 익혀두면 논술 전개 방법에서 쓰이는 구체적 문장 및 표현을 익힐 수 있다.

> **본론 작문시 흔히 쓰이는 4가지 논술 전개 방법**
>
> **첫째**, 시간순으로 나열해 논술하기
> **둘째**, 소항목들로 분류해 논술하기
> **셋째**, 원인 및 결과 또는 이유 및 효과를 예시하면서 논술하기
> **넷째**, 다른 것들과 비교 또는 대조를 통해 논술하기

마지막으로, 본론 작문시 특별히 유념해야 할 것이 한 가지 있다. 바로 연결어의 효과적인 사용이다. 여기서 연결어란 본론을 구성하는 문단들의 첫머리에 써서 각각 앞 문단과의 논리 관계를 암시해 주는 단어를 가리킨다. 예컨대, 문단 앞부분에 In addition이나 Moreover와 같은 연결어를 썼다면, 앞 문단에 이어서 추가적인 내용을 서술함을 암시한다. 그러므로 에세이를 자세히 읽어보지 않더라도 대충 본론의 문단들 앞 부분에 쓰인 연결어들만 훑어보면 그 에세이의 논리적 짜임새가 어떤지 짐작할 수 있다.

따라서, 본론을 작문할 때는 어떤 연결어로 문단을 시작할 것인지부터 숙고해야 한다.

3. 결론 [Conclusion]

결론은 에세이의 끝 부분에 위치하는 마무리 글이다.

구성적 측면에서 결론은 두 부분 즉 '재언급'(Restatement)과 '최종 논평'(Final Comment)으로 이루어진다. 여기서 재언급이란 앞서 서론 및 본론에서 논술한 내용을 다시 언급하는 것이고, 최종 논평은 에세이 주제에 대한 자신의 최종 의견이나 대안 등을 제시하는 것이다. 두 가지 구성 요소, 즉 재언급과 최종 논평을 모두 포함하여 결론 부분을 작문하는 것이 바람직하지만, 둘 중 어느 한 요소만으로 결론을 작문하는 것도 괜찮다.

그럼 방금 설명한 결론의 두 구성 요소들을 표현할 때 사용하는 작문 테크닉들을 아래에 소개하기로 한다.

재언급에서 사용하는 작문 테크닉

첫째, 서론의 논제 서술부를 단어들만 바꿔 부연해 서술한다.
둘째, 본론의 핵심 부분을 다시 요약해 언급한다.

최종 논평에서 사용하는 작문 테크닉

첫째, 에세이 주제에 대한 자신의 의견 또는 입장을 밝힌다.
둘째, 앞서 논술한 문제의 해결책을 나름대로 제시한다.
셋째, 추천, 권고 또는 예측을 한다.
넷째, 생각의 여지를 남기는 질문을 던짐으로써 결론을 맺는다.

한편, 결론 부분을 작문할 때는 항상 글의 끝맺음을 암시하는 Finally, In conclusion 등과 같은 결론 관련 연결어를 사용해 문단을 시작하는 것이 바람직하다. 왜냐하면 그런 식으로 작문을 하면 한 눈에 결론부를 갖춘 짜임새 있는 에세이라는 긍정적 인상을 채점관에게 심어줄 수 있기 때문이다.

다음은 결론 문단을 시작할 때 빈번하게 사용하는 결론 관련 연결어들이다.

● 결론 관련 연결어

▶ In conclusion, / To conclude, / Conclusively,   결론적으로
▶ Ultimately,   궁극적으로
▶ Finally, / Eventually, / In the end,   결국
▶ In brief, / In short,   요컨대
▶ In a word,   한마디로
▶ All in all,   전반적으로
▶ Last but not least,   마지막으로 중요한 것은

결론(Conclusion) 작문의 실례

Changes in the 20th century

In short, although the twentieth century has indeed given some of us a lot of advantages by making us richer, healthier, and freer to enjoy our lives, it has, in my opinion, not made us wiser. The twentieth century has also made our earth dirtier, our people less humane, and our spiritual lives poorer. We wish to continue to enjoy the benefits of technological advancement because they free us to pursue our other interests and goals. However, we must make a concerted effort to preserve our natural environment for future generations. Moreover, we should take the time now to make our lives more meaningful in our increasingly impersonal, mechanized world.

(Source: *Writing Academic English* by Longman)

해 석 요컨대, 비록 20세기가 우리를 보다 풍요롭고, 건강하고, 그리고 보다 자유롭게 삶을 즐길 수 있게 해 줌으로써 사실 우리 중 일부 사람들에게 많은 장점을 가져다 주었지만, 내 생각에는 우리를 보다 현명하게 만들지는 못한 듯 하다. 20세기는 또한 우리 지구를 보다 더럽고, 우리 인간들을 덜 인간적으로 만들었으며, 그리고 우리 영혼의 삶들을 더욱 빈곤하게 만들었다. 우리는 기술적 발전의 혜택들을 계속 누리기를 원한다. 왜냐하면 그것들은 우리가 자유롭게 우리의 다른 관심사와 목표들을 추구할 수 있게 해 주기 때문이다. 하지만, 우리는 미래 세대를 위해 자연 환경을 보존하는 데 공동의 노력을 해야만 한다. 더불어, 우리는 이제 점차 비인간적이고 기계화되어 가는 세상에서 우리의 삶들을 보다 의미있도록 만드는 시간을 가져야 한다.

코 멘 트 위의 글은 "Changes in the 20th century"(20세기의 변화들)라는 제목의 결론 부분이다. 이 글 역시 전형적인 결론의 구조를 가지고 있다. 즉, '재언급'과 '최종 논평'의 두 부분으로 이루어져 있다. 구체적으로 말하자면, 처음 두 문장이 서론의 논제 서술부를 단어들만 바꿔 부연, 서술한 재언급 부분이고, 나머지 세 문장이 에세이 주제에 대한 자신의 의견을 밝힌 최종 논평 부분이다. 이렇게 두 가지 구성 요소, 즉 재언급과 최종 논평을 모두 포함한 결론 부분을 작문하는 것이 바람직하지만, 둘 중 어느 한 요소만으로 결론을 작문할 수도 있다.

The Essentials of Clause, Sentence & Paragraph

1. 절 [Clause]

외형상 에세이는 여러 개의 문단(Paragraph)으로 이루어진다. 그리고 문단은 몇 개의 문장(Sentence)으로, 또 문장은 절(Clause)로 이루어진다.

먼저, 절(Clause)에 대해 살펴보도록 하자. 절은 문장(Sentence)을 구성하는 기본 단위로서, 주어와 동사를 포함한 단어들의 집합이다. 이 때, 꼭 기억해 둘 것은 아무리 많은 단어들이 모여 있더라도 주어와 동사가 빠져 있다면 결코 절이 될 수 없다는 사실이다.

또, 절은 크게 독립절(Independent Clause)과 종속절(Dependent Clause)의 두 가지로 나뉜다. 우선 독립절은 형태상 주어와 동사를 포함하면서 하나의 완전한 생각을 표현하는 단어들의 집합이다. 그리고 독립절은 그 자체로서 하나의 문장을 이룬다.

한편 종속절은 when, while, who, if, that 등과 같은 종속 접속사(Subordinator)로 시작하는 단어들의 집합으로서, 홀로 하나의 완전한 생각을 표현하지 못한다. 그리고 그 자체로서 하나의 문장을 이루지도 못한다.

이와 같은 종속절은 다시 아래처럼 부사절, 형용사절, 명사절의 세 가지로 나뉜다.

첫째, 부사절(Adverb Clause)
when, while, because, although, if, so that 등의 부사형 접속사로 시작하는 종속절이다. 이러한 부사절은 주절의 앞 뒤 아무 곳에나 위치할 수 있다.

| Example ❶ | ***When I meet a word I don't know,*** I consult the dictionary.
(나는 모르는 단어를 만날 때, 사전을 찾는다.)

| Example ❷ | We couldn't play tennis ***because it was raining.***
(우리는 비가 내려서 테니스를 칠 수 없었다.)

| Example ❸ | It is true, ***although it may appear strange.***
(그것은 비록 이상하게 보일지 모르지만, 사실이다.)

| Example ❹ | We are advertising the course ***so that everyone will know about it.***
(우리는 모든 사람이 알도록 강좌를 광고하고 있다.)

둘째, 형용사절(Adjective Clause)

who, whose, whom, which, that 등의 관계대명사로 시작하는 종속절과 when, where와 같은 관계부사로 시작하는 종속절의 두 가지 형태가 있다. 이러한 형용사절들은 명사나 대명사를 수식하는 형용사와 같은 역할을 한다.

| Example ❶ | This is the person **whom I met yesterday.**
(이 분이 내가 어제 만났던 사람이다.)

| Example ❷ | Budapest, **which is on the Danube,** is a beautiful city.
(다뉴브 강에 위치한 부다페스트는 아름다운 도시이다.)

| Example ❸ | I was out of town on the day **when the accident happened.**
(그 사고가 일어난 날 나는 도시 밖에 있었다.)

| Example ❹ | This is the place **where the planes land and take off.**
(이 곳은 비행기들이 이착륙을 하는 곳이다.)

셋째, 명사절(Noun Clause)

what, that, whether, if 등의 명사형 접속사로 시작하는 종속절이다. 이러한 명사절은 주어나 목적어 등의 명사와 같은 역할을 한다. 또한 명사절 앞에는 콤마(Comma)를 사용하지 않는다.

| Example ❶ | **What he says** is not important.
(그가 말하는 것은 중요하지 않다.)

| Example ❷ | It is unbelievable **that he is a genius.**
(그가 천재라는 것은 믿어지지 않는다.)

| Example ❸ | I don't know **whether I should accept or refuse the proposal.**
(나는 그 제안을 받아들여야 할지 아니면 거절해야 할지 잘 모르겠다.)

| Example ❹ | I asked **if she knew French.**
(나는 그녀가 프랑스 어를 할 줄 아는지 물었다.)

2. 문장 [Sentence]

문장은 하나 또는 둘 이상의 절들로 이루어지며, 그 자체로서 하나의 완전한 사고 단위를 표현한다.

문장은 크게 다음의 4가지 종류로 나뉜다.

첫째, 단문(Simple Sentence)
하나의 독립절로 이루어진 문장이다.

| Example | I'm getting up at six o'clock this week.
(나는 이번 주에 6시에 일어나고 있다.)

둘째, 중문(Compound Sentence)
두 개 혹은 그 이상의 독립절들이 등위 접속사 등으로 연결된 문장으로, 연결어의 형태에 따라 다음의 세 가지 종류로 나뉜다.

1. 등위 접속사로 연결된 중문
   ▶ 형태: 독립절, + 등위 접속사 + 독립절

| Example | She worked hard, but she failed.
(그녀는 열심히 공부했지만 떨어졌다.)

2. 접속 부사로 연결된 중문
   ▶ 형태: 독립절; + 접속 부사(,) + 독립절

| Example | The weather was terrible; otherwise, we had a good time.
(날씨가 지독했는데, 그러지 않았더라면 우리는 재미있는 시간을 가졌을 것이다.)

3. 세미콜론으로 연결된 중문
   ▶ 형태: 독립절; 독립절

| Example | He wants a house; she'd rather live in an apartment.
(그는 주택을 원하는 반면, 그녀는 아파트에서 살고 싶어한다.)

셋째, 복문(Complex Sentence)
하나의 독립절에 하나 또는 그 이상의 종속절이 결합되어 이루어진 문장으로, 중요한 내용은 독립절에 쓰고, 상대적으로 덜 중요한 내용은 종속절에 쓴다.

| Example | I decided to stop and have lunch because I was feeling quite hungry.
(나는 몹시 배가 고팠기 때문에 멈춰서 점심을 먹기로 했다.)

넷째, 혼문(Compound-Complex Sentence)
두 개의 독립절에 하나 또는 그 이상의 종속절이 결합되어 이루어진 문장이다.

| Example | Although she was tired, she went to work, but she didn't stay there long.
(그녀는 피곤하였음에도 직장에 나갔지만, 오래 머무르지는 않았다.)

훌륭한 영작문이란 방금 설명한 네 가지 종류의 문장들을 적절히 혼합해 구사하는 것이다. 그렇지 않고 하나의 문장 종류에만 너무 편중해 영작문을 하는 것은 바람직하지 못하다.

예컨대, 에세이 영작문을 할 때 단문(Simple Sentence)을 지나치게 많이 사용하면 글이 너무 단조롭고 지루해지기 때문에 효과적이지 못하다. 이러한 경우, 복문(Complex Sentence)을 에세이 중간 중간에 적절히 구사하면, 글이 한층 흥미로워지고 짜임새가 있어 보인다.

> ### ● 절에 쓰이는 연결어(Clause Connectors)
>
> ▶ **종속 접속사(Subordinator)**: 종속절을 이끄는 접속사
>   ex after, before, when, which, although, though, even if, while, whenever, as, how, if, unless, as if, as soon as, since, because, so that ...
>
> ▶ **등위 접속사(Coordinator)**: 서로 같은 문법 구조를 가진 절들을 대등한 관계로 연결할 때 사용하는 접속사
>   ex and, but, or, nor, yet, so ...
>
> ▶ **접속 부사(Conjunctive Adverb)**: 앞 문장의 뜻을 다음 문장에 이어주는 역할을 하는 부사
>   ex accordingly, consequently, therefore, thus, moreover, furthermore, on the other hand, besides, instead, nevertheless, however, in addition, in contrast, otherwise, likewise ...

3. 문단 [Paragraph]

문단은 하나의 사고 체계를 펼치는 데 사용하는 관련 문장들의 결합이다. 이 때 문단을 구성하는 문장의 수는 하나가 될 수도 있고, 열 개 또는 그 이상이 될 수도 있다. 그러므로 하나의 사고 체계를 펼치는 데 필요한 만큼의 문장을 사용하면 된다.

문단은 흔히 다음의 세 가지 구성 요소로 이루어진다.

첫째, 주제 문장(Topic Sentence)
문단에서 표현하고자 하는 주된 생각 또는 요점을 서술하는 문장으로, 보통 1개의 문장으로 이루어진다.

둘째, 보조 문장(Supporting Sentence)
이유, 예, 사실, 통계 등을 제시하거나 인용을 통해 주제 문장을 설명 또는 부연하는 문장으로, 보통 2개 이상의 여러 문장들로 이루어진다.

셋째, 맺음 문장(Concluding Sentence)
문단의 끝을 알리고 요점을 다시 한 번 상기시키는 문장으로, 보통 1개의 문장으로 이루어진다.

이에 덧붙여 문단을 작성할 때는 두 가지 원칙, 즉 통일성(Unity)과 일관성(Coherence)을 반드시 고려해야 한다. 여기서 통일성의 원칙이란 한 문단에서는 하나의 주된 사고 체계만을 다루어야 한다는 것이다. 예컨대, '단체 스포츠 경기의 장점'을 논하는 문단이라면 장점들만을 논해야지, 단점을 논해서는 안된다. 만약 단점을 논하려면 별도의 다른 문단에서 다루어야 한다.

또, 일관성의 원칙이란 문단을 이루고 있는 여러 문장들이 전체적으로 하나의 일관된 논리, 즉 논리적인 일관성을 유지해야 한다는 것이다. 문단 내에서 핵심 명사를 계속 반복한다든지, 대명사나 문장 연결어 따위를 사용하는 것은 문단의 논리적 일관성을 유지하기 위한 구체적인 작문 요령들이다.

아울러, 문단을 작성할 때는 기술적 측면에서 다음 세 가지 사항을 꼭 기억해 두기 바란다.

문단 작성시 유의 사항

첫째, 문단의 첫 문장은 항상 들여쓰기(indentation)를 한다.
둘째, 매 문장의 첫 글자는 대문자를 사용한다.
셋째, 매 문장이 끝날 때는 항상 마침표(.)를 찍는다.

문단(Paragraph) 작성의 실례

Synonyms

　Synonyms, words that have the same basic meaning, do not always have the same emotional meaning. For example, the words stingy and frugal both mean "careful with money." However, to call a person stingy is an insult, while the word frugal has a much more positive connotation. Similarly, a person wants to be slender but not skinny, and aggressive but not pushy. Therefore, you should be careful in choosing words because many so-called synonyms are not really synonymous at all.

(Source: Writing Academic English by Longman)

해　석　기본적으로 같은 의미를 가진 단어들인 동의어들은 항상 같은 정서적 의미를 갖지는 않는다. 예를 들어, stingy('인색한')와 frugal('검소한')은 둘 다 "돈에 신중한"이란 뜻이다. 하지만, 어떤 사람을 stingy하다고 부르는 것은 모욕인 반면, frugal이란 단어는 훨씬 긍정적인 의미를 함축하고 있다. 마찬가지로, 어떤 사람이 slender('날씬한')해지기를 원한다고는 말하지만, skinny('말라빠진')라고는 말하지 않는다. 또한 aggressive('적극적인')해지기를 원한다고는 하지만, pushy('밀어부치는')라고는 말하지 않는다. 그러므로, 단어들을 선택할 때는 신중해야 한다. 왜냐하면 소위 많은 동의어들이 실제로는 의미가 전혀 같지 않기 때문이다.

코 멘 트　위의 글은 "Synonyms"(동의어들)라는 제목 하에 쓰여진 하나의 문단으로, 전형적인 문단의 3 구성 요소를 갖추고 있다. 즉, 첫 문장과 마지막 문장이 각각 주제 문장과 맺음 문장, 그리고 그 중간에 위치한 문장들이 예의 제시를 통해 주제 문장을 설명하는 보조 문장을 이루고 있다. 또한, 논리적 일관성을 유지하기 위해 for example, similarly, therefore와 같은 연결어들을 적절히 사용하고 있다.

Part 3 — 10 English Writing Principles

하루는 한국의 어느 대학 부설 외국어 연수원에서 영작문을 가르치고 있는 한 원어민 강사가 필자에게 이런 말을 하였다.

"영작문에 있어서 한국인들의 고질적인 문제점은 영어다운 영어를 쓸 줄 모른다는 거예요. 문법적인 측면에서는 별로 나무랄 데가 없어요. 하지만, 문제는 그런 상황에서 우리 원어민들이라면 결코 그런 식으로 표현하지 않는다는 거죠. 그런데 한국 학생들은 오직 문법적인 사고에만 집착해 영작문을 하는 경향이 있어요. 이것은 근본적으로 커다란 문제예요. 그렇게 해서는 결코 높은 수준에 도달할 수 없어요. 또 어휘를 사용하는 데에도 문제가 있어요. 실제로 한국인들이 영작문에서 사용하는 단어들을 보면 상당히 뒤죽박죽이에요. 하나의 글 안에 반말과 존칭어들이 뒤섞여 있는 격이죠. 단지 뜻만을 생각하고 단어를 사용하기 때문에 이런 결과가 생기는 거예요. 단어의 상황적 배경이나 뉘앙스를 전혀 고려하지 않고 말이죠…"

만약 영어 문법과 단어 실력만 뛰어나면 영작문은 아무런 문제가 없다고 생각하는 사람이 있다면, 그것은 정말 엄청난 착각이다. 물론, 영작문을 하는 데 있어서 올바른 문법 지식과 풍부한 단어는 필수적 요소이다. 하지만 영어다운 영어 작문을 구사하기 위해서는 다음과 같은 영작문 요령 및 규칙이 요구된다.

만약 다음의 10가지 계명을 익혀 실제로 영작문 시 적용할 수만 있다면, '콩글리쉬 영작문'의 콤플렉스에서 벗어날 수 있을 것이다.

영작 10계명

Principle 1. 문장의 균형을 잡아라!
Principle 2. 능동형으로 작문하라!
Principle 3. 동사 구문을 즐겨 사용하라!
Principle 4. 반복을 피하라!
Principle 5. 단어의 뉘앙스를 구분하라!
Principle 6. 대입식 작문을 피하라!
Principle 7. 표현의 군더더기를 제거하라!
Principle 8. 구두점을 사용하라!
Principle 9. 숫자 표기법을 익혀라!
Principle 10. 일관성을 유지하라!

[Principle 1] 문장의 균형을 잡아라!

영작문을 할 때 각별히 신경을 써야 할 것 중 하나가 문장의 균형을 맞추는 일이다. 예컨대, 영작문을 하다 보면 긴 표현을 사용해 문장을 만들게 되는 경우가 간혹 생긴다. 이때 문장의 균형을 고려하지 않고 그냥 긴 표현을 늘어 놓으면 자칫 어색한 영어 문장이 되고 만다. 그럼 이러한 경우 어떻게 문장의 균형을 맞추어 줄 수 있을까?

이 때 문장의 균형을 맞추는 방법은 긴 표현을 문장 뒤쪽에 위치시키는 것이다. 즉, 영어에서는 한 문장 안에 긴 표현과 짧은 표현이 동시에 사용되고 있을 때, 가능한 한 긴 표현을 문장 뒤쪽에 위치시킴으로써 나름대로 문장 구조의 균형을 꾀한다. 이를 가리켜 흔히 '문장 구조의 균형'(Balanced Structure)이라고 부른다.

그럼 방금 설명한 문장 구조의 균형을 기억하면서 다음 우리말 문장을 한 번 영어로 작문해 보자.

- 우리가 쉽사리 빠질 수 있는 수많은 유혹들이 존재한다.

아마 다음과 같이 영어로 작문한 사람들이 많을 줄 짐작된다.

- A number of temptations into which we may easily fall exist.

물론 위와 같이 작문을 하여도 틀린 것은 아니다. 하지만 뭔가 어색하다. 문장의 주어인 'A number of temptations into which we may easily fall'이 동사 exist에 비해 상대적으로 너무 길어 문장의 균형이 맞지 않기 때문이다. 이 때 문장의 균형을 맞추는 하나의 방법은 비인칭주어 There를 사용해 긴 주어 부분을 동사와 도치시켜 문장의 맨 뒤쪽으로 보내는 것이다.

- There exist a number of temptations into which we may easily fall.

아래의 예문은 문장의 균형을 고려해 작문한 문장이다.

| Example |

- **우리말** : "우리는 우리 자신 뿐만 아니라 다른 사람들의 자존심도 손상되지 않도록 해야 한다."
- **영작문** : We must keep unimpaired our own self-respect as well as that of others.

☞ 이 문장은 동사 keep 다음에 our own self-respect as well as that of others를 목적어, 그리고 unimpaired를 목적 보어로 한 5형식 구문의 형태를 취하고 있다. 그런데 이를 '목적어 + 목적 보어' 순의 본래 어순대로 쓰면 목적어가 목적 보어에 비해 너무 길어져 결과적으로 문장의 균형이 맞지 않게 된다. 이에 문장의 균형을 맞추기 위해 긴 목적어를 문장 뒤쪽으로 보낸 것이다.

[Principle 2] 능동형으로 작문하라!

자연스런 영작문을 하려면 능동태 구문을 사용해 표현하는 습관을 기르는 것이 좋다. 능동태 구문을 많이 사용하면 글의 흐름이 자연스럽고, 직접적이며 또한 활기차 보이기 때문이다. 반면 수동태 구문을 많이 사용하면 글의 전체적인 흐름이 딱딱하고 무거워진다. 다음은 그 예들이다.

| Example ❶ |
- 수동태 : For a long time the earth was believed to be flat.
   (오랫동안 지구가 평평하다고 믿겨졌다.)

- 능동태 : For a long time people believed that the earth was flat.
   (오랫동안 사람들은 지구가 평평하다고 믿었다.)

| Example ❷ |
- 수동태 : This scientific theory has now been proved to be false.
   (이 과학 이론은 이제 틀린 것으로 증명되어졌다.)

- 능동태 : Experts have proved that this scientific theory is false.
   (전문가들은 이 과학 이론이 틀린 것이라고 증명했다.)

| Example ❸ |
- 수동태 : The speed limit is to be introduced gradually.
   (속도 제한이 점차적으로 도입될 것이다.)

- 능동태 : The authorities are to introduce the speed limit gradually.
   (당국은 속도 제한을 점차적으로 도입할 것이다.)

하지만, 다음의 두 경우는 능동태보다 수동태 구문을 사용하는 것이 보다 효과적이다.

첫째, 수동태 문장의 주어를 특별히 강조할 때

| Example |

This picture was painted by a nameless artist.
(이 그림은 한 무명 화가에 의해 그려졌다.)

☞ 주어인 This picture를 특별히 강조하기 위해 수동태 구문을 사용하였다.

둘째, by 이하의 목적어가 긴 수식어에 의해 수식을 받을 때

| Example |

Madonna is surrounded ***by the fans who hope for a glimpse of her.***
(마돈나는 그녀를 한 번 보기를 바라는 팬들로 둘러싸였다.)

☞ by의 목적어인 the fans가 who 이하의 관계대명사 절에 의해 수식을 받아 길어졌다. 따라서, 문장의 균형을 맞추기 위해 상대적으로 긴 by 이하의 표현을 뒤로 보내려고 수동태 구문을 사용하였다.

[Principle 3] 동사 구문을 즐겨 사용하라!

영작문을 할 때 우리는 알게 모르게 명사 구문을 빈번하게 사용하는 경향이 있다. 하지만 이처럼 명사 구문을 많이 사용해 작문을 하게 되면 글의 내용이 추상적이고, 또 글의 흐름 자체가 딱딱해진다. 반면, 동사 구문을 사용하면 글이 직접적이며 부드럽고, 활기에 넘칠 뿐만 아니라 글의 흐름 자체도 자연스러워 보인다.

따라서, 보다 설득력 있는 영작문을 하려면 평소 명사 구문보다는 동사 구문을 사용해 표현하는 작문 습관을 기를 필요가 있다. 다음은 그 예들이다.

| Example ❶ |
- 우리말 : "위원회는 담배 광고의 금지를 도입하기로 결정하였다."
- 명사 구문 : The committee **made the decision** to introduce a ban on the advertising of cigarettes.
- 동사 구문 : The committee **decided** to introduce a ban on the advertising of cigarettes.

| Example ❷ |
- 우리말 : "그는 그 문제를 면밀히 조사하였다."
- 명사 구문 : He **made a careful study** of the problem.
- 동사 구문 : He **studied** the problem **carefully**.

| Example ❸ |
- 우리말 : "그는 영어를 유창하게 한다."
- 명사 구문 : He is **a fluent speaker** of English.
- 동사 구문 : He **speaks** English **fluently**.

| Example ❹ |
- 우리말 : "권력은 부패하는 경향이 있다."
- 명사 구문 : Power **has a tendency to** corrupt.
- 동사 구문 : Power **tends** to corrupt.

| Example ❺ |
- 우리말 : "우리는 우리의 노력에 대해 정당하게 보상받기를 기대했다."
- 명사 구문 : **Our expectation was that** we would be justly rewarded for our efforts.
- 동사 구문 : We **expected** to be justly rewarded for our efforts.

| Example ❻ |
- 우리말 : "나는 때때로 위스키를 마신다."
- 명사 구문 : I am **an occasional whisky drinker**.
- 동사 구문 : I **occasionally drink whisky.**

[Principle 4] 반복을 피하라!

영어는 기본적으로 반복을 싫어하는 언어이다. 따라서, 영작문을 할 때도 한 번 사용한 단어는 가능한 다시 반복해 쓰지 않도록 한다. 반복을 피하기 위해서는 다음의 3가지 방법들이 주로 사용된다.

첫째, 대명사를 사용해 반복을 피하는 방법

| Example | People have their strong points as well as their weak ***ones***.
(사람들은 자신의 약점 뿐 아니라 강점들도 갖고 있다.)

☞ ones는 points를 반복하지 않기 위해 사용된 대명사이다.

둘째, 대동사를 사용해 반복을 피하는 방법

| Example | He earns more money in a day than I ***do*** in a week.
(그는 내가 1주일에 버는 것보다 하루에 더 많은 돈을 번다.)

☞ do는 earn money를 반복하지 않기 위해 사용된 대동사이다.

셋째, 동의어·유사어를 사용해 반복을 피하는 방법

| Example | Heaven certainly looks after the man who ***takes care of*** business first.
(하늘은 먼저 자신의 일을 돌보는 사람을 돕는다.)

☞ take care of는 look after라는 표현을 반복하지 않기 위해 사용된 동의어이다.

위의 세 가지 반복 회피 방법들 중에서 실제로 영작문을 할 때 가장 자주 쓰이면서도 중요한 것은 동의어나 유사어를 사용해 반복을 피하는 방법이다. 그러므로 여러분은 평소 영작문을 할 때 동의어 및 유사어를 사용해 반복을 피하는 작문 테크닉을 충분히 연습해 둘 필요가 있다. 이 때 「Roget's Thesaurus」라는 동의어 및 유사어 사전을 활용하면 풍부한 어휘력을 갖출 수 있다.

한편, 반복을 되풀이하지 않으려면 주어진 상황에서 다양한 표현을 구사할 수 있는 작문 능력이 필요하다. 예컨대, '2주간의 여름 휴가'라는 표현을 영어로 옮겨 보자.

- the summer vacation for 2 weeks

그런데 만약 이 표현을 사용할 문장에서 for와 같은 전치사를 이미 썼다면, 또 다시 전치사 for를 반복하는 것은 문체상 바람직하지 않다. 그렇다면 전치사 for를 쓰지 않고 어떻게 같은 의미의 표현을 만들 수 있을까?

- the summer vacation lasting 2 weeks

이렇게 하면 전치사 for를 굳이 반복하지 않고도 같은 의미의 표현을 만들 수 있다. 그런데 만약 이 표현을 사용할 문장에서 lasting과 같은 현재 분사를 이미 썼다면, 또 다시 현재 분사를 사용하는 것은 역시 문체상 바람직하지 않다. 그럼 이러한 경우 lasting과 같은 현재 분사를 사용하지 않고 같은 의미의 표현을 만들 수는 없을까?

- the 2-week summer vacation

이렇게 하면 전치사 for나 lasting과 같은 현재 분사를 쓰지 않고도 간략하게 '2주간의 여름 휴가'라는 표현이 된다.

위의 예에서 보듯, 실제로 우리가 영작문을 하다 보면 꼭 한 가지 표현만을 고집할 수 없는 경우가 적잖게 생긴다. 상황에 따라 반복을 피하면서 다양한 표현을 구사할 수 있는 능력이야말로 개인의 영작문 실력을 결정짓는 중요 요소인 것이다.

위의 반복 회피법과 관련해 또 한 가지 기억해 둘 것이 있다. 위의 반복 회피 방법들은 비단 한 문장 내에서만 이루어지는 것이 아니라 문단 수준에서도 적용된다는 사실이다. 예를 들어, 문맥 논리상 '결과'를 나타낼 경우에는 흔히 문단의 서두에 So나 And so와 같은 접속 부사를 사용한다. 그런데 만약 같은 글에서 또 다시 결과의 접속 부사를 쓸 경우가 생길 때 So나 And so를 반복하는 것은 별로 바람직하지 않다. 이러한 경우에는 Therefore, Thus, Accordingly, Consequently, Correspondingly와 같은 유사 표현을 적절히 구사해야 한다. 만약 이와 같은 반복 회피 테크닉을 문단 수준에서도 적절히 구사한다면, 여러분은 매우 효과적으로 에세이를 작문할 수 있을 것이다.

[Principle 5] 단어의 뉘앙스를 구분하라!

앞에서 우리는 영작문 시 반복을 피해 주는 하나의 방법으로 동의어나 유사어를 사용하는 것을 공부했다. 이 때 한 가지 유의할 것은 반복을 피하려고 무턱대고 동의어나 유사어를 쓰지 말고, 단어의 뉘앙스를 구분해 사용하라는 것이다.

그럼 여기서 하나 예를 들어보자. '해고하다'라는 뜻의 영어 단어는 여러 가지다. 즉, dismiss, sack, fire, bump 등이 모두 '해고하다'를 뜻하는 단어이다. 그렇지만 위의 네 단어가 의미는 거의 비슷하지만 다음과 같이 쓰이는 상황은 다르다.

- **dismiss:** 해고하다 (신문 기사나 에세이와 같은 공식적인 글에 사용하는 문어체적 표현)
- **sack, fire:** 파면시키다 (일상적인 회화에서 사용하는 구어체적 표현)
- **bump:** 내쫓다 (속어적 표현)

이 네 개의 단어를 단지 반복을 피하기 위해 하나의 글에 뒤섞어 작문을 한다면, 하나의 글에 반말과 경어가 마구 뒤섞여 문체상 매우 혼란스러운 글이 된다. 따라서, 단어의 뉘앙스를 구분해 선택적으로 단어를 사용해 작문을 하여야 한다.

그러나 막상 이것을 실천에 옮기기란 말처럼 쉬운 일이 아니다. 영어 단어의 뉘앙스를 구분하는 일이 결코 쉽지 않기 때문이다. 하지만 방법이 전혀 없는 것은 아니다. 이를테면 「Longman」이나 「Collins Cobuild」처럼 생생한 예문과 용례가 수록된 영영 사전들을 적극 활용하면, 영어 단어의 뉘앙스를 어느 정도 깨우칠 수가 있다. 일례로 「Longman」 사전에서는 단어의 의미를 설명하기에 앞서 괄호 안에 아래와 같은 영문 약자들을 표시해 그 단어가 어떤 상황에서 쓰이는지를 짐작케 한다.

○ 「Longman」 사전에 사용된 약어의 의미

▶ **fml.** : formal의 약칭으로, 공식적인 문어체 표현을 가리킴.
▶ **infml.** : informal의 약칭으로, 일상적인 회화체 표현을 가리킴.
▶ **sl.** : slang의 약칭으로, 함부로 사용해서는 안 될 속어 표현을 가리킴.

앞서 설명한 dismiss, sack, fire, bump의 네 단어를 「Longman」 사전에서 각각 찾아보면, dismiss는 (fml.), sack과 fire는 (infml.), 그리고 bump는 (sl.)의 표시가 각각 붙어 있다. 이를 통해 여러분은 dismiss는 문어체, sack과 fire는 구어체, 그리고 bump는 속어 표현으로 각각 사용됨을 짐작할 수 있을 것이다.

이처럼 「Longman」이나 「Collins Cobuild」와 같은 영영 사전을 제대로 활용한다면, 각 단어를 어떤 상황에서 사용해야 할지 알 수 있을 것이다.

[Principle 6] 대입식 작문을 피하라!

　영어 작문에 있어서 한국인들의 고질적인 문제점은 우리말 사고에 영어 알파벳을 대입하는 식의 '콩글리쉬 영작문'을 하는 것이다. 그럼 어떻게 하면 콩글리쉬 영작문을 벗어날 수 있을까? 다음의 두 가지를 철저히 실천해 보자.

첫째, 단어의 구체적 용례를 익혀라!
다음의 우리말 문장들을 한 번 영어로 작문해 보라.

- 그는 하버드 대학에 입학했다.
- 그는 예일 대학에 다니고 있다.
- 그는 스탠포드 대학을 졸업했다.

↓

- He entered into Harvard University.
- He attends at Yale University.
- He graduated Stanford University.

　위의 영작문들은 얼핏 보아서는 전혀 흠잡을 데가 없어 보이지만 모두가 틀렸다. 우리말에 영어 알파벳을 대입하는 식으로 소위 '콩글리쉬 영작문'을 했기 때문이다.
　즉, 우리말에서 '입학하다'라는 동사는 '그는 OO 대학에 입학했다.'처럼 보통 1형식 문장으로 사용된다. 그런데 영어에서는 'He entered OO University.'의 경우처럼 '주어 + 동사 + 목적어'의 3형식 문장을 이룬다. 'OO에 다니고 있다'라는 뜻의 attend 역시 마찬가지이다. 즉, 우리말에서는 1형식 문장을 이루지만 영어에서는 3형식 문장으로 사용된다.
　반면, '졸업하다'라는 뜻의 동사 graduate는 방금 살펴본 enter, attend와는 정반대의 경우다. 즉, 우리말에서 '졸업하다'라는 동사는 '그는 OO 대학을 졸업했다.'처럼 3형식 문장을 이루며 사용되지만, 영어에서는 동사 graduate가 전치사 from을 쓰고 목적어를 취하는 1형식 문장의 형태를 이룬다. 그래서 'He graduated from OO University.'가 되는 것이다.
　이상 설명한 것을 토대로 위의 영작 문장들을 다시 올바르게 고쳐 쓰면 다음과 같다.

- He entered Harvard University.
- He attends Yale University.
- He graduated from Stanford University.

앞서 소개한 「Longman」이나 「Collins Cobuild」와 같은 영영 사전들을 찾아서 예문과 용례 설명 부분을 집중적으로 학습하면, 자기도 모르는 새 콩글리쉬가 아닌 자연스러운 영어 문장을 쓸 수 있게 될 것이다.

둘째, 이디엄(Idiom)을 적극 구사하라!

다음 문장을 영어로 작문을 하면 어떻게 될까?

- 나는 맨손으로 사업을 시작했다.
  → I started a business with empty hands.

만약 이렇게 작문을 했다면, 우리말 표현에 단지 영어 알파벳을 대입해 놓은 것에 불과하다. '무(無)에서 시작하다'라는 뜻으로 우리말에서는 '맨손으로 시작하다'라는 표현을 사용하지만, 영어에서는 'start from scratch'라는 표현을 쓴다.

각 나라 사람들은 각기 독특한 사고 체계(mentality)를 갖고 있다. 그리고 언어도 자연히 이 같은 사고 체계의 지배를 받는다. 따라서, 같은 의미의 표현이라도 각 언어의 표현이 똑같을 수만은 없다.

따라서, 영어다운 영어 표현을 구사하기 위해서는 영어가 모국어인 사람들의 독특한 사고 체계에서 유래한 표현들, 즉 아래와 같은 'English Idiom'들을 적극적으로 익혀 두어야 한다.

● English Idiom의 실례

▶ white lie	선의의 거짓말
▶ break the ice	어색한 분위기를 깨다
▶ flog a dead horse	헛수고를 하다
▶ split the hairs	사소한 것을 꼬치꼬치 따지다
▶ a fly in the ointment	옥의 티
▶ sandwich course	이론과 실습을 병행하는 강좌
▶ The book sells like hot cake.	그 책은 날개 돋친 듯이 팔린다.

[Principle 7] 표현의 군더더기를 제거하라!

미국 라스베이거스에서의 일이었다. 필자는 우연히 한 대학 부설 외국어 연수원에서 영어를 가르치는 미국인 여성을 만나서 이야기를 나누게 되었다.

"한국인 학생들은 영어 작문을 할 때 좀 유별난 데가 있어요. very와 really라는 단어를 유난히 많이 사용하는 거예요. 예를 들어, important라는 단어만 해도 상당히 의미가 강한 형용사인데, 여기에다가 꼭 very를 붙이거든요. 그리고 really라는 단어 역시 특별히 강조할 때나 사용하는 단어임에도, 한국인들은 다소 남발하는 경향이 있어요.

그래서 이 점에 대해 한국인 학생들에게 여러 차례 코멘트를 해 주었는데도 별로 달라지지가 않는 거예요. 도대체 한국인들이 강조어를 유난히 많이 사용하는 이유가 뭐죠?"

비단 이것 뿐만이 아니다. 한국인들은 영작문을 할 때, 불필요한 표현의 군더더기를 너무 늘어놓는 경향이 있다. 의미상 중복되는 수식어들을 덧붙이며 영작문을 하는 것은 그 하나의 예이다.

영작문에서 한국인들이 흔히 범하는 표현의 군더더기에는 두 가지가 있다. 하나는 '단어의 군더더기'이고, 또 하나는 의미상 굳이 필요하지 않은 표현이나 문장을 늘어놓는 '의미의 군더더기' 이다. 즉, 단어 수준에서의 군더더기 표현이 단어의 군살이라면, 의미의 군더더기는 문장, 더 나아가서는 문단 수준에서의 군더더기 표현이라고 할 수 있다.

첫째, 단어의 군더더기

먼저, '단어의 군더더기'를 예를 통해 살펴보도록 하자.

- Before I **completely** finished explaining the **various** differences between the colleges, he changed his **future** plans.

이 영작문에서 completely, various, future는 사실 의미의 중복만을 가져오는 불필요한 수식어들이다. finish란 동사에는 어차피 completely(완전히)라는 뜻이 내포되어 있고, differences(차이들)에는 various(다양한)라는 뜻이, 그리고 plan(계획)에는 future(미래)라는 뜻이 각각 내연적으로 포함되어 있기 때문이다.

따라서, 영작문을 할 때 이러한 수식어들을 붙이는 것은 불필요한 표현의 군더더기에 불과하다. 위의 영작문을 단어의 군더더기를 없앤 채 다시 정리하면 다음과 같다.

- Before I finished explaining the differences between the colleges, he changed his plans.
  (내가 대학간 차이점들에 대해 설명을 마치기도 전에, 그는 그의 계획을 바꾸었다.)

다음은 그 밖에 실제 영작문을 할 때 흔히 저지르기 쉬운 의미 중복의 실례들이다.

> ### ● 의미 중복의 실례
>
> ▶ (past) memories
> ▶ (each) individual
> ▶ (basic) fundamentals
> ▶ (true) facts
> ▶ (important) essentials
> ▶ (final) outcome
> ▶ (past) history
> ▶ (sudden) crisis
> ▶ (unexpected) surprise
>
> (※ 여기서 괄호 안의 단어는 불필요한 군더더기 표현들로 생략하는 것이 옳음.)

둘째, 의미의 군더더기

이번에는 '의미의 근더더기'의 예를 한 번 살펴보기로 하자.

- ***The cause of*** the hold-up on the production line was ***due to*** a fault in the conveyor belt.

이 영작문에서 The cause of와 due to는 의미상 중복되는 표현이다. 따라서, 두 개의 표현 중 하나를 생략해야 마땅하다. 위의 영작문을 다시 수정하면 다음과 같다.

- ***The cause of*** the hold-up on the production line was a fault in the conveyor belt.
  (생산 라인 정지의 원인은 컨베이어 벨트의 결함이었다.)
- The hold-up on the production line was ***due to*** a fault in the conveyor belt.
  (생산 라인 정지는 컨베이어 벨트의 결함에 의한 것이었다.)

다음은 또 하나의 예이다.

| Example | There have been two magnificent ***victories*** for the Korean teams today, and they ***have won both of them***.

☞ 이 영작문에서 victories와 have won both of them은 사실 의미상 중복되는 표현들이다. 즉, have won both of them은 결국 앞의 victories의 의미를 부연하는 것이므로, and 다음에 위치한 이 문장 후반부는 없어도 상관없는 표현의 군더더기에 불과하다. 위의 영작문을 다시 정리하면 다음과 같다.

· 수정 영작문 : There have been two magnificent victories for the Korean teams today.
(오늘 한국 팀들은 두 개의 멋진 승리를 거두었다.)

[Principle 8] 구두점을 사용하라!

　한국 사람들이 영작문한 것을 들여다보면, 콜론(:), 세미콜론(;), 대시(—), 하이픈(–)과 같은 구두점들이 거의 눈에 띠지를 않는다. 그 이유는 우리말을 쓸 때 위와 같은 구두점들을 사용하지 않기 때문이다. 그러므로 자연히 영어 문장을 작문 할 때도 구두점을 사용할 줄 모르는 것이다.

　그러나 영어 원어민들은 우리들과 달리 작문을 할 때 콜론, 세미콜론, 대시, 하이픈과 같은 구두점들을 아주 빈번하고도 적극적으로 사용한다. 따라서, 영어다운 문장을 작문하려면 이와 같은 구두점들을 적극 구사할 줄 알아야 한다. 특히, 그 중에서도 매우 빈번하게 쓰이는 구두점들인 세미콜론과 하이픈을 구사하는 작문 테크닉을 중점적으로 익혀 둘 필요가 있다.

첫째, 세미콜론의 작문 테크닉

　영어에서 세미콜론의 용법은 실로 다양한데, 그 가운데 다음의 네 가지 용법으로 주로 쓰인다.

1. 이유를 나타내는 접속사 because의 의미

| Example |
- 우리말 : "나는 그 일을 끝까지 할거다. 왜냐하면 나는 그 일이 좋기 때문이다."
- 영작문 : I'll do the job to the end; I like it.

2. 결과를 나타내는 접속 부사 so의 의미

| Example |
- 우리말 : "상점들이 문을 닫았다. 그래서 나는 아무 것도 사지 못했다."
- 영작문 : The shops were closed; I couldn't buy anything.

3. 대조되는 두 문장을 연결할 때 사용하는 접속사 while 또는 whereas의 의미

| Example ❶ |
- 우리말 : "일부 사람들은 조기 교육에 찬성하는 반면 다른 사람들은 강력히 반대한다."
- 영작문 : Some people are in favor of the early education; others are strongly against it.

| Example ❷ |
- 우리말 : "벽은 노란색인데 반해 천장은 흰색이다."
- 영작문 : The walls are yellow; the ceiling is white.

| Example |

4. 'that is' 또는 'i.e.'와 같이 부연 설명하는 동격의 의미
- **우리말** : "주부의 일은 다양하다. 즉, 빨래하고, 음식하고, 청소를 한다."
- **영작문** : The work of the housewife is varied; she washes, she cooks, and she sweeps.

☞ 이 영작문에서 세미콜론은 동격 표현 i.e.를 대신해 쓰였다.

둘째, 하이픈의 작문 테크닉

영작문과 관련한 하이픈의 용법으로는 다음의 두 가지를 꼭 알아두어야 한다.

1. 기존 단어들을 연결해 1회성 단어 만들기

두 개 이상의 단어들을 연결해 하나의 새로운 단어를 만들 때 하이픈을 사용한다.

| Example ❶ | a demon-possessed man (귀신들린 사람)

| Example ❷ | give-and-take (주고받기)

| Example ❸ | the wait-and-see attitude (관망적 태도)

2. 부사구를 형용사처럼 사용하기

원칙적으로 명사를 수식할 수 없는 부사구나 전치사구를 형용사처럼 사용하고자 할 때 하이픈을 사용한다.

| Example ❶ | He made an off-the-cuff speech.
(그는 즉흥적인 연설을 했다.)

☞ off the cuff는 본래 '즉흥적으로', '즉석에서'라는 뜻의 전치사구이다. 따라서, 명사 speech를 수식해줄 수는 없다. 그래서 형태를 변형시키지 않고 형용사로 사용하기 위해 off the cuff를 하이픈으로 결합한 것이다.

| Example ❷ | It was a once-in-a-lifetime chance for an ordinary person like me.
(그것은 나와 같은 보통 사람에게는 일생에 한 번 있는 기회였다.)

☞ once in a lifetime은 본래 '일생에 한 번'이라는 뜻의 부사구이다. 따라서, 명사 chance를 수식해줄 수는 없다. 그래서 형태를 변형시키지 않고 형용사로 사용하기 위해 once in a lifetime을 하이픈으로 결합한 것이다.

Principle 9 · 숫자 표기법을 익혀라!

필자는 영작문을 강의하면서 학생들로부터 다음과 같은 질문을 심심찮게 받곤 하였다.

"좀 헷갈리는 게 하나 있는데요. 영작문에서 숫자를 쓸 때는 어떻게 해야 하죠? 어떤 경우에 아라비아 숫자로 쓰고, 또 어떤 경우에 알파벳으로 숫자를 표기해야 하나요?"

실제로 영작문을 하다 보면, 숫자를 써야 하는 경우가 종종 생긴다. 이 때 아라비아 숫자로 표기할 것인지 아니면 알파벳 철자로 표기할 것인지 꽤나 고민이 되는 경우가 있다. 이러한 경우에는 다음의 원칙을 잘 기억해 두기 바란다.

첫째, 알파벳 철자로 수(數)를 표기하는 경우

1. 문장의 첫 부분을 숫자로 시작할 때

2. 한두 단어로 숫자를 표기할 수 있을 때

| Example |
four
thirty-one
six hundred

둘째, 아라비아 숫자로 수(數)를 표기하는 경우

1. 숫자가 문장 중에서 하나의 무리를 이루어 사용될 때

| Example |
The ages of the members are 18, 23, 26, 20, and 31.
(회원들의 나이는 18, 23, 26, 20, 그리고 31세이다.)

2. 숫자를 알파벳으로 표기 시 세 단어 이상이 필요할 때

| Example |
280
6,375
3.14

3. 주소, 날짜, 시각, 금액, 단위, 경기 스코어, 수학적 비율, 페이지 등을 나타낼 때

| Example |
Park Avenue 21
12:30
$4,000
78kg
ratio of 3-to-1(3대1의 비율)
p. 120

[Principle 10] 일관성을 유지하라!

모든 언어가 그렇듯, 영어 역시 한 문장 내에서 가능한 일관성을 유지한다. 예컨대, 한 문장 내에서 여러 개의 목적어를 쓸 경우, 첫 번째 목적어로 동명사를 사용하였으면, 그 다음 목적어들도 가능한 동명사를 사용한다. 바로 이런 것이 일관성 유지의 한 사례이다.

그런데 막상 영작문을 하다 보면 이 같은 일관성의 원칙을 어기는 수가 종종 있다. 이론적으로야 너무나 잘 알고 있지만, 막상 실전에 들어가면 어이없는 실수를 범하는 경우가 적지 않다. 그 이유는 '나무만 보고 숲을 보지 않는' 영작문을 하기 때문이다. 즉, 문장을 채워나가는 데 급급해 자칫 전체적인 시각에서 문장의 흐름을 점검하지 않기 때문이다.

그러므로 실제 시험에서 영작문을 할 때, 문장을 채워나가는 데에만 너무 몰두하지 말고 한 번쯤 자신이 방금 작성한 문장들의 흐름을 점검해 보기 바란다. 이것이 바로 '숲을 보는' 영작문인 것이다.

이 때 일관성의 원칙은 문장의 흐름을 점검하는 데 있어 꼭 필요한 체크 항목이다.

다음은 일관성 원칙의 예들이다.

| Example ❶ | She is young, enthusiastic, and **she has talent.** (×)

☞ 이 영작문은 형용사들을 be 동사의 보어로 나열하고 있는 문장 구조이다. 따라서, and 이하에도 절이 아니라 talented라는 형용사가 와야 한다.

· 수정 영작문 : She is young, enthusiastic, and **talented.** (○)
(그녀는 젊고, 열정적이며, 재능이 많다.)

| Example ❷ | He is **not only famous** in Korea, but also abroad. (×)

☞ either X or Y, neither X nor Y, not only X but also Y 등과 같이 하나의 짝을 이뤄 사용하는 표현들은 X에 명사가 올 때는 Y에도 명사, 그리고 X에 부사(구)가 올 때는 Y에도 부사(구)가 온다. 따라서, 이 영작문에서 but also가 부사 abroad 앞에 위치하였으므로 not only도 형용사가 아닌 부사구 in Korea 앞에 위치해야 한다.

· 수정 영작문 : He is **famous not only** in Korea, but also abroad. (○)
(그는 한국에서 뿐만 아니라 외국에서도 유명하다.)

| Example ❸ | I enjoy reading and **to write.** (×)

☞ enjoy의 목적어로 reading이라는 동명사를 취했으면 and 다음에도 일관성 있게 동명사 writing을 목적어로 취해야 한다.

· 수정 영작문 : I enjoy reading and **writing.** (○)
(나는 읽기와 쓰기를 좋아한다.)

| Example ❹ | In many ways, riding a bicycle is similar to **the driving of a car.** (×)

☞ 주어로 동명사구 riding a bicycle을 사용하였으므로 전치사 to 다음에도 명사 구문이 아닌 동명사구 driving a car를 사용하는 것이 옳다.

· 수정 영작문 : In many ways, riding a bicycle is similar to **driving a car.** (○)
(많은 점에서 자전거를 타는 것은 자동차를 운전하는 것과 비슷하다.)

| Example ❺ | Not knowing what to do and since **I felt embarrassed**, I called the police. (×)

☞ 문장 첫 부분에 Not knowing what to do라는 분사 구문을 사용했으므로 and 다음에도 since 절이 아닌 분사 구문을 사용하는 것이 옳다.

· 수정 영작문 : Not knowing what to do and **feeling embarrassed**, I called the police. (○)
(어떻게 해야 할지 몰랐고 또 당혹감을 느껴서 나는 경찰에 전화를 걸었다.)

How to Find & Use English Dictionaries for Writing

1. 전 세계에서 가장 많이 팔리는 영어 사전은?

영어 사전을 잘 활용하면 굳이 미국이나 영국에 가지 않더라도 영작문을 잘 할 수가 있다. 필자가 아는 어떤 사람은 순수한 국내파임에도 불구하고 영작문 실력이 아주 탁월한데, 그 사람의 철저한 영영 사전 활용법에 나름대로의 성공 비결이 있었다. 그렇다면 어느 사전이 제일 좋을까?

영영 사전을 보려고 결심한 사람이라면 아마도 가장 먼저 떠오르는 궁금증이 바로 이것일 것이다. 그래서 주위에 영어 꽤나 하는 사람에게 좋은 영영 사전을 추천해 달라고 부탁해 보지만 사람마다 영어 실력과 사전을 고르는 선택 기준이 다르므로, 나에게 좋은 사전이 반드시 다른 사람에게 좋다고 볼 수는 없다. 그럼 이 문제를 다른 각도에서 생각해 보자.

"전 세계에서 가장 많이 팔리는 영어 사전은 무엇일까?"

물론, 가장 많이 팔리는 사전이 가장 좋은 사전이라고 단정 지을 수는 없다. 하지만 한 나라가 아닌 전 세계에서 가장 많이 팔리는 사전이라면 좋은 사전임에는 틀림없을 것이다.

현재 전 세계에서 판매가 왕성하게 이루어지는 영어 사전들을 꼽는다면, 「LONGMAN DICTIONARY OF CONTEMPORARY ENGLISH」(이하 「LONGMAN」으로 표기), 「COLLINS COBUILD DICTIONARY OF ENGLISH LANGUAGE」(이하 「COLLINS COBUILD」로 표기), 그리고 「WEBSTER DICTIONARY OF ENGLISH」를 들 수 있다. 이 사전들은 우리나라 영어 영문학회에서 공식적으로 추천하는 것들이다.

2. 원어민들은 어떤 사전을 보는가?

"원어민(Native Speaker)들이 많이 보는 사전이라면 당연히 좋은 사전이겠지. 그러니까 나도 그걸 사 보아야지."

만약 누군가 이렇게 생각한다면, 그 사람은 결정적인 잘못을 범하는 것이다. 왜냐하면 원어민에게 좋은 사전이 우리 같은 외국인에게도 반드시 좋은 사전이라고는 할 수 없기 때문이다.

사전은 구성 면에서 크게 두 가지 형태로 나누어진다. 첫 번째는 우리나라의 '국어 사전'처럼 단어와 뜻만이 알파벳 순으로 나열되어 있는 것이고, 두 번째는 개별 단어의 뜻뿐만 아니라 문법 용례들이 예문과 함께 상세히 수록된 형태이다.

만약 여러분이 한글 사전을 구입한다면, 이 두 가지 가운데 어떤 것을 택하겠는가?

당연히 첫 번째 형태로 된 사전을 택할 것이다. 한글이 모국어인 우리에게 예문이나 용례는 그다지 많이 필요하지 않기 때문이다. 하지만, 영어 사전을 고를 때에는 상황이 다르다. 외국어인 영어의 경우에는 어떤 단어의 뜻을 아는 것도 중요하지만, 그 단어가 어떻게 사용되는지 보여 주는 예문과 용례가 어떤 의미에서는 더 중요하다고 할 수 있다.

원어민들 역시 마찬가지이다. 어차피 영어가 모국어이므로 그들에게 용례 설명이나 예문은 별로 필요하지 않다. 따라서, 그들이 선호하는 사전은 단어의 의미는 간략하게 설명하고 방대한 수량의 어휘를 싣고 있는 「WEBSTER DICTIONARY OF ENGLISH」와 같은 것이다.

위에서 언급한 「LONGMAN」이나 「COLLINS COBUILD」같은 사전들은 단어의 의미와 함께 용례 설명과 예문이 잘 수록되어 있다. 따라서, 이런 사전은 원어민들보다는 우리같은 외국인에게, 특히 영작문을 할 때 유용한 사전이라고 할 수 있다.

3. 영작문 학습에 유용한 영어 사전은?

필자는 평소 영작문을 할 때 10여 종의 영어 사전을 사용한다. 물론 모든 사람이 그렇게 할 필요는 없지만, 유용한 사전 몇 가지 정도는 가지고 있는 것이 좋다. 바로 다음 세 부류의 사전이 그런 것들이라고 할 수 있다.

첫째, 「LONGMAN」 사전 또는 「COLLINS COBUILD」 사전

이 두 사전은 영작문 시 가장 빈번하게 이용되는 것들로, 그야말로 영작문을 하는 데 필수라고 할 수 있다.

둘째, 「ROGET'S THESAURUS」 사전

이 사전은 동의어와 유사어들을 나열해 놓은 일종의 '동의어 사전'이라고 할 수 있다. 따라서, 특히 작문이나 회화를 할 때 다양한 어휘를 구사하는 데 유용하다. 이러한 부류의 사전은 종류가 대단히 많은데, 그 중 원조격에 해당하는 것이 바로 영국인 Peter M.Roget(1779-1869)가 편찬한 「ROGET'S THESAURUS」이다.

이용하는 방법은 먼저 알파벳 순으로 정리된 INDEX에서 찾으려는 단어가 수록된 페이지를 확인한 뒤, 해당 페이지에 가서 단어를 찾아보는 것이다.

셋째, 「BBI COMBINATORY DICTIONARY OF ENGLISH」 사전 (이하 BBI로 표기)

이 사전 역시 단어의 뜻이 수록되어 있지 않고 단어의 다양한 용례와 표현을 기술해 놓은 것이다. 예를 들어, 'influence' 라는 단어를 찾으면 'influence' 의 뜻이 실려 있는 것이 아니라 그 단어의 용례와 결합 표현이 수록되어 있다. 즉, 'exert influence on' (~에 영향력을 행사하다), 'undue influence' (부당한 영향력), 'under the influence of ~' (~의 영향력 하에) 등과 같이 influence와 관련된 다양한 표현들이 수록되어 있다. 따라서, 「BBI」 사전은 어떤 표현을 하고 싶은데 잘 생각나지 않을 경우, 핵심어를 통해서 적합한 표현을 찾아보는 데 아주 유용하다.

영어 사전이란 대물림을 해가면서 쓸 수 있는 것이다. 방금 소개한 위의 세 사전은 영작문 학습을 위한 필수 구입 항목이라고 볼 수 있다.

4. 영작문 실력 향상을 위한 영어 사전 활용법

영어 사전을 적극적이고도 효과적으로 활용하는 것은 '영작문 마스터'를 위한 필수 조건이다. 그럼 지금부터는 영작문 실력을 쑥쑥 키울 수 있는 두 가지 영영 사전 활용법에 대해 소개하기로 한다.

첫째, 「LONGMAN」 사전이나 「COLLINS COBUILD」 사전을 이용해 단어의 용례 및 예문을 적극 익혀라!

영작문 능력을 키우려면 「LONGMAN」이나 「COLLINS COBUILD」 사전을 효과적으로 활용할 줄 알아야 한다. 그런데 많은 사람들이 이러한 사전들을 갖고 있으면서도 효과적으로 이용하지 못한다. 이를 테면, 어떤 사람은 「LONGMAN」 사전을 가지고 단지 단어의 의미만 찾아보고 덮어 버리는데, 이것은 결코 바람직한 방법이 아니다.

「LONGMAN」이나 「COLLINS COBUILD」 사전의 핵심적 내용은 단어의 뜻 다음에 기술된 용례와 예문이다. 따라서, 단어의 의미만 대충 파악하고 넘어가는 식으로 이런 사전을 이용하는 것은 전혀 영작문 학습에 도움이 되지 않는다.

그러면 「LONGMAN」과 「COLLINS COBUILD」 사전을 이용하는 방법에 대해 간략히 설명하기로 한다.

Part 4 How to Find & Use English Dictionaries for Writing

1. 「LONGMAN」 사전에 수록된 'solution' 이라는 단어를 살펴보자.

먼저 'solution'의 뜻, 즉 'an answer to a difficulty or problem' (어려움이나 문제의 해답)이 기술되어 있다. 그런데 여기서 관심 있게 보아야 할 것은 단어의 의미 설명 앞부분에 위치해 있는 'to' 이다. 왜 'to'를 제일 앞부분에 써 놓았을까? 그 이유는 'solution' 의 용례를 설명하기 위함이다. 즉, 'solution' 이라는 단어는 전치사 'to' 를 쓰고 목적어를 취하는 명사라는 것을 말해 주는 것이다. 그 다음에 수록된 예문은 그것을 분명하게 보여 주고 있다.

- There are no simple solutions <u>to</u> the unemployment problem.
  (실업 문제에 대해 단순한 해결책이란 존재하지 않는다.)

다음의 표현들을 한 번 살펴보자.

- an answer about the question (질문에 대한 답)
- a clue of the accident (사건의 실마리)
- a key of the mystery (미스테리의 열쇠)

위의 세 표현 모두 전치사가 틀렸다. 즉, 'answer', 'clue', 'key' 라는 단어는 모두 'solution'처럼 전치사 'to'와 함께 목적어를 취하는 명사다. 위의 표현들을 올바로 고치면 다음과 같다.

- an answer to the question (질문에 대한 답)
- a clue to the accident (사건의 실마리)
- a key to the mystery (미스테리의 열쇠)

2. 「COLLINS COBUILD」 사전에 수록된 'inform'이란 동사를 살펴보자.

'inform' 은 잘 알다시피 '알리다', '통지하다' 라는 뜻의 동사다. 그런데 그저 단어 뜻만 파악하고 사전을 덮는다면 결코 효과적인 사전 이용법이 아니다. 만약 "나는 그에게 그 소식을 알렸다."는 문장을 영어로 표현하면 어떻게 될까?

- I informed the news to him.

우리말로 생각해 보면 역시 틀린 곳이 없어 보인다. 그러나 이 문장은 틀렸다. 'inform'이란 동사는 '누구에게 무엇을 알리다' 라고 표현할 경우, 'inform someone of something'이나 'inform someone + 절(Clause)'의 구문을 사용하기 때문이다. 따라

Pre-Step Study 'Writing X-File' • 53

서, 이 문장을 올바로 고쳐 쓰면 다음과 같다.

- I informed him of the news.

둘째, 「BBI」 사전을 이용해 영작문 실력을 키워라!

　만약 '여행을 하다'를 영어로 표현하고자 한다면, '여행'이라는 뜻의 명사 'journey'와 함께 어떤 동사를 사용해야 할까? 이 경우만 하더라도 'journey'와 함께 사용하는 동사의 표현이 얼른 생각나지 않는다.

　바로 이런 문제점을 극복하려면 평소 「BBI」 사전을 적극적으로 활용할 필요가 있다. 「BBI」 사전에서 'journey'라는 단어를 찾으면, 'journey'의 뜻 뿐만 아니라 'journey'라는 단어가 다른 단어와 결합해 쓰이는 다양한 표현이 수록되어 있다.

　예를 들어, '여행을 하다'라는 표현을 하려면 'go on/make/set out on/undertake a journey'에서 하나를 골라 작문하면 되고, 그리고 '즐거운 여행'이나 '세계 일주 여행'을 표현하고자 할 때도 'a pleasant journey'와 'a round-the-world journey'를 찾아서 쓰면 된다.

　이와 같이 「BBI」 사전은 어떤 표현을 하고자 하는데 잘 생각이 나지 않을 경우, 핵심어를 통해서 적합한 표현을 찾아보는 데 아주 유용한 사전이다. (※「BBI」 사전의 한글 번역판이 'BBI 영한사전'이라는 제목으로 국내 출판사에 의해 출간되어, 시중 서점에서도 「BBI」 사전을 구입할 수 있다.)

　이상 설명한 영어 사전 활용법을 적극 실천한다면 영작문 능력을 획기적으로 향상시킬 수 있을 것이다.

LONGMAN Essay Writing

Step I
Writing Collocations

| Theme 1 |　Family & Society
| Theme 2 |　Culture & Education
| Theme 3 |　Living & Lifestyle
| Theme 4 |　Economy & Business
| Theme 5 |　Thinking & Behavior
| Theme 6 |　Nature & Science
| Theme 7 |　Health & Leisure

"구슬이 서 말이라도 꿰어야 보배"라는 속담이 있다. 이것은 영작문을 위한 어휘 학습에 딱 들어맞는 말이다. 영작문을 잘 하려면 머리 속에 막연히 맴도는 개별 단어들의 양보다는 정작 그 단어들을 결합해 글로써 표현할 수 있는 'word combination' 능력이 필수이다.

이에 Step Ⅰ. Writing Collocations에서는 TOEFL 영작문 시 유용하게 쓸 수 있는 Collocation들을 테마별로 나누어 학습하도록 한다.

막힐 때 풀어주는
테마별 Collocation

막상 영어 문장을 쓰려고 하면 표현에서 막힐 때가 많다. 그 이유는 개별 단어들을 결합해 하나의 표현으로 구사하는 데 익숙하지 못하기 때문이다. 그럼 다음의 예를 한 번 살펴보기로 하자.

괄호 안의 의미를 나타내기 위해 밑줄 친 부분에 들어갈 단어는?
- national c_____ (국민성)
- d_____ a speech (연설을 하다)
- e_____ education (조기 교육)
- p_____ a tradition (전통을 보존하다)
- h_____ down a tradition (전통을 물려주다)

⬇

- national character (국민성)
- deliver a speech (연설을 하다)
- early education (조기 교육)
- preserve a tradition (전통을 보존하다)
- hand down a tradition (전통을 물려주다)

위의 예에서 아마 개별 단어 차원에서는 모르는 단어가 별로 없었을 것이다. 그러나 문제는 이것들을 하나의 표현으로 구사하지 못한다는 데 있다. 그리고 이러한 표현 능력 부족은 영작문을 할 때 곧 바로 개인의 결정적인 약점이 되고 만다.

word combination 능력이 없이는 결코 영작문을 잘 할 수 없다. 따라서, 평소 단순히 단어 실력을 늘리기보다 단어 결합 능력을 키우는 데 많은 노력을 기울여야 한다.

이 때 꼭 알아두어야 할 것이 Collocation이라고 불리는 연어(連語) 표현이다. Collocation이란 두 개 이상의 단어들이 결합되어 만들어지는 하나의 표현으로서, 바로 위의 예에 등장한 영어 표현들이 Collocation이다.

이 장에 수록된 테마별 Collocation들을 암기해 TOEFL 또는 논술 영작문 시 적극적으로 활용할 수만 있다면, 영어 문장을 쓰는 것이 한결 수월하게 느껴질 것이다.

Family & Society

Theme 1

Answer P 300

1. Test & Learn 'Word Combination' 1~20

1. 가정 환경   family b_____
2. 가사(家事) 일   household chores
3. 핵가족   nuclear family
4. 대가족   e_____ family
   (※ 한 집에서 몇 세대가 함께 살고 있는 가족)
5. 권위주의적인 아버지   a_____ father
6. 효도   filial p_____
7. 예의바르게 행동하다   behave oneself
8. 좋은 첫 인상을 주다   make a good first impression
9. 화기애애한 분위기   genial mood
10. 누구와 가까운/먼 친척이다   be closely/remotely related to ~
11. 세대 차이   generation g_____
12. 차세대   the following generation
13. 개인주의 사회   i_____ society
14. 범죄를 저지르다   c_____ a crime
15. 흉악 범죄   hideous crime
16. 범죄를 방지하다   deter crime
17. 범죄를 근절하다   e_____ crime
18. ~에게 소송을 제기하다   f_____ a (law)suit against ~
19. 거센 비판을 불러일으키다   spark a storm of criticism
20. 건설적 비판   c_____ criticism

Step I Writing Collocations

2. Test & Learn 'Word Combination' 21~40

21. 건전한 사고방식 — healthy way of thinking
22. 구태의연한 사고방식 — o_____ way of thinking
23. 오래된 관습 — long-standing convention
24. 과도기적 현상 — t_____ phenomenon
25. 관계를 끊다 — break (off) relations
26. 관계를 개선하다 — i_____ relations
27. 친선을 도모하다 — p_____ goodwill
28. 교통 체증 — heavy traffic
29. 대중 교통 — public transports
30. 대중의 지지를 얻다 — w_____ popular support
31. 국민의 의사를 반영하다 — r_____ the will of the people
32. 여론을 조성하다 — f_____ public opinion
33. 지방 자치에 대한 찬반(贊反) — the pros and c_____ of local autonomy
34. 해군에서 국방의 의무를 하다 — do one's national service in the navy
35. 군사력을 증강하다 — build up the military forces
36. 원조를 삭감하다 — curtail aid
37. 군수 산업을 민간 생산 부문으로 전환하다 — c_____ armament industry to civilian production
38. 군중 심리 — mob psychology
39. 다분히 일상적인 일 — a fact of life
40. 신분의 상징 — s_____ symbol

3. Test & Learn 'Word Combination' 41~59

41.	기득권	vested right
42.	~에 대한 권리를 주장하다	c_____ a right to ~
43.	~에게서 권리를 박탈하다	deprive ~ of a right
44.	권한을 위임하다	delegate one's authority
45.	기구를 설립하다	e_____ an organization
46.	기구를 해체하다	dissolve an organization
47.	정책을 세우다	s_____ a policy
48.	정책을 이행하다	i_____ a policy
49.	융통성 있는 정책	flexible policy
50.	정책의 변화	change in policy
51.	~와 전쟁을 벌이다	wage war against ~
52.	예방 조치를 취하다	t_____ a preventive measure
53.	위기를 부르다	p_____ a crisis
54.	위기를 극복하다	o_____ a crisis
55.	낭비벽	squander mania
56.	뇌물을 주다	give bribe
57.	무고한 희생자	innocent v_____
58.	시위를 주동하다	stage a protest
59.	시위를 진압하다	crush a protest

4. Test & Learn 'Word Combination' 60~83

60. 바가지를 긁다 — nag one's husband
61. 번갈아 가며 설거지를 하다 — t_____ turns washing dishes
62. 아이를 양육하다 — r_____ a child
63. 아이를 버릇없게 키우다 — s_____ a child
64. 아기를 입양하다 — adopt a baby
65. 반항적인 아이 — defiant child
66. 어린 시절을 보내다 — s_____ one's childhood
67. 범죄의 온상 — hotbed of crime
68. 살인을 하다 — c_____ murder
69. 자살을 하다 — commit suicide
70. 범행을 목격하다 — w_____ the criminal act
71. 법을 제정하다 — enact a law
72. 법을 폐지하다 — rescind a law
73. 법을 준수하다 — o_____ the law
74. 법을 위반하다 — v_____ the law
75. 법을 시행하다 — e_____ the law
76. 법적 조치를 취하다 — t_____ a legal measure
77. 법과 질서를 유지하다 — maintain law and order
78. 옳고 그름을 구별하다 — d_____ between right and wrong
79. ~에 대해 편견을 갖다 — be p_____ against ~
80. 사회 풍조 — social ethos
81. 지역 감정 — local animosity
82. 집단 이기주의 — c_____ egoism
83. 한탕주의 — get-rich-quick fever

5. Test & Learn 'Word Combination' 84~104

84.	사회 보장 제도	social s_____ system
85.	사회 복지	social welfare
86.	복지 제도	welfare system
87.	공공 복지를 증진시키다	promote the public welfare
88.	민원을 제기하다	file a civil petition
89.	관료주의를 없애다	e_____ (the) red tape
90.	부정부패를 근절하다	eradicate bribery and corruption
91.	정부를 불신하다	d_____ the government
92.	정치적 무관심	political apathy
93.	스캔들을 일으키다	c_____ a scandal
94.	불화를 일으키다	stir up disharmony
95.	조화를 이루다	achieve harmony
96.	사생활을 침해하다	impinge on one's privacy
97.	사생활 침해	i_____ of one's privacy
98.	시사 문제	c_____ affairs
99.	성희롱	sexual harassment
100.	아동 학대	child a_____
101.	청소년 문제	juvenile problems
102.	청소년 비행(非行)	juvenile d_____
103.	인구 폭발	population explosion
104.	산아 제한	birth control

Review Test 1

Answer P 300

◆ Type 1

Write the collocations by combining each word or phrase of A & B.

A				
sexual	political	extended	enforce	deter
birth	spark	public	vested	raise
filial	individualistic	collective	family	impinge on
spend	eliminate	flexible	constructive	juvenile
population				

B				
society	a storm of criticism	family	transports	crime
criticism	delinquency	one's privacy	policy	a child
control	the law	egoism	one's childhood	explosion
background	piety	harassment	right	red tape
apathy				

Example
사생활을 침해하다 → impinge on one's privacy

1. 가정 환경 → _____
2. 대가족 → _____
3. 효도 → _____
4. 개인주의 사회 → _____
5. 범죄를 방지하다 → _____
6. 거센 비판을 불러일으키다 → _____
7. 건설적 비판 → _____
8. 대중 교통 → _____
9. 기득권 → _____
10. 융통성 있는 정책 → _____
11. 아이를 양육하다 → _____

12. 어린 시절을 보내다 → _____
13. 법을 시행하다 → _____
14. 집단 이기주의 → _____
15. 관료주의를 없애다 → _____
16. 정치적 무관심 → _____
17. 성희롱 → _____
18. 청소년 비행(非行) → _____
19. 인구 폭발 → _____
20. 산아 제한 → _____

◆ Type 2

Translate the Korean sentences into English by using relevant collocations.

1. 사람들에게 예의바르게 인사를 하면 좋은 첫 인상을 준다.
   Tip [if, greet, politely, it]
   _____

2. 요즘 들어 자동차 사고는 다분히 일상적인 일이다.
   Tip [nowadays, car accident]
   _____

3. 일본인들은 외국인들에 대해 편견을 갖고 있는 듯 하다.
   Tip [seem to, foreigner]
   _____

4. 옳고 그름을 구분하는 가치관이 없는 세상을 상상해보라.
   Tip [imagine, without values]
   _____

5. 청소년 비행 문제에 대해 보다 많은 관심을 기울일 필요가 있다.
   Tip [attention, need to, bring, issue]
   _____

Culture & Education

Theme 2

Answer P 301

1. Test & Learn 'Word Combination' 105~124

105. 다방면의 활동	multifarious activities
106. 다재다능한 사람	multi-t_____ person
107. 도덕 규범	m_____ standard
108. 도덕적 교훈을 얻다	l_____ a moral lesson
109. 학교에 입학하다	enter (a) school
110. 학교를 중퇴하다	d_____ out of school
111. 학교를 졸업하다	graduate from school
112. 엄격한 규율	strict d_____
113. 체벌(體罰)	p_____ punishment
114. 외국인 학생	foreign students
115. 경영학을 전공하다	specialize in business (administration)
116. 박사 학위를 받다	e_____ a doctorate
117. 선택 과목	optional subject
118. 필수 과목	r_____ subject
119. 강의를 하다	give a lecture
120. 무능한 교수	i_____ professor
121. 자격 있는 교사	eligible teacher
122. 조기(早期) 교육	e_____ education
123. 평생 교육	lifelong education
124. 교육 방침을 세우다	set an educational policy

2. Test & Learn 'Word Combination' 125~147

125.	타임지를 정기 구독하다	s_____ to TIME
126.	권위 있는 일간지	authoritative daily newspaper
127.	발행 부수가 많은 신문	newspaper with a large circulation
128.	자세한 신문 보도	detailed newspaper r_____
129.	언론을 탄압하다	crack down on the p_____
130.	언어 장벽	language b_____
131.	외국어를 터득하다	master a foreign language
132.	문학 작품	l_____ work
133.	~을 흥미롭게 비춰 주다	shed an interesting light upon ~
134.	전산화된 편집 체제	c_____ editing system
135.	소설을 출판하다	publish a novel
136.	프리랜서 작가	free-lance writer
137.	소설을 영화화하다	make a novel into a film
138.	영화를 개봉하다	r_____ a film
139.	영화를 검열하다	c_____ a film
140.	영화의 등급을 매기다	rate a film
141.	성인 등급 영화	X-r_____ film
142.	시시한 영화	dull film
143.	흥행에 성공한 영화	box-office hit film
144.	실제 인물	real figure
145.	감동적 장면	t_____ scene
146.	심금을 울리다	touch one's feelings
147.	공감을 하다	share one's view

3. Test & Learn 'Word Combination' 148~167

148.	누구의 기대에 미치다	live up to one's expectations
149.	거의 모든 사람들의 관심을 끌다	a_____ to almost everyone
150.	TV 시청자 및 라디오 청취자	TV v_____ and Radio listeners
151.	TV에서 중계 방송한 토론	televised debate
152.	논리 정연한 글	well-reasoned writing
153.	논리적 일관성	l_____ consistency
154.	일관성이 결여되다	lack consistency
155.	뜻하는 요지가 같다	have the same point to m_____
156.	한자(漢字)	Chinese c_____
157.	영어를 공부하는 데 어려움을 갖다	have a difficulty (in) studying English
158.	숙제하느라 바쁘다	be busy doing homeworks
159.	대중 음악	p_____ music
160.	음악을 연주하다	play music
161.	헝가리 태생의 독일 음악가	Hungarian-born German musician
162.	현대 미술	c_____ art
163.	한 주간 동안의 전시회	a week-l_____ exhibition
164.	실물 크기의 동상(銅像)	life-size (bronze) statue
165.	기금을 모으다	raise a fund
166.	책을 도서관에 기증하다	d_____ the books to a library
167.	~에 따라 책을 분류하다	c_____ the books according to ~

4. Test & Learn 'Word Combination' 168~187

168.	독서를 습관화하다	make a habit of reading
169.	습관이 생기다	f_____ a habit
170.	습관을 끊다	b_____ a habit
171.	순회하다	make a tour
172.	수학 여행을 가다	go on an excursion
173.	상호 방문	m_____ visit
174.	방문을 예정하다	schedule a visit
175.	문화 교류	cultural exchange
176.	문화적 자존심을 상하게 하다	hurt one's cultural pride
177.	문화 유산을 보존하다	p_____ the cultural heritage
178.	자랑스런 유산을 소중히 간직하다	c_____ one's proud heritage
179.	전통을 보존하다	preserve a tradition
180.	전통을 물려주다	h_____ down a tradition
181.	물질 만능 사회	acquisitive society
182.	풍요로운 사회	a_____ society
183.	물질 문명	m_____ civilization
184.	사주(四柱)	Chinese horoscope
185.	점(占)을 보다	read one's horoscope
186.	인종 차별	r_____ discrimination
187.	소수 인종	e_____ minority

5. Test & Learn 'Word Combination' 188~209

188.	국민성	national c_____
189.	인간성	human n_____
190.	인간 존엄성	human dignity
191.	인권을 존중하다	r_____ human rights
192.	역사적인 맥락에서	in a historical context
193.	조선 시대	the Chosun e_____
194.	새로운 시대의 도래를 알리다	usher in an era
195.	새로운 장을 열다	open a new chapter
196.	시대적 요청에 부응하다	m_____ the demand of the time
197.	시류를 따르다	f_____ the trend
198.	시류에 역행하다	counteract the trend
199.	시험을 보다	t_____ an examination
200.	시험에 합격하다	pass an examination
201.	시험에 떨어지다	fail an examination
202.	임박한 시험	imminent exam
203.	시험을 위해 벼락치기 공부하다	c_____ for an exam
204.	주입식 교육	cramming (education)
205.	전면적인 교육 개혁	sweeping educational r_____
206.	원격 학습	d_____ learning
207.	문맹률	illiteracy rate
208.	지식을 습득하다	gain knowledge
209.	지식을 쌓다	a_____ knowledge

6. Test & Learn 'Word Combination' 210~230

210.	~을 암기하다	learn ~ by heart
211.	불변의 진리	immutable truth
212.	진리를 탐구하다	seek the truth
213.	진리를 왜곡하다	d_____ the truth
214.	적극적으로 활동하는 회원	active member
215.	과외 활동	extra-c_____ activity
216.	재능을 개발하다	develop a talent
217.	잠재력을 개발하다	develop one's p_____
218.	기능을 습득하다	a_____ a skill
219.	순수 예술	p_____ art
220.	저속한 상업주의	vulgar c_____
221.	유행하는 자동차	trendy car
222.	인기 순위	popularity rating
223.	인기를 누리다	enjoy popularity
224.	10대들에게 인기가 있다	be popular with teenagers
225.	~에 찬사를 보내다	pay a tribute to ~
226.	현실감이 없다	be out of t_____ with reality
227.	희소가치	rarity value
228.	신앙심	r_____ spirit
229.	독실한 기독교 신자	c_____ Christian
230.	종교적 박해	religious persecution

Review Test 2

Step I

Answer P 301

◆ Type 1

Write the collocations by combining each word or phrase of A & B.

A				
lack	share	literary	hand down	contemporary
language	X-rated	give	learn	material
popular	form	preserve	rarity	respect
seek	open	lifelong	develop	counteract
vulgar				

B				
civilization	one's view	work	barrier	a moral lesson
film	a lecture	consistency	art	commercialism
the cultural heritage	music	the truth	a tradition	value
human rights	a new chapter	a habit	the trend	education
one's potential				

| Example |
| 평생 교육 → lifelong education |

1. 도덕적 교훈을 얻다 → _____
2. 강의를 하다 → _____
3. 문학 작품 → _____
4. 언어 장벽 → _____
5. 성인 등급 영화 → _____
6. 공감을 하다 → _____
7. 일관성이 결여되다 → _____
8. 대중 음악 → _____
9. 현대 미술 → _____
10. 습관이 생기다 → _____
11. 문화 유산을 보존하다 → _____

12. 전통을 물려주다 → _____
13. 물질 문명 → _____
14. 인권을 존중하다 → _____
15. 새로운 장을 열다 → _____
16. 시류에 역행하다 → _____
17. 진리를 탐구하다 → _____
18. 잠재력을 개발하다 → _____
19. 저속한 상업주의 → _____
20. 희소가치 → _____

◆ Type 2

Translate the Korean sentences into English by using relevant collocations.

1. 외국어를 터득하는 최선의 방법은 그 나라에서 일정 기간의 시간을 보내는 것이다.
   Tip [the best way, spend, a period of time]
   _____

2. 토머스 하디의 작품들은 19세기 영국의 삶을 흥미롭게 비춰 주고 있다.
   Tip [Thomas Hardy, work, in nineteenth century England]
   _____

3. 대학 생활은 내 기대에 훨씬 미치지 못했다.
   Tip [college life, quite]
   _____

4. '스타워즈'는 거의 모든 사람들, 특히 젊은이들의 관심을 끌 수 있는 뛰어난 영화이다.
   Tip [Star Wars, brilliant, youngster]
   _____

5. 책과 영화는 그 모든 차이점에도 불구하고 뜻하는 요지는 같다.
   Tip [for all, difference]
   _____

Living & Lifestyle

Theme 3

Answer P 302

1. Test & Learn 'Word Combination' 231~253

231.	집에서 만든 피자	homemade pizza
232.	냉동 식품	f_____ food
233.	가전(家電) 제품	home electronics
234.	식탁을 차리다	s_____ the table
235.	식탁을 치우다	clear the table
236.	카페인 없는 커피	decaffeinated coffee
237.	진한 커피	strong coffee
238.	크림과 설탕을 넣은 커피	coffee with cream and sugar
239.	커피를 끓이다	b_____ coffee
240.	아파트 단지	apartment complex
241.	주거용 건물	r_____ building
242.	상업용 건물	commercial building
243.	새로 지은 집	a newly-built house
244.	아늑한 방	cozy room
245.	가구가 딸린 방	f_____ room
246.	가능한 가장 큰 방	the largest possible room
247.	가방을 싸다	pack a bag
248.	가방을 풀다	u_____ a bag
249.	가짜 보석	f_____ jewellery
250.	이 양복에 어울리는 멋진 타이를 고르다	pick out a nice tie to g_____ with this suit
251.	눈길을 끄는 옷	eye-c_____ clothes
252.	기성복	ready-made clothes
253.	맞춤복	c_____ -made clothes

72 • LONGMAN Essay Writing

2. Test & Learn 'Word Combination' 254~278

254. 공짜 표	f_____ ticket	
255. 공짜로	for nothing	
256. 과거의 경험에 비추어	if the past is any guide	
257. 해외로 가다	go a_____	
258. 극적인 변화	dramatic change	
259. 근본적인 변화	fundamental change	
260. 변화를 겪다	u_____ a change	
261. 소외감을 느끼다	feel alienated	
262. 기회를 붙잡다	c_____ an opportunity	
263. 기회를 놓치다	m_____ an opportunity	
264. 개성의 상징	symbol of individuality	
265. 개성이 강한 사람	a man of individuality	
266. 재능 있는 사람	talented man	
267. 보통 사람	the a_____ person	
268. 내성적인 사람	introverted person	
269. 까다로운 사람	fastidious person	
270. 꼼꼼한 사람	m_____ person	
271. 학구적인 사람	studious man	
272. 책벌레	book worm	
273. 태평한 사람	easy-going person	
274. ~에 대해 낙관하다	be optimistic about ~	
275. ~에 대해 비관하다	be p_____ about ~	
276. 내 나이 또래의 사람	a person of my age	
277. 사람을 외모로 판단하다	j_____ people by appearances	
278. 이국적인 외모	exotic a_____	

3. Test & Learn 'Word Combination' 279~303

279.	내 생애에	in my lifetime
280.	파란만장한 일생	eventful life
281.	도덕 규범	moral standard
282.	이중 잣대를 적용하다	apply a d_____ standard
283.	도전에 맞서다	m_____ a challenge
284.	들뜬 분위기	buoyant mood
285.	축제 분위기	festive mood
286.	똑같이 하다	do likewise
287.	딱 들어맞는 예	a c_____ in point
288.	강철 같은 의지를 갖다	have an iron will
289.	삶의 의지를 잃다	lose the will to live
290.	좋은 삶의 본보기	good r_____ model
291.	누구에게 미소를 짓다	give sb. a smile
292.	웃음을 참다	repress a smile
293.	매일의 생존 경쟁	day-to-day s_____ for survival
294.	생존 본능	i_____ for survival
295.	치열한 경쟁	f_____ competition
296.	경쟁을 해나가다	carry on a struggle
297.	적자생존	survival of the fittest
298.	적응력	c_____ to adapt
299.	불굴의 정신력	indomitable s_____
300.	수고하다	t_____ pains
301.	명예를 얻다	w_____ honor
302.	명예욕	aspiration to fame
303.	수단 방법을 가리지 않고	by fair means or foul

4. Test & Learn 'Word Combination' 304~327

304.	봉사를 하다	d_____ a service
305.	사치스럽게 살다	live in l_____
306.	높은 생활 수준을 유지하다	keep a high living s_____
307.	궁핍하게 살다	live in destitution
308.	바쁜 생활을 하다	l_____ a busy life
309.	연금으로 살다	live on a p_____
310.	밥벌이를 하다	earn one's l_____
311.	돈을 벌다	earn money
312.	살림하다	keep house
313.	생활비	cost of living
314.	벼룩시장	flea market
315.	복잡한 상황	complex situation
316.	미묘한 상황	d_____ situation
317.	위기 상황	critical situation
318.	부단한 노력	c_____ efforts
319.	30년에 걸친 교사 경력	teaching c_____ spanning 30 years
320.	새롭게 시작하다	start afresh
321.	생일 축하 인사	birthday greetings
322.	인사에 답하다	return one's greeting
323.	시골에서	in the countryside
324.	전원 생활	r_____ life
325.	향수(鄕愁)를 느끼다	feel nostalgic
326.	결혼식	wedding ceremony
327.	장례식	funeral ceremony

5. Test & Learn 'Word Combination' 328~349

328. 신을 믿다 — believe in God
329. 때를 기다리다 — bide one's time
330. 시간을 때우다 — kill time
331. 청춘 시절 — a_____ years
332. 청소년 티를 벗어나다 — outgrow one's juvenile attitude
333. 귀중한 경험 — valuable experience
334. 추억에 남을 경험 — m_____ experience
335. 생생한 기억 — v_____ memory
336. 현실로 바뀌다 — t_____ to a reality
337. 열심히 일한 보답으로 — as a r_____ for hard work
338. 자신의 한계를 알다 — know one's own limitations
339. 자칭 철학자 — would-be philosopher
340. 악순환 — vicious circle
341. 암울한 미래 — g_____ future
342. 밝은 미래 — bright future
343. 장밋빛 미래 — rosy future
344. 성대한 파티를 열다 — give a lavish party
345. 질과 양적인 면에서 — in t_____ of quality and quantity
346. 체면을 세워주다 — s_____ one's face
347. 취향에 맞다 — be to one's t_____
348. 타성(惰性)에 의해 — from force of habit
349. 허례허식 — mere formality

Review Test 3

Answer P 302

◆ Type 1

Write the collocations by combining each word or phrase of A & B.

A
exotic	a man	residential	feel	frozen
catch	take	meet	mere	memorable
fierce	capacity	do	undergo	earn
moral	win	adolescent	vicious	rosy
keep				

B
an opportunity	standard	a challenge	of individuality	circle
competition	to adapt	a service	food	pains
honor	years	formality	one's living	experience
house	future	alienated	appearance	a change
building				

Example
살림하다 → keep house

1. 냉동 식품 → _____
2. 주거용 건물 → _____
3. 변화를 겪다 → _____
4. 소외감을 느끼다 → _____
5. 기회를 붙잡다 → _____
6. 개성이 강한 사람 → _____
7. 이국적인 외모 → _____
8. 도덕 규범 → _____
9. 도전에 맞서다 → _____
10. 치열한 경쟁 → _____
11. 적응력 → _____

12. 봉사를 하다 → _____
13. 밥벌이를 하다 → _____
14. 수고하다 → _____
15. 명예를 얻다 → _____
16. 청춘 시절 → _____
17. 추억에 남을 경험 → _____
18. 악순환 → _____
19. 장밋빛 미래 → _____
20. 허례허식 → _____

◆ Type 2

Translate the Korean sentences into English by using relevant collocations.

1. 진부하게 들릴지 모르지만, 의복은 개성의 상징이다.
   Tip [as corny as it might sound, clothes]

   _____

2. 청춘 시절이 내 인생 최고의 시기이다.
   Tip [the best time]

   _____

3. 나는 스타와 운동선수들이 청소년들을 위한 좋은 삶의 본보기라고 생각하지 않는다.
   Tip [athlete, youngster]

   _____

4. 나는 때를 기다리면 기회가 올 거라고 확실히 믿는다.
   Tip [firmly, chance, if]

   _____

5. 꿈이 현실로 바뀌었다.
   Tip [dream]

   _____

Economy & Business

Theme 4

Answer P 303

1. Test & Learn 'Word Combination' 350~367

350. 빈익빈 부익부(貧益貧 富益富)	the poor-get-poorer and the rich-get-richer
351. 빈부의 격차	a gap between (the) rich and (the) poor
352. 부(富)의 격차를 좁히다	n_____ a wealth gap
353. 거품 경제	bubble economy
354. 생산성 향상	p_____ enhancement
355. 경쟁력을 높이다	increase one's c_____
356. 가격을 인상하다	raise the price
357. 심화되는 국제 경쟁	intensified international c_____
358. 경제적 불균형	economic imbalance
359. 개발 도상국	developing country
360. 선진 공업국	d_____ country
361. 국제 수지	balance of (international) payments
362. 무역 적자/흑자	trade deficit / s_____
363. 무역 자유화	trade liberalization
364. 무역 장벽을 허물다	tumble trade b_____
365. 무차별적인 덤핑 공세	i_____ dumping offensive
366. 경영 합리화	r_____ of management
367. 기업 구조 조정	business r_____

2. Test & Learn 'Word Combination' 368~390

368.	경제를 안정시키다	s_____ the economy
369.	경제에 활력을 불어넣다	vitalize the economy
370.	경제 전망	economic outlook
371.	경제 제재 조치를 취하다	i_____ economic sanctions
372.	경제 회복	economic r_____
373.	괄목할 만한 경제 성장	remarkable economic growth
374.	경제 급성장	r_____ economic growth
375.	수출 주도의 경제 성장	export-led economic growth
376.	높은 경제 성장률	a high rate of economic growth
377.	규제를 폐지하다	a_____ a regulation
378.	규제를 완화하다	loosen (up) a regulation
379.	규제를 강화하다	t_____ (up) a regulation
380.	공공 부문	public sector
381.	민간 부문	p_____ sector
382.	자본주의에 대한 환멸	disillusionment of c_____
383.	돈에 대한 욕심	lust for money
384.	기업가 정신	spirit of e_____
385.	양심적인 사업가	scrupulous businessman
386.	떳떳하다	have a clear conscience
387.	양심에 호소하다	appeal to one's conscience
388.	기업이 도산/파산을 하다	g_____ bankrupt
389.	이미지를 퇴색시키다	tarnish the image
390.	시애틀에 본사를 둔 회사	Seattle-based company

3. Test & Learn 'Word Combination' 391~413

391. 숙련 노동	s_____ labor
392. 고된 노동	painstaking labor
393. 값싼 노동력	cheap w_____
394. 과로와 저임금	overwork and underpay
395. 밤 근무를 하다	work a night shift
396. 불법 노동자	illegal worker
397. 노동자를 고용하다	h_____ a worker
398. 노동자를 재교육시키다	retrain a worker
399. 노동자를 해고하다	d_____ a worker
400. 노동 조합	labor u_____
401. 노사 협상	negotiation between labor and management
402. 총파업에 들어가다	g_____ (out) on a general strike
403. 단결을 과시하다	show solidarity
404. 농업에 종사하다	be e_____ in farming
405. 천문학적 숫자	astronomical figure
406. 사상 최고/최저 수준을 기록하다	h_____ an all-time high/low
407. 만성적인 식량 부족	c_____ food shortage
408. 면제해 주다	grant an exemption
409. 벌금을 물다	pay a fine
410. 보험을 들다	t_____ out insurance
411. 수익률	yield rate
412. 환율	exchange rate
413. 외채(外債)	foreign d_____

4. Test & Learn 'Word Combination' 414~438

414.	비용을 부담하다	b_____ costs
415.	압력 단체	pressure group
416.	사양(斜陽) 산업	d_____ industry
417.	장비를 현대화하다	m_____ the equipment
418.	사무 자동화	office a_____
419.	산업을 민영화하다	privatize the industry
420.	수익성이 좋은 투자	profitable i_____
421.	상당한 손해	s_____ damage
422.	손실을 만회하다	recoup a loss
423.	상품을 대중화하다	popularize the m_____
424.	소득의 감소/증가	d_____ /increase in income
425.	1인당 국민 소득	per capita GNP
426.	불로 소득	unearned income
427.	복권에 당첨되다	w_____ the lottery
428.	손님을 끌다	a_____ customers
429.	광고 수입	advertising r_____
430.	대충 추산하다	e_____ roughly
431.	통계 조작	manipulation of statistics
432.	실시간(實時間) 통계 자료	real-time s_____ data
433.	~에 관한 자료를 수집하다	c_____ data on ~
434.	시장을 개방하다	open up the market
435.	시장을 독점하다	monopolize the market
436.	~에 대해 조사하다	make a study of ~
437.	소비자 보호	c_____ protection
438.	은행에 예금하다	d_____ money in a bank

5. Test & Learn 'Word Combination' 439~463

439.	일용 필수품	daily necessities
440.	일회용 접시	disposable plate
441.	임금 인상	pay r_____
442.	시간급으로 지불하다	pay on an hourly basis
443.	보수가 좋은 직업	well-paid job
444.	직업병	o_____ disease
445.	직무를 소홀히 하다	n_____ one's duty
446.	자급자족하다	a_____ self-sufficiency
447.	자립하다	s_____ on one's own feet
448.	출세하다	make a c_____
449.	재산을 모으다	a_____ wealth
450.	성취감을 맛보다	savor the taste of achievement
451.	성공담	success story
452.	성공하느냐 실패하느냐	make or b_____
453.	성공에 이르는 길	path to success
454.	자영업	self-e_____ business
455.	장사를 하다	practice a trade
456.	인터넷 사업을 하다	do the Internet business
457.	번창하는 사업	p_____ business
458.	저소득층을 위한 주택 정책	h_____ policy for the low-incomers
459.	중산층	middle-class people
460.	상류층	upper class
461.	특권층	privileged class
462.	중소 기업	small and m_____-sized enterprise
463.	판촉 활동	sales-p_____ activity

Review Test 4

Answer P 303

◆ Type 1

Write the collocations by combining each word or phrase of A & B.

A
narrow	labor	loosen up	increase	dismiss
office	per capita	monopolize	accumulate	consumer
hit	disposable	business	middle-class	make
occupational	private	economic	productivity	vitalize
developing				

B
a regulation	disease	country	imbalance	restructuring
wealth	the economy	a wealth gap	automation	sector
enhancement	union	protection	an all-time high	GNP
a worker	the market	plate	a career	people
one's competitiveness				

| Example |
| 기업 구조 조정 → business restructuring |

1. 부(富)의 격차를 좁히다 → _____
2. 생산성 향상 → _____
3. 경쟁력을 높이다 → _____
4. 경제적 불균형 → _____
5. 개발 도상국 → _____
6. 경제에 활력을 불어넣다 → _____
7. 규제를 완화하다 → _____
8. 민간 부문 → _____
9. 노동자를 해고하다 → _____
10. 노동 조합 → _____
11. 사상 최고 수준을 기록하다 → _____

12. 사무 자동화 → _____

13. 1인당 국민 소득 → _____

14. 시장을 독점하다 → _____

15. 소비자 보호 → _____

16. 일회용 접시 → _____

17. 직업병 → _____

18. 출세하다 → _____

19. 재산을 모으다 → _____

20. 중산층 → _____

◆ Type 2

Translate the Korean sentences into English by using relevant collocations.

1. 결국, 돈에 대한 욕심이 사람들을 움직이는 힘이다.
   Tip [eventually, what, drive]

   _____

2. 나는 신문에서 복권에 당첨된 사람들에 대한 이야기를 읽었다.
   Tip [in a newspaper, read, people who]

   _____

3. 내 생각에는, 자기가 좋아하는 것을 하면서 재산을 모으는 것이 가장 바람직하다.
   Tip [to my mind, desirable, by -ing, what you love]

   _____

4. 성공에 이르는 길은 각자 다르다.
   Tip [different, everyone]

   _____

5. 인터넷 사업을 하는 것은 재미있어 보이지만, 일이 많다.
   Tip [may look like fun, a lot of]

   _____

Thinking & Behavior

Theme 5

Answer P 304

1. Test & Learn 'Word Combination' 464~483

464. 건전한 사고방식	healthy way of thinking
465. 겉과 속이 다르다	have a double s_____
466. 겉으로 보아서는	on the f_____ of it
467. 고상한 생각	noble idea
468. 시대착오적 생각	anachronistic thinking
469. 독창적인 생각	o_____ thinking
470. 창조적인 생각	c_____ thinking
471. 기발한 생각	ingenious idea
472. 생각을 마음 속에 품다	entertain an idea
473. 생각을 표현하다	e_____ a thought
474. 고정 관념	f_____ idea
475. 독선적인 견해	bigoted view
476. 다양한 견해	d_____ views
477. 구태의연한 사고방식	outdated way of thinking
478. 유교적인 사고방식	Confucian way of thinking
479. 공통점이 많다	have a lot in c_____
480. 언행일치	c_____ of speech and action
481. 그럴 만한 이유가 있다	have a good cause
482. 기억력이 좋다	have a good memory
483. 기억을 불러일으키다	s_____ up one's memory

2. Test & Learn 'Word Combination' 484~503

484. 이야기를 꾸며내다   m_____ up a story
485. 남에게 책임을 떠넘기다   pass the buck to others
486. 의견을 말하다   s_____ an opinion
487. 내 판단으로는   in my judgement
488. 노골적인 행동   overt act
489. 노력하다   m_____ an effort
490. 노력의 대가로   in r_____ for the efforts
491. 대의명분(大義名分)   good cause
492. 마음 속으로 그리다   picture in one's mind
493. 즐거운 환상들을 간직하다   c_____ the fond illusions
494. 말대꾸하다   answer back
495. 말이 되다   m_____ sense
496. 상식(常識)   common sense
497. 모든 점에서   in every r_____
498. 모순되는 견해   c_____ views
499. 모호한 태도   a_____ attitude
500. 상반되는 태도   ambivalent attitude
501. 목표를 설정하다   s_____ a goal
502. ~에 대해 무관심하다   be indifferent to ~
503. 무관심한 척하다   affect indifference

3. Test & Learn 'Word Combination' 504~523

504. 무분별한 행동	reckless act	
505. 칭찬할 만한 행동	praiseworthy act	
506. 비난받을 만한 행동	b_____ act	
507. 행동을 하다	perform an act	
508. 즉각적인 행동을 취하다	t_____ an immediate action	
509. 독특한 걸음걸이	unique way of walking	
510. 감정을 전달하다	c_____ one's feelings	
511. 감정을 드러내다	d_____ one's feelings	
512. 열등감	i_____ complex	
513. 피해 의식	persecution complex	
514. 부정적인 견해를 갖다	take a negative view	
515. 긍정적인 견해를 갖다	take a positive view	
516. 타협을 하다	make a compromise	
517. 타협을 거부하다	r_____ a compromise	
518. ~에게 비판을 가하다	l_____ criticism at ~	
519. 생각을 바꾸다	change one's mind	
520. 입장을 바꾸다	change one's p_____	
521. 편견을 없애다	eliminate a b_____	
522. 속단하다	j_____ to a conclusion	
523. 수박 겉핥기식으로 하다	scratch the surface	

4. Test & Learn 'Word Combination' 524~544

524.	시도하다	make an attempt
525.	새로운 것을 시도하다	t_____ new stuff
526.	실수를 하다	m_____ a mistake
527.	실수를 용서하다	excuse a mistake
528.	개인적 의견	personal opinion
529.	양심의 문제	a m_____ of conscience
530.	양심에 호소하다	a_____ to one's conscience
531.	엄연한 현실	grim reality
532.	현실을 받아들이다	a_____ reality
533.	현실을 부인하다	deny reality
534.	역할을 하다	p_____ a role
535.	역할을 분담하다	share a role
536.	역할을 바꾸다	r_____ a role
537.	예의가 없다	have no m_____
538.	오래 간직하고 있던 견해	long-held view
539.	~을 높이 평가하다	place a high value on ~
540.	외설스러운 책들을 압수하다	c_____ obscene books
541.	욕망을 채우다	s_____ a desire
542.	욕망을 억누르다	suppress a desire
543.	화풀이를 하다	vent one's anger
544.	~에게 깊은 인상을 주다	make a deep impression on ~

5. Test & Learn 'Word Combination' 545~566

545.	틀을 잡다	form a shape
546.	원칙을 세우다	l_____ down a principle
547.	원칙을 고수하다	a_____ to a principle
548.	이념을 신봉하다	espouse an ideology
549.	~에 대해 신념을 갖다	have faith in ~
550.	신념을 포기하다	g_____ up one's faith
551.	유혹에 굴복하다	succumb to temptation
552.	유혹을 물리치다	o_____ temptation
553.	의견을 무시하다	ignore an opinion
554.	의견의 일치	consensus of opinion
555.	의무감을 느끼다	feel a s_____ of duty
556.	능력을 과시하다	d_____ one's capabilities
557.	전력(全力)을 다하다	make an all-out effort
558.	전적으로 책임지다	t_____ full responsibility
559.	전향적인 생각	forward-looking thought
560.	전환점	turning point
561.	선구적인 일	p_____ work
562.	모험심을 필요로 하다	take a sense of adventure
563.	제 잘못을 남의 탓으로 돌리다	a_____ one's own fault to others
564.	좋은 선례를 남기다	s_____ a good example
565.	주장을 관철하다	carry one's point
566.	주제를 거론하다	take up a subject

6. Test & Learn 'Word Combination' 567~590

567. 격렬한 논란	violent controversy	
568. 논란을 야기하다	c_____ a controversy	
569. 의혹을 불러일으키다	arouse suspicion	
570. 이의(異意)를 제기하다	r_____ an objection	
571. 논쟁을 벌이다	have an a_____	
572. ~에 관해서 논평하다	make a comment on ~	
573. 새로운 국면에 들어서다	enter a new phase	
574. 중립을 유지하다	maintain n_____	
575. 진실과는 거리가 멀다	be far from the truth	
576. 차선책(次善策)	the second best policy	
577. 최대 관심사	prime interest	
578. 충동을 억제하다	c_____ the impulse	
579. 충동적인 행동	impulsive act	
580. 충동 구매	impulse buy	
581. 욕구를 충족시키다	s_____ one's desire	
582. 편파적인 의견	partial opinion	
583. 공평한 의견	impartial opinion	
584. 해결책을 강구하다	c_____ up with a solution	
585. 헛수고를 하다	make v_____ efforts	
586. 현실적인 판단	realistic judgement	
587. 진부한 표현	hackneyed expression	
588. 화제를 바꾸다	s_____ the issue	
589. 자세히 다루다	g_____ into details	
590. 확대해석하다	stretch a point	

Review Test 5

Answer P 304

◆ Type 1

Write the collocations by combining each word or phrase of A & B.

A				
change	set	display	fixed	original
diverse	common	have	reject	prime
make	adhere to	eliminate	jump to	set
feel	pioneer	cause	ambivalent	Confucian
carry				

B				
sense	idea	a double standard	one's point	views
attitude	a conclusion	thinking	a compromise	one's feelings
a goal	interest	a principle	an attempt	one's position
a sense of duty	a bias	way of thinking	a good example	a controversy
work				

| Example |

속단하다　　　　　　→　jump to a conclusion

1. 겉과 속이 다르다 → _____
2. 독창적인 생각 → _____
3. 고정 관념 → _____
4. 다양한 견해 → _____
5. 유교적인 사고방식 → _____
6. 상식(常識) → _____
7. 상반되는 태도 → _____
8. 목표를 설정하다 → _____
9. 감정을 드러내다 → _____
10. 타협을 거부하다 → _____
11. 입장을 바꾸다 → _____

12. 편견을 없애다 → _____
13. 시도하다 → _____
14. 원칙을 고수하다 → _____
15. 의무감을 느끼다 → _____
16. 선구적인 일 → _____
17. 좋은 선례를 남기다 → _____
18. 주장을 관철하다 → _____
19. 논란을 야기하다 → _____
20. 최대 관심사 → _____

◆ Type 2

Translate the Korean sentences into English by using relevant collocations.

1. 나는 한 평화로운 시골 마을을 마음 속으로 그렸다.
   Tip [peaceful country village]

   _____

2. 나는 젊은 시절에 대한 즐거운 환상들을 아직 간직하고 있다.
   Tip [still, of my youth]

   _____

3. 때때로 말로써 당신의 감정을 전달하기란 그리 쉽지 않다.
   Tip [sometimes, in words]

   _____

4. 나는 새로운 것을 시도하고 그리고 내가 어디까지 할 수 있는지를 알고 싶다.
   Tip [want to see, how far, go]

   _____

5. 선구자가 되는 것은 모험심을 필요로 한다.
   Tip [be a pioneer]

   _____

Nature & Science

Theme 6

Answer P 305

1. Test & Learn 'Word Combination' 591~608

591.	나무를 심다	plant a tree
592.	재생 종이	r_____ paper
593.	대기 오염을 줄이다	reduce air pollution
594.	오염된 대기를 정화하다	purify polluted air
595.	오염된 물	c_____ water
596.	자연 경관(景觀)을 해치다	spoil the landscape
597.	환경을 최우선 과제로 삼다	m_____ the environment a top concern
598.	환경 친화적인 계획	an environment-friendly plan
599.	장기 계획	long-t_____ plan
600.	~에 대해 단계적인 접근을 하다	make a step-by-step approach to ~
601.	실행 가능한 계획에 착수하다	u_____ a feasible plan
602.	계획을 실행하다	put a plan into p_____
603.	값비싼 대가를 치르다	p_____ a costly price
604.	어떤 대가를 치르더라도	at any cost
605.	천연 자원을 대가로	at the e_____ of natural resources
606.	지구 온난화	global w_____
607.	태양 에너지를 이용하다	harness solar energy
608.	대체 에너지	a_____ energy

2. Test & Learn 'Word Combination' 609~628

609.	연료 사용이 경제적인 건물	fuel-efficient building
610.	전기를 절약하다	e_____ on electricity
611.	연료가 떨어지다	r_____ out of fuel
612.	자원 고갈	depletion of resources
613.	자원을 개발하다	e_____ resources
614.	자원이 풍부한 나라	resource-rich country
615.	야생 동식물 보존	wildlife c_____
616.	메뚜기를 멸종시키다	exterminate locusts
617.	멸종 위기에 처하다	be on the brink of e_____
618.	동물 애호가	animal lover
619.	동물적인 본능	animal i_____
620.	~로 부터 경험을 얻다	get experience from ~
621.	과학적으로 입증된 사실	scientific verity
622.	예리하게 관찰하다	make a keen o_____
623.	전화를 도청하다	tap a telephone
624.	통신을 원활하게 하다	facilitate communications
625.	기술을 개발하다	d_____ a technology
626.	기술을 응용하다	a_____ a technology
627.	기술 집약 산업	technology-intensive industry
628.	기술 혁신	technological i_____

3. Test & Learn 'Word Combination' 629~650

629.	높은 수준에 도달하다	r_____ a high level
630.	신비를 불러일으키다	pose a mystery
631.	신비를 벗기다	unravel a mystery
632.	과학 발전을 촉진하다	f_____ the scientific progress
633.	과학 발전을 방해하다	h_____ the scientific progress
634.	획기적 전기를 이룩하다	a_____ a breakthrough
635.	의료 기술	medical technology
636.	유전 공학의 권위자	an authority on g_____ engineering
637.	복제 인간을 만들다	create a (human) c_____
638.	머리를 짜내다	rack one's brain
639.	연구비로 책정된 예산	the budget earmarked for research
640.	첨단 산업	high-tech industry
641.	컴퓨터에 의해 대체되다	be r_____ by computers
642.	실물 같은 화상을 보다	see lifelike images
643.	우주 시대로 도약하다	leapfrog into the s_____ age
644.	핵전쟁에 대한 공포	d_____ of a nuclear war
645.	미래에 대한 예측	prediction for the future
646.	정보화 사회	information-intensive society
647.	정보를 누출하다	leak information
648.	지적 재산권	i_____ property ownership
649.	~에 관해 특허를 신청하다	apply for a patent on ~
650.	특허를 보유하다	hold a patent

Review Test 6

Step I

Answer P 305

◆ Type 1

Write the collocations by combining each word or phrase of A & B.

A | contaminated   spoil   hold   scientific   create
  | global   economize on   recycled   make   wildlife
  | develop   reduce   achieve   at the expense of high-tech
  | harness   technological   pose   prediction for   leapfrog into
  | information-intensive

B | air pollution   a (human) clone   the landscape   conservation   water
  | electricity   natural resources   solar energy   a mystery   paper
  | verity   warming   a keen observation   the space age   innovation
  | a patent   industry   society   a technology   the future
  | a breakthrough

| Example |
우주 시대로 도약하다   → leapfrog into the space age

1. 재생 종이   → _____
2. 대기 오염을 줄이다   → _____
3. 오염된 물   → _____
4. 자연 경관(景觀)을 해치다 → _____
5. 천연 자원을 대가로   → _____
6. 지구 온난화   → _____
7. 태양 에너지를 이용하다 → _____
8. 전기를 절약하다   → _____
9. 야생 동식물 보존   → _____
10. 예리하게 관찰하다   → _____
11. 과학적으로 입증된 사실 → _____

12. 기술을 개발하다 → _____

13. 기술 혁신 → _____

14. 신비를 불러일으키다 → _____

15. 획기적 전기를 이룩하다 → _____

16. 복제 인간을 만들다 → _____

17. 첨단 산업 → _____

18. 미래에 대한 예측 → _____

19. 정보화 사회 → _____

20. 특허를 보유하다 → _____

◆ Type 2

Translate the Korean sentences into English by using relevant collocations.

1. 이것은 환경을 최우선 과제로 삼는다면 불가능한 꿈이 아니다.
   Tip [impossible dream, if]

2. 나는 지구 온난화가 인류 최대의 위협이라고 생각한다.
   Tip [suppose, threat, human race]

3. 긴급 조치가 없다면 동물의 1/5 정도가 멸종 위기에 처할 수 있다.
   Tip [urgent action, up to one-fifth]

4. 휴대 전화는 우리 생활을 더욱 즐겁게 만들고 통신을 원활하게 한다.
   Tip [cellular phone, make enjoyable]

5. 인간이 컴퓨터에 의해 대체되지는 않을 것이다.
   Tip [humans, be going to]

Health & Leisure

Theme 7

Answer P 305

1. Test & Learn 'Word Combination' 651~670

651. 건강식	healthy diet
652. 균형식(均衡食)	b_____ diet
653. 균형을 맞추다	strike a balance
654. 영양을 섭취하다	t_____ nutrition
655. 영양가가 낮은 고칼로리 즉석 식품	junk food (예: 햄버거, 포테이토 칩 …)
656. 비만(肥滿)이다	be overweight
657. 다이어트를 하다	g_____ on a diet
658. 담배를 절제하다	r_____ from smoking
659. 자극을 주다	give an impetus
660. 충동을 억제하다	curb the impulse
661. 충동적인 행동	i_____ act
662. 용기가 부족하여	for lack of courage
663. 용기를 내다	t_____ courage
664. 위험을 무릅쓰다	r_____ a risk
665. 필요악	necessary evil
666. 건강을 해치다	h_____ one's health
667. 건강을 회복하다	r_____ one's health
668. 정신 건강	mental health
669. 육체 건강	p_____ health
670. 내 나이에 비해서	for my age

2. Test & Learn 'Word Combination' 671~692

671.	선천적인 게으름	inborn laziness
672.	위생적인 포장	h_____ packing
673.	싱싱하지 않은 야채	stale vegetable(s)
674.	싱싱한 해산물	f_____ seafood
675.	썩은 사과	r_____ apple
676.	생맥주	draft beer
677.	관광 명소	tourist a_____
678.	~을 관광하다	make a tour of ~
679.	유럽 대륙을 횡단하다	traverse the European continent
680.	세계 일주 여행	round-the-world trip
681.	휴가 여행을 떠나다	t_____ the holiday trip
682.	시야를 넓히다	b_____ one's horizons
683.	색다른 경험	exotic experience
684.	비자를 발급하다	i_____ a visa
685.	관광 산업	tourist industry
686.	서비스 직업	service occupation
687.	휴가 중이다	be on vacation
688.	해변 휴양지	seaside r_____
689.	숙박 시설	accommodating f_____
690.	성수기	peak time
691.	비수기	off-peak time
692.	제 철이 지나다	be out of s_____

3. Test & Learn 'Word Combination' 693~714

693. 매일 반복되는 일상사	daily r_____ life
694. 기분전환으로	for a change
695. 재미로	for fun
696. ~와 데이트를 하다	h_____ a date with ~
697. ~의 냄새가 나다	smell like ~
698. ~의 증세를 보이다	show symptoms of ~
699. ~에 면역이 되다	be i_____ to ~
700. 병에 걸리다	c_____ a disease
701. 병을 예방하다	p_____ a disease
702. 병을 치료하다	treat a disease
703. 불치병	i_____ disease
704. 암을 정복하다	surmount the cancer
705. 병을 핑계 삼아	on the excuse of illness
706. 약을 복용하다	t_____ a drug
707. 의사에게 진찰을 받다	consult a doctor
708. 정기 검진을 받다	have a regular c_____
709. 의료 보험	medical insurance
710. 성형 수술을 받다	u_____ plastic surgery
711. 피임을 하다	p_____ contraception
712. 낙태를 하다	get an abortion
713. 예상 수명	life e_____
714. 장수(長壽) 비결	trick of longevity

4. Test & Learn 'Word Combination' 715~737

715.	실내/야외 스포츠	indoor/outdoor sports
716.	여가 시간	s_____ time
717.	시간을 때우다	kill time
718.	사진을 찍다	t_____ photographs
719.	사진 찍는 것을 싫어하다	be camera-shy
720.	운동을 하다	d_____ exercise
721.	만능 스포츠맨	all-around sportsman
722.	압승을 거두다	win a landslide victory
723.	무적의 팀	unbeatable team
724.	세계 신기록을 세우다	s_____ a new world record
725.	팀을 조직하다	organize a team
726.	팀을 해체하다	disband a team
727.	사기를 북돋우다	b_____ morale
728.	사기를 떨어뜨리다	sag morale
729.	비신사적인 행동	ungentlemanly behavior
730.	밤낮 없이 일하다	work a_____ the clock
731.	밤을 새우다	s_____ up all night
732.	~하면서 밤을 보내다	spend a night -ing
733.	스트레스로 가득 찬 현대 생활	the stressful modern life
734.	스트레스를 받다	be stressful
735.	스트레스를 풀다	r_____ the stress
736.	마음의 평정을 찾다	attain the peace of mind
737.	마음 자세	f_____ of mind

Review Test 7

Answer P 306

◆ Type 1

Write the collocations by combining each word or phrase of A & B.

A
relieve	necessary	take	be	hygienic
curb	medical	harm	daily	go on
tourist	take	broaden	catch	work
spare	healthy	do	indoor	life
exotic				

B
nutrition	one's health	a diet	the impulse	the stress
insurance	expectancy	one's horizons	evil	attraction
packing	experience	exercise	around the clock	a disease
sports	diet	time	routine life	overweight
the holiday trip				

| Example |

예상 수명 → life expectancy

1. 건강식 → _____
2. 영양을 섭취하다 → _____
3. 비만(肥滿)이다 → _____
4. 다이어트를 하다 → _____
5. 충동을 억제하다 → _____
6. 필요악 → _____
7. 건강을 해치다 → _____
8. 위생적인 포장 → _____
9. 관광 명소 → _____
10. 휴가 여행을 떠나다 → _____
11. 시야를 넓히다 → _____

Step I Writing Collocations • 103

12. 색다른 경험 → _____

13. 매일 반복되는 일상사 → _____

14. 병에 걸리다 → _____

15. 의료 보험 → _____

16. 실내 스포츠 → _____

17. 여가 시간 → _____

18. 운동을 하다 → _____

19. 밤낮 없이 일하다 → _____

20. 스트레스를 풀다 → _____

◆ Type 2

Translate the Korean sentences into English by using relevant collocations.

1. 지난 여름 우리 가족은 서울에서 로스앤젤레스에 있는 이모 집으로 휴가 여행을 떠났다.
   Tip [last summer, from ~ to, LA]
   _____

2. 여행은 색다른 경험을 찾아나서는 것이다.
   Tip [travel, search for]
   _____

3. 휴가는 매일 반복되는 일상사로부터 신선한 변화를 준다.
   Tip [vacation, refreshing change]
   _____

4. 의료 기술이 발달함에 따라, 인간들은 가까운 장래에 암을 정복할 수 있을 것이다.
   Tip [as, medical technology, improve, be able to, near future]
   _____

5. 모든 연령층들이 스트레스로 가득 찬 현대 생활에 시달리고 있다.
   Tip [all age-groups, suffer from]
   _____

LONGMAN Essay Writing

Step II
Writing Functions

| Part 1 | Functions in 'Introduction'
| Part 2 | Functions in 'Body'
| Part 3 | Functions in 'Conclusion'

영작문을 잘 하려면 다양한 상황에 맞는 영어 기본 문형 및 표현을 풍부하게 알고 있어야 한다. 특히, 특정 상황에서 쓸 수 있는 기본 문형인 'Function'을 익혀두는 것이 커다란 도움이 된다.

이에 Step Ⅱ. Writing Functions에서는 작문 상황별로 분류, 정리해 놓은 다양한 기본 문형(Function)들을 공부하기로 한다. 이를 통해 어떤 영작문 상황에서도 막힘없이 문장을 써나가는 능력을 키우게 된다.

문장의 기본 틀을 잡아주는 Function

영어를 10년 이상 공부해도 막상 간단한 문장조차 작문하기가 쉽지 않은 게 우리의 솔직한 현실이다. 반면 일본어는 한 1년 정도만 열심히 공부해도 작문을 할 수가 있다. 그 이유는 우리말과 일본어의 어순이 같기 때문이다. 즉, 우리말의 어순을 생각하고 단어를 대입하는 식으로 하면 어느 정도 일본어 작문을 해나갈 수가 있다. 하지만 우리말과 어순이 전혀 다른 영어의 경우는 이러한 방법이 통하지 않는다.

흔히 영작문을 할 때 우리들이 겪는 어려움은 다음의 두 가지이다.

첫째, 어떻게 문장 첫머리를 시작할 것인가?
둘째, 어떻게 문장의 틀을 잡아 나가야 하나?

세부적인 구문이나 표현을 생각해 내는 것은 나중 문제이고, 우선은 어떻게 문장의 실마리를 풀어야 할지 도무지 감이 서지 않을 때가 많다.

바로 이 때 유용한 것이 Function이다. 여기서 Function이란 특정 상황에서 쓸 수 있는 기본 문형을 가리킨다. 예를 들어, '의견을 말할 때'의 Function을 열거하면 다음과 같다.

- I have the opinion that S + V.
- In my opinion, S + V.
- Personally, I believe (that) S + V.
- I tend to think (that) S + V.

위의 기본 문형들은 자기의 생각이나 의견을 말할 때 사용할 수 있는 구문들이다. 따라서, 위의 기본 문형들만 알고 있으면 의견을 표현하는 영어 작문을 할 때 그리 큰 어려움이 없다. 물론, 개별 상황에 따라서 that절 다음에 오는 표현들이야 얼마든지 달라지겠지만, 일단 위와 같은 기본 문형들을 알고 있다면 쉽게 작문의 실마리를 풀어갈 수 있을 것이다.

Part 1 Functions in 'Introduction'

1. 주장을 펼 때 [Contending]

• ...을 주장한다.	I maintain (that) S + V. I contend (that) S + V.
• ...을 강력히 주장한다.	I insist (that) S + (should) + V.
• ...을 확실히 믿는다.	I am convinced that S + V. I am sure that S + V. I am quite positive that S + V.
• 일부 사람들은 ...라고 주장할 것이다.	Some people may argue that S + V.
• 사람들은 ...라고 말한다.	People say that S + V.

| Applying Functions to Writing |

1. 나는 농업도 첨단 산업만큼 중요하다고 주장하는 바이다.

   Tip [I'd maintain (that) S + V. / agriculture, as ~ as, high-tech industry]

2. 나는 그 사고가 횡단보도에서 발생했다고 강력히 주장했다.

   Tip [I insist (that) S + (should) + V. / accident, take place, on the crosswalk]

3. 나는 대부분의 암(癌)들이 일찍 발견되기만 하면 고쳐질 수 있다고 확실히 믿는다.

   Tip [I am convinced that S + V. / cancer disease, cure, discover, early enough]

4. 사람들은 유행의 변화는 단지 그들로 하여금 돈을 더 많이 쓰게 하기 위한 하나의 방법일 뿐이라고 말한다.

   Tip [People say that S + V. / fashion, way, make, spend]

2. 의견을 말할 때 [Stating an Opinion]

• ...라는 의견을 갖고 있다.	I have the opinion that S + V. I hold the opinion that S + V. I'm of the opinion that S + V.
• 내 의견으로는 ...이다.	In my opinion, S + V. In my view, S + V.
• 내 관점으로는 ...이다.	From my point of view, S + V.
• 그 문제에 대한 내 견해는 ...이다.	My own view of the matter is that S + V.
• 내가 보기에는 ...이다.	The way I see it is that S + V.
• 개인적으로 ...라고 생각한다.	Personally, I think (that) S + V. Personally, I believe (that) S + V.
• ...라는 생각이 든다.	I tend to think (that) S + V. I am inclined to think (that) S + V.
• ...인 듯 하다.	It seems (to me) that S + V.

| Applying Functions to Writing |

1. 내가 보기에는 어울리면서 한 잔 한다는 것이 때로 과음으로 이어진다.
   Tip [The way I see it is that S + V. / social drinking, lead to, heavy drinking]

2. 개인적으로, 나는 우리가 아무리 바쁘더라도 가족을 위해 충분히 시간을 내야 한다고 생각한다.
   Tip [Personally, I believe (that) S + V. / enough time, however busy we may be]

3. 나는 아이들이 요즘 TV를 너무 많이 시청한다는 생각이 든다.
   Tip [I tend to think (that) S + V. / nowadays, watch, too much]

4. 내게는 그녀의 태도가 전형적인 X세대처럼 보인다.
   Tip [It seems to me (that) S + V. / attitude, typical, X generation]

3. 찬성할 때 [Agreeing]

- ~에 찬성한다.
  I am in favor of ~.
  I approve of ~.

- ~에 동의한다.
  I agree with/to ~.

- ...라는 지적에 동의한다.
  I agree on the point that S + V.

- 전적으로 ...에 동의한다.
  I completely agree that S + V.

- 부분적으로 ...에 동의한다.
  I partly agree that S + V.

- ~에 반대할 이유가 없다.
  I can see no reason to oppose ~.

| Applying Functions to Writing |

1. 나는 모든 공공장소에서 사람들이 흡연하는 것을 금지한 새로운 규정에 찬성한다.
   Tip [I am in favor of ~. / regulation, ban ~ from, public place]

2. 나는 그 점에서 그 사람의 견해에 동의한다.
   Tip [I agree with ~. / on that point]

3. 나는 그러한 생각들이 시대에 뒤쳐진 것이라는 지적에 동의한다.
   Tip [I agree on the point that S + V. / idea, behind the times]

4. 나는 가사 일이 시간이 오래 걸리고 분명 쉽지 않은 일이라는 데 부분적으로 동의한다.
   Tip [I partly agree that S + V. / housework, time-consuming, certainly]

4. 반대할 때 [Disagreeing]

• ~에 동의하지 않는다.	I don't agree with/to ~. I don't agree that S + V.
• ~에 전적으로 동의하지 않는다.	I entirely disagree with ~. I completely disapprove of ~.
• ~에 반대한다.	I am against ~. I am opposed to ~. I object to ~. I object that S + V.
• …(라는 사실)을 인정할 수 없다.	I cannot accept (the fact) that S + V.
• 원칙적으로는 찬성하지만, ~에 관한 내 의견은 다소 다르다.	I agree in principle, but my opinion on ~ is rather different.
• 그것의 많은 부분이 사실이지만, 나는 …라고 생각한다.	There is a lot of truth in it. However, I think (that) S + V. There is a lot of truth in it. Still, I believe (that) S + V.
• …하는 것은 옳지 않다고 생각한다.	I don't think it is right + to부정사.
• …하는 것은 필요치 않다고 생각한다.	I don't think it is necessary + to부정사.

| Applying Functions to Writing |

1. 나는 오염을 야기시키는 공장들을 모두 폐쇄해야 한다는 생각에는 반대한다.
   Tip [I am against ~. / idea, cause pollution, close down]

2. 원칙적으로는 당신에 동의하지만, 10대 음주에 관한 내 의견은 다소 다르다.
   Tip [I agree in principle, but my opinion on ~ is rather different. / teenage drinking]

3. 그것의 많은 부분이 사실이지만, 나는 모든 도로에 제한 속도가 있어야 한다고 생각한다.
   Tip [There is a lot of truth in it. Still, I believe (that) S + V. / speed limit]

Review Test 8

◆ Type 1

Complete the sentences byusing the appropriate functions.

1. _____ that most cancer diseases can be cured if they are discovered early enough. (나는 대부분의 암(癌)들이 일찍 발견되기만 하면 고쳐질 수 있다고 확실히 믿는다.)

2. _____ that agriculture is as important as high-tech industry.
   (나는 농업도 첨단 산업만큼 중요하다고 주장하는 바이다.)

3. _____ that nowadays kids watch too much television.
   (나는 아이들이 요즘 TV를 너무 많이 시청한다는 생각이 든다.)

4. _____ that housework is time-consuming and certainly not easy.
   (나는 가사 일이 시간이 오래 걸리고 분명 쉽지 않은 일이라는 데 부분적으로 동의한다.)

5. _____ the new regulation to ban people from smoking in all public places.
   (나는 모든 공공장소에서 사람들이 흡연하는 것을 금지한 새로운 규정에 찬성한다.)

◆ Type 2

Translate the Korean sentences into English by using the appropriate functions.

1. 나는 학생들이 밖으로 나가 세상이 어떤지를 보아야 한다고 주장한다.
   Tip [get outside, see what the world is like]

2. 사람들은 모든 것을 온라인에서 하는 것이 항상 편리한 것은 아니라고 말한다.
   Tip [not always convenient, do everything online]

3. 개인적으로, 나는 미디어가 10대들의 생활을 사실 그대로 보여주지 않는다고 생각한다.
   Tip [the media, teenage life, as it really is]

4. 나는 맏이들의 전형적 특징이 완벽을 추구하며 보수적이라는 것에 전적으로 동의한다.
   Tip [typical characteristics, first-born people, perfectionistic, conservative]

5. 나는 원칙적으로는 찬성하지만, 과밀 학급 문제에 관한 내 의견은 다소 다르다.
   Tip [issue of overcrowded classes]

5. 제안할 때 [Making a Suggestion]

• ...을 제안한다.	I suggest that S + V. I propose that S + V.
• 내가 제안하는 것은 ...이다.	What I suggest is that S + V. What I propose is that S + V.
• 내 생각은 ...이다.	My idea is + to부정사. My idea is that S + V.
• ...을 하는 것은 좋은 생각인 듯 하다.	I think it might be a good idea if S + V.

| Applying Functions to Writing |

1. 나는 당신이 목요일에 쉬고 대신 금요일에 일할 것을 제안한다.
   Tip [I suggest that + S + V. / take ~ off, instead]

2. 내가 제안하는 것은 감옥을 폐지하고 죄수들을 다룰 보다 인간적인 어떤 방법이 강구되어야 한다는 것이다.
   Tip [What I suggest is that S + V. / prisons, abolish, humane, treat, find]

3. 내 생각은 우리가 한 대의 차를 타고 가자는 것이다.
   Tip [My idea is + to부정사. / travel in one car]

4. 바쁘든 바쁘지 않든, 규칙적으로 운동을 하는 것은 좋은 생각인 듯 하다.
   Tip [I think it might be a good idea if S + V. / exercise, on a regular basis, whether]

6. 사실을 말할 때 [Telling the Fact or Truth]

• 사실 …이다.	In fact, S + V.
	As a matter of fact, S + V.
	Indeed, S + V.
• 실제로 …이다.	In reality, S + V.
• …는 사실이다.	It is true that S + V.
• 사실대로 말하자면 …이다.	To tell the truth, S + V.
• 솔직히 …이다.	Honestly, S + V.
• 당연히 …이다.	Naturally, S + V.
• 물론 …이다.	Of course, S + V.

| Applying Functions to Writing |

1. 사실, 한국은 매우 국제적이라 거의 모든 것을 구할 수 있다.

   Tip [Indeed, S + V. / so ~ that, international, everything, available]

2. 실제로, 요즘 더욱 많은 사람들이 개인 서비스업으로 진출하고 있다.

   Tip [In reality, S + V. / go into, personal service work, these days]

3. 인간 생활의 절반을 직장에서 보낸다는 것은 사실이다.

   Tip [It is true that S + V. / half, man, spend, at work]

4. 솔직히, 컴퓨터 게임이 다른 그 어느 것보다도 재미있다.

   Tip [Honestly, S + V. / interesting, anything else]

5. 많은 미국 여성들은 결혼을 하면 남편의 성을 받아들인다. 물론, 약간의 예외는 있다.

   Tip [Of course, S + V. / many of, adopt, name, marry, exception]

7. 무엇에 관해 말할 때 [Stating a Connection]

• ~에 관해서는 ...이다.	With regard to ~, S + V. With respect to ~, S + V. As regards ~, S + V. Regarding ~, S + V. Concerning ~, S + V.
• ~와 관련하여 ...이다.	In connection with ~, S + V. In relation to ~, S + V.
• 이와 관련하여 ...이다.	In this connection, S + V.
• 이러한 점에서 ...이다.	In this regard, S + V. In this respect, S + V.
• X에 관한 한 ...이다.	As far as X is concerned, S + V.

| Applying Functions to Writing |

1. 건강에 관해서 사람들은 필요 이상으로 걱정하고 있다.
   Tip [With regard to ~, S + V. / health, worry, more than they should]

   _____

2. 미국에서의 쇼핑과 관련하여 "그냥 구경만 하는 겁니다."라는 말은 알아두면 매우 유용하다.
   Tip [In connection with ~, S + V. / just looking, useful phrase, know]

   _____

3. 이러한 점에서, 음악은 분명 어떤 식으로든 모든 사람들에게 의미가 있다.
   Tip [In this regard, S + V. / surely, meaning, some way or other]

   _____

4. 골프에 관한 한, 나는 완전히 초보자이다.
   Tip [As far as X is concerned, S + V. / absolute beginner]

   _____

Review Test 9

Answer P 308

◆ Type 1

Complete the sentences by using the appropriate functions.

1. I think _____ if you could exercise on a regular basis, whether or not you are busy.
   (바쁘든 바쁘지 않든, 규칙적으로 운동을 하는 것은 좋은 생각인 듯 하다.)

2. _____ that half of a man's life is spent at work.
   (인간 생활의 절반을 직장에서 보낸다는 것은 사실이다.)

3. Many of the American women adopt their husbands' names when they marry. _____, there are some exceptions. (많은 미국 여성들은 결혼을 하면 남편의 성을 받아들인다. 물론, 약간의 예외는 있다.)

4. _____, Korea is so international that almost everything is available.
   (사실, 한국은 매우 국제적이라 거의 모든 것을 구할 수 있다.)

5. _____ shopping in America, "I'm just looking." is a very useful phrase to know. (미국에서의 쇼핑과 관련하여 "그냥 구경만 하는 겁니다."라는 말은 알아두면 매우 유용하다.)

◆ Type 2

Translate the Korean sentences into English by using the appropriate functions.

1. 내가 제안하는 것은 모든 음식들을 골고루 그리고 적당히 먹어야 한다는 것이다.
   Tip [eat, foods, in variety and moderation]

2. 실제로, 많은 사람들이 그 집회에 참석하기 위해 멀리서 한국까지 왔다.
   Tip [come from far away, participate in the convention]

3. 솔직히, 대부분의 학생들은 자원 봉사를 하는 것을 원치 않는다.
   Tip [most, perform volunteer services]

4. 이러한 점에서, 수학은 재미있는 과목이다.
   Tip [interesting subject]

5. 증권 투자에 관한 한, 나는 잘 모르고 관심도 없다.
   Tip [stock investment, know, care, either]

Part 2 Functions in 'Body'

1. 예를 들 때 [Giving an Example]

• 예를 들면 …이다.	For example, S + V. For instance, S + V. To illustrate, S + V.
• ~을 예로 들어본다.	I'll take ~ for example. I'll take ~ for instance. I'll take the example of ~.
• ~의 경우를 봅시다.	Let's take the case of ~.
• ~는 그 하나의 예이다.	An example of that is ~.
• 내 의도를 예를 들어 말하자면 …이다.	To exemplify what I mean, S + V. To illustrate my point, S + V.

| Applying Functions to Writing |

1. 예를 들면, 1999년 한국의 실업자 수는 거의 250만 명에 달했다.

    Tip [To illustrate, S + V. / the unemployed, come to, nearly]

    _____

2. 마약이 젊은이들에게 미치는 영향을 예로 들어본다.

    Tip [I'll take ~ for instance. / effect, drug, young people]

    _____

3. 내 의도를 예를 들어 말하자면, 미국을 방문하는 것은 흥미진진한 경험일 수 있지만 또한 두려운 것일 수도 있다.

    Tip [To exemplify what I mean, S + V. / visiting America, exciting, frightening one, too]

    _____

2. 대조할 때 [Contrasting]

• X와 대조적으로 …이다.	In contrast to X, S + V.
• 대조적으로 …이다.	In contrast, S + V. By contrast, S + V.
• 이처럼 …이다.	Like this, S + V.
• 이와는 달리 …이다.	Unlike this, S + V. As distinct from this, S + V. Differently from this, S + V.
• 이런 식으로 …이다.	In this way, S + V. In this manner, S + V.
• 마찬가지로 …이다.	Similarly, S + V. Likewise, S + V. In like manner, S + V. In the same way, S + V.
• 도리어 …이다.	On the contrary, S + V. Contrarily, S + V.
• 거꾸로 …이다.	Conversely, S + V.
• ~하는 반면 …이다.	$S_1 + V_1$, while $S_2 + V_2$. $S_1 + V_1$, whereas $S_2 + V_2$.
• 한편 …이다.	On the other hand, S + V.

| Applying Functions to Writing |

1. 라스베이거스는 낮에는 매우 덥지만, 대조적으로 밤에는 춥다.

　Tip　[In contrast, S + V. / hot, Las Vegas, in the day, cold, at night]

2. 이와는 달리, 집을 소유하면 확실히 사람에게 안정감이 생긴다.

　Tip　[As distinct from this, S + V. / owning, certainly, provide A with B, sense of security]

3. 일부 사람들은 육식을 좋아하는 반면, 다른 이들은 채식을 좋아한다.

　Tip　[$S_1 + V_1$, while $S_2 + V_2$. / some, eat meats, others, eat vegetables]

3. 비교할 때 [Making a Comparison]

• X와 Y의 주요 차이점은 …이다.	The main difference between X and Y is that S + V.
• X는 많은 점에서 Y와 다르다.	X is different from Y in many ways.
• X와 Y는 몇 가지 점에서 다르다.	X and Y are different in several ways.
• X는 ~라는 점에서 Y와 다르다.	X differs from Y in ~. X differs from Y in (the fact) that S + V. X varies from Y in ~. X varies from Y in (the fact) that S + V.
• X와 Y 사이에는 몇 가지 차이점이 있다.	There are several differences between X and Y.
• X는 몇 가지 점에서 Y와 유사하다.	X is similar to Y in several ways.
• X와 Y는 많은 점에서 유사하다.	X and Y are similar in many ways.
• X와 Y 사이에는 많은 유사점들이 있다.	There are many similarities between X and Y.
• X와 Y는 몇 가지 공통점을 갖고 있다.	X and Y have several things in common.
• X와 Y를 비교한다면 …이다.	If you compare X and Y, S + V. A comparison between X and Y reveals (that) S + V. A comparison between X and Y shows (that) S + V.
• X와 비교할 때 …이다.	Compared with X, S + V. In comparison with X, S + V.
• 비교적 …이다.	In comparison, S + V. Comparatively, S + V.
• X와 Y는 비교가 안 된다.	There is no comparison between X and Y.
• X와 Y를 단순히 비교할 수는 없다.	You just cannot simply compare X and Y.
• 내 판단으로는 X가 Y보다 더 낫다.	My own assessment is that X is better than Y.
• X와 비례하여 …이다.	In proportion to X, S + V.
• 비례적으로 …이다.	Proportionately, S + V.

| Applying Functions to Writing |

1. 그 소년은 신체장애자라는 점에서 또래의 아이들과 다르다.
   Tip [X differs from Y in that S + V. / of one's age, physically handicapped]

2. 기(氣)는 몇 가지 점에서 요가와 유사하다.
   Tip [X is similar to Y in several ways. / Chi, Yoga]

3. 일본 음식과 비교할 때, 한국 음식이 훨씬 더 기름지고 양념이 풍부하다.
   Tip [Compared with X, S + V. / Japanese food, far, fatty, spicy]

4. 내 판단으로는 전원 생활이 도시 생활보다 낫다.
   Tip [My own assessment is that X is better than Y. / living, country, town]

4. 이유를 밝힐 때 [Stating a Reason]

• ~때문에 …이다.	$S_1 + V_1$ because $S_2 + V_2$.
	$S_1 + V_1$, for $S_2 + V_2$.
	As $S_1 + V_1$, $S_2 + V_2$.
	Since $S_1 + V_1$, $S_2 + V_2$.
• 이러한 이유 때문에 …이다.	For this reason, S + V.
• 그것은 주로 …때문이다.	That is mainly because S + V.
• 근본적인 이유는 …이다.	The basic reason is that S + V.
• 주된 이유는 …이다.	The primary reason is that S + V.
• X의 이유는 …이다.	The reason for X is that S + V.
• X에는 몇 가지 중요한 이유가 있다.	There are several main reasons for X.
• X에는 중요한 몇 가지 원인이 있다.	There are several main causes of X.
• ~하는 것에 대해 세 가지 이유가 있다. 즉, 첫째, … 둘째, … 마지막으로, …이다.	There are three reasons why $S_1 + V_1$: firstly $S_2 + V_2$, secondly $S_3 + V_3$, and lastly $S_4 + V_4$.
• 나는 다음의 이유들로 인해 그것이 정당하다고 생각한다. 즉, 첫째는 …이고, 그리고 둘째는 …이다	I think it is justified for the following reasons; firstly $S_1 + V_1$, and secondly $S_2 + V_2$.
• 내 경험으로 미루어 보건대 …이다.	My experiences have shown that S + V.
• 모든 것을 고려할 때, 나는 …하는 것이 가능하리라고 생각한다.	All things considered, I think it should be possible + to부정사.

| Applying Functions to Writing |

1. 우리는 가정 환경이 다르기 때문에 서로의 습관과 생각에 적응을 해야 할 것이다.
    Tip [S_1 + V_1 because S_2 + V_2. / adjust to, each other, habits and beliefs, family background]

2. 이러한 이유 때문에, 대중 교통 수단은 무료가 되어야 한다.
    Tip [For this reason, S + V. / transport, free]

3. 주된 이유는 내가 지금 하고 있는 유형의 일에 아주 만족을 하고 있다는 것이다.
    Tip [The primary reason is that S + V. / quite, be satisfied with, type, be doing]

4. 내 경험으로 미루어 보건대, 열심히 일하면 항상 반드시 보상을 받는다.
    Tip [My experiences have shown that S + V. / hard working, reward]

5. 나는 다음의 이유들로 인해 그것이 정당하다고 생각한다. 즉, 첫째는 음악 없는 인생은 재미가 없을 것이고, 둘째는 음악은 인식하든 못하든 거의 모든 사람의 삶에서 중요한 역할을 하고 있다는 점이다.
    Tip [I think it is justified for the following reasons; firstly, S_1 + V_1, and secondly S_2 + V_2. / without, exciting, play a part, significant, virtually, whether he realizes it or not]

Review Test 10

Answer P 309

◆ Type 1

Complete the sentences by using the appropriate functions.

1. _____, visiting America can be an exciting experience, but it can be a frightening one, too. (내 의도를 예를 들어 말하자면, 미국을 방문하는 것은 흥미진진한 경험일 수 있지만 또한 두려운 것일 수도 있다.)

2. Thanksgiving is a national holiday. _____, Christmas is a religious, not national, holiday. (추수 감사절은 국경일이다. 한편, 크리스마스는 국경일이 아니라 종교 휴일이다.)

3. _____ is that living in the country is better than living in a town.
   (내 판단으로는 전원 생활이 도시 생활보다 낫다.)

4. _____ Japanese food, Korean food is far more fatty and spicy.
   (일본 음식과 비교할 때, 한국 음식이 훨씬 더 기름지고 양념이 풍부하다.)

5. _____ that hard working should always be rewarded.
   (내 경험으로 미루어 보건대, 열심히 일하면 항상 반드시 보상을 받는다.)

◆ Type 2

Translate the Korean sentences into English by using the appropriate functions.

1. 이처럼 사람은 늘 자신의 의무를 다해야 한다.
   Tip [must, do one's duty]

   _____

2. 유전 공학과 생명 공학은 몇 가지 점에서 다르다.
   Tip [genetic engineering, bioengineering]

   _____

3. 온라인 쇼핑과 통상적인 슈퍼마켓 쇼핑 사이에는 많은 유사점들이 있다.
   Tip [online shopping, regular supermarket shopping]

   _____

4. 부모님들이 법을 공부하기를 원하기 때문에 나는 법을 전공할 것이다.
   Tip [be going to, specialize in]

   _____

5. 최근의 경제 불황에는 중요한 몇 가지 원인이 있다.
   Tip [recent, depression]

   _____

5. 부연할 때 [Making an Explanation]

• 다시 말하면 …이다.	In other words, S + V.
• 설명을 하자면 …이다.	In explanation, S + V. To explain, S + V.
• 달리 표현하면 …이다.	To put it another way, S + V.
• 위에서 언급한 것을 바꿔 표현하면 …이다.	If I can rephrase the above-mentioned, S + V.
• (기술적·전문적 측면에서) 좀 더 엄밀한 의미에서 …이다.	In more technical terms, S + V.
• …라고 말하는 것이 아마 보다 정확할 것이다.	Perhaps it would be more accurate to say that S + V.

| Applying Functions to Writing |

1. 다시 말하면 개인의 건강은 그 사람의 정서 및 정신 상태에 의해 크게 영향을 받는다.
   Tip [In other words, S + V. / individual, greatly, be influenced by, his/her, emotional, mental state]

2. 설명을 하자면, 생태계도 사람들과 마찬가지로 어린이에서 성인으로 성장한다.
   Tip [In explanation, S + V. / ecosystem, mature, just as, infant, adult]

3. 달리 표현하면, 단체 관광을 하는 것이 혼자 여행하는 것보다 더 즐겁다.
   Tip [To put it another way, S + V. / sightseeing with a group, pleasant, travel alone]

4. 좀 더 엄밀한 의미에서, 인터넷과 인터넷 관련 정보 시스템들은 보다 보편화되고 광범위해질 것이다.
   Tip [In more technical terms, S + V. / Internet-related, comprehensive, widespread]

6. 일반론을 펼칠 때 [Generalizing]

• 일반적으로 (말해서) …이다.	Generally (speaking), S + V.
• 대체로, ~는 …하는 경향이 있다.	Largely, ~ tends + to부정사. Largely, ~ is inclined + to부정사. Largely, ~ has a tendency + to부정사.
• 전반적으로 ~의 경향이 있다.	There is an overall tendency towards ~.
• 대다수 경우에 …이다.	In most cases, S + V. In the vast majority of cases, S + V.
• 대체로 …이다.	By and large, S + V. On the whole, S + V.

| Applying Functions to Writing |

1. 일반적으로, 모든 사람들은 자신의 삶에 매일 많은 영향을 미치는 사람에 대해 나름대로의 어떤 생각을 갖고 있다.
   Tip [Generally, S + V. / some opinion, so much, day-to-day influence, his/her]

   _____

2. 대체로, 알레르기 증상은 폭풍우 직후에 악화되는 경향이 있다.
   Tip [Largely, ~ tend + to부정사. / allergy symptoms, worsen, rain storm]

   _____

3. 대다수 경우, 한자는 중국, 일본, 그리고 한국에서 같은 의미로 사용된다.
   Tip [In the vast majority of cases, S + V. / Chinese characters, be used with]

   _____

4. 대체로, 우리는 다른 사람들로부터 들은 것에 강한 인상을 받는 경향이 있다.
   Tip [On the whole, S + V. / tend to, be impressed by, what]

   _____

7. 순서대로 나열할 때 [Enumerating]

- 첫째, ... First, ...
  둘째, ... Second, ...
  셋째, ... Third, ...
  그리고 나서, ... Then, ...
  마지막으로, ... Finally, ...

- 첫째로, ... Firstly, ...
  둘째로, ... Secondly, ...
  셋째로, ... Thirdly, ...
  그리고 나서, ... Subsequently, ...
  마지막으로, ... Lastly, ...

- 첫 번째 단계로, ... At the first stage, ...
  두 번째 단계로, ... At the second stage, ...
  세 번째 단계로, ... At the third stage, ...
  그 다음 단계로, ... At the next stage, ...
  마지막 단계로, ... At the last stage, ...

- 처음에는, ... In the beginning, ...
  마지막으로, ... In the end, ...

| Applying Functions to Writing |

1. 케이크를 굽는 일은 어렵지 않다.
   첫째, 요리법을 꼼꼼히 읽는다.
   둘째, 재료들을 모아 놓고, 오븐을 켜 섭씨 150도로 만든다.
   셋째, 설탕을 버터와 섞는다.
   넷째, 밀가루를 첨가해 15분 동안 계속 섞는다.
   그리고 나서, 섞은 것을 케이크 팬에 붓고, 케이크를 오븐에 넣는다.
   마지막으로, 30분 후 케이크가 다 되었는지 확인하고 케이크를 오븐에서 꺼낸다.

   Tip [First, ... Second, ... Third, ... Fourth, ... Then, ... Finally, ... / bake cakes, recipe, carefully, gather, ingredients, turn on, 150 degree C, mix A with B, add, flour, continue, pour, mixture, half, check to see, be ready, take ~ out of]

8. 분류할 때 [Classifying]

• 두 가지 종류의 ~가 있다.	There are two kinds of ~. There are two types of ~. There are two classes of ~.
• 몇 가지 종류의 ~가 있다.	There are several kinds of ~. There are several types of ~. There are several classes of ~.
• ~을 세 가지 부류로 나누고 싶다.	I'd divide ~ into three parts. I'd classify ~ into three types. I'd categorize ~ into three kinds. I'd group ~ into three categories.
• X는 네 가지 부류로 나뉘어진다.	X can be divided into four parts. X can be classified into four types. X can be categorized into four kinds. X can be grouped into four categories.

| Applying Functions to Writing |

1. 기본적으로, 두 가지 종류의 학교들, 즉 공립 학교와 사립 학교가 있다.

   Tip [There are two kinds of ~. / basically, :, public, private]

   _____

2. 나는 봉급 노동자들을 두 가지 부류, 즉 사무직 노동자와 근로직 노동자로 나누고 싶다.

   Tip [I'd classify ~ into two types. / salaried worker, :, white-collar, blue-collar]

   _____

3. 대개, 동물들은 5가지 부류로 나뉘어진다.

   Tip [X can be grouped into five categories. / by and large]

   _____

Review Test 11

Answer P 310

◆ Type 1

Complete the sentences by using the appropriate functions.

1. _____, the Internet and the Internet-related information systems will be more comprehensive and more widespread.
   (좀 더 엄밀한 의미에서, 인터넷과 인터넷 관련 정보 시스템들은 보다 보편화 되고 광범위해질 것이다.)

2. _____, sightseeing with a group is more pleasant than traveling alone.
   (달리 표현하면, 단체 관광을 하는 것이 혼자 여행하는 것보다 더 즐겁다.)

3. _____, after half an hour check to see if the cake is ready and take the cake out of the oven. (마지막으로, 30분 후 케이크가 다 되었는지 확인하고 케이크를 오븐에서 꺼낸다.)

4. Basically, _____ schools: public and private schools.
   (기본적으로, 두 가지 종류의 학교들, 즉 공립 학교와 사립 학교가 있다.)

5. I'd _____ the salaried workers _____ : white-collar and blue collar workers. (나는 봉급 노동자들을 두 가지 부류, 즉 사무직 노동자와 근로직 노동자로 나누고 싶다.)

◆ Type 2

Translate the Korean sentences into English by using the appropriate functions.

1. 다시 말하면, 이번이 내가 처음으로 비행기를 타고 여행하는 것이다.
   Tip [the first time, travel in an airplane]

   _____

2. 설명을 하자면, 회원의 3분의 2가 나이가 60세 이상이다.
   Tip [two-thirds of the members, over 60 years of age]

   _____

3. 일반적으로 말해서, 남자가 신체적으로 여자보다 더 강하다.
   Tip [man, physically]

   _____

4. 대체로 이 현상은 도시 지역에서 나타나는 경향이 있다.
   Tip [phenomenon, appear, city area]

   _____

5. 대다수 경우에, 아버지들은 가족의 부양을 위해 열심히 일한다.
   Tip [hard, for the support of]

   _____

9. 묘사할 때 [Describing]

• ―는 X를 Y로 묘사하고 있다.	S + describes X as Y.
• 길이가 약 ~미터이고, 폭이 ―미터이다.	It is about ~ meters long and – meters wide.
• ―는 모양이 독특하다.	S + has a peculiar shape.
• 너비가 ~인치이고, 높이가 ―인치이다.	It is ~ inches in breadth and – inches high.
• ~로 만들어졌다.	It is made of ~.
• ~라고 부르는 곳이다.	It is a place called ~.
• ―는 한때 ~이었다.	S + used to be ~ .

| Applying Functions to Writing |

1. 그는 자신을 평범한 사람으로 묘사하고 있다.
   Tip [S + describes X as Y. / oneself, ordinary]

2. 길이가 약 2미터이고 폭이 3미터이다.
   Tip [It is about ~ meters long and – meters wide.]

3. 너비가 7인치이고, 길이가 5인치이다.
   Tip [It is ~ inches in breadth and – inches high. / long]

4. 그것은 오래가는 재질로 만들어졌다.
   Tip [It is made of ~. / durable]

5. 그 건물은 한때 창고였다.
   Tip [S + used to be ~. / warehouse]

10. 확신이 없을 때 [Expressing Uncertainty or Doubt]

• ~을 확실히 잘 모르겠다.	I am not sure about ~. I am not sure that S + V. I am not convinced about ~. I am not convinced that S + V.
• ...이 의심스럽다.	I doubt (that) S + V. I suspect (that) S + V.
• ...인지 아닌지 의심스럽다.	I doubt if S + V. I doubt whether S + V. I suspect if S + V. I suspect whether S + V.
• ~에 대해서는 확실히 약간의 의문점이 있다.	There is surely some doubt about ~. There is surely some doubt as to ~.
• ~에 대해서는 여전히 의문의 요소가 있다.	There is still an element of doubt about ~.
• 누구라도 ...을 확신을 갖고 말할 수 없을 것이다.	One cannot say with any certainty that S + V.

| Applying Functions to Writing |

1. 나는 독일도 영국처럼 직장에서 오후 커피 휴식 시간의 전통이 있는지 확실히 잘 모르겠다.

   Tip [I am not sure that S + V. / Britain, tradition, afternoon coffee break, at work]

---

2. 나는 일반 대중들이 2차 산업 혁명, 즉 정보 기술 혁명에 대해 어떤 개념이 있는지 없는지 의심스럽다.

   Tip [I suspect whether S + V. / the public at large, idea, Industrial Revolution, technology]

---

3. 누구라도 사람을 컴퓨터로 대체하면 생산성이 향상될 것이라고 확신을 갖고 말할 수 없을 것이다.

   Tip [One cannot say with any certainty that S + V. / replacement, enhance, productivity]

11. 흥미를 나타낼 때 [Expressing Interest]

• ~는 대단히 흥미롭다.	I find ~ very exciting. S + is most exciting.
• ~을 생각만 해도 흥분된다.	I am excited at the thought of ~.
• ~는 나를 무척 흥미롭게 한다.	S + interests me a great deal. S + fascinates me. S + intrigues me.
• ~에 꽤 흥미가 있다.	I have some interest in ~. I am fairly interested in ~.
• 내 주요 관심사는 …이다.	My main interest is that S + V. My main interest is to부정사.
• 내가 특별히 흥미를 갖는 것은 …이다.	My particular interest is that S + V. My particular interest is to부정사.
• ~에 대해 열렬한 관심이 있다.	I am enthusiastic about ~. I have a passion for ~. I am very keen on ~.
• ~는 재미있을 것 같다.	S + sounds like fun.

| Applying Functions to Writing |

1. 나는 네트워크 게임이 대단히 흥미롭다.

    Tip [I find ~ very exciting / network games]

2. 나는 내년 여름에 떠날 유럽 배낭 여행을 생각만 해도 흥분된다.

    Tip [I am excited at the thought of ~. / backpacking trip, next summer]

3. 내가 특별히 흥미를 갖는 것은 인터넷을 통해 외국 펜팔 친구들을 사귀는 것이다.

    Tip [My particular interest is to부정사. / make foreign penpals, via]

12. 대안을 제시할 때 [Proposing an Alternative]

- 하나의 대안으로 …이다.　　As an alternative, S + V.
　　　　　　　　　　　　　　As an option, S + V.
- 양자택일로 …이다.　　　　Alternatively, S + V
- ~ 대신에 …이다.　　　　　Instead of ~, S + V.
- 그렇지 않다면 …이다.　　　Otherwise, S + V.

| Applying Functions to Writing |

1. 하나의 대안으로, 오늘날 점점 많은 수의 사람들이 기(氣)를 수련하고 있다.
   Tip [As an alternative, S + V. / growing, practice Chi]

2. 양자택일로, 너는 기차를 탈 수도 있고 차로 갈 수도 있다.
   Tip [Alternatively, S + V. / take the train, go by car]

3. 그 사람은 돈을 갚는 대신에 소 200마리로 갚았다.
   Tip [Instead of ~, S + V. / pay money, offer]

4. 모든 사람들은 똑같은 재능과 관심을 갖고 있지 않다. 그렇지 않다면 재미없는 세상이 될 것이다.
   Tip [Otherwise, S + V. / talent, interest, dull]

13. 조건을 말할 때 [Stating a Condition]

• 조건부로 …이다.	On one condition, S + V. On conditions, S + V. Conditionally, S + V.
• 그런 경우에는 …이다.	In that case, S + V. In that event, S + V.
• 그러면 …이다.	Then, S + V.
• ~라는 점에서 …이다.	S_1 + V_1 in that S_2 + V_2. In that S_1 + V_1, S_2 + V_2.
• ~을 고려하면 …이다.	In consideration of ~, S + V. Considering ~, S + V. In view of ~, S + V.
• ~에 비추어 …이다.	In the light of ~, S + V.

| Applying Functions to Writing |

1. 조건부로 나는 조선 산업이 점점 사라져가고 있다는 주장을 지지한다.

　Tip　[On conditions, S + V. / support, allegation, ship-building industry, gradually, die out]

2. 그런 경우에는 당신은 판매 가격이 얼마인지 알아내야 한다.

　Tip　[In that case, S + V. / figure out, sale price]

3. 돌고래는 크기가 더 작다는 점에서 고래와 다르다.

　Tip　[S_1 + V_1 in that S_2 + V_2. / differ from, in size]

4. 재능과 적성을 고려하면, 보다 창의적인 일이 아마 내게 딱 맞는 일인 듯싶다.

　Tip　[Considering ~, S + V. / talent, aptitude, perhaps, creative work, the thing for me]

Review Test 12

Answer P 311

◆ Type 1

Complete the sentences by using the appropriate functions.

1. One cannot _____ that the replacement of people by computers should enhance productivity. (누구라도 사람을 컴퓨터로 대체하면 생산성이 향상될 것이라고 확신을 갖고 말할 수 없을 것이다.)

2. I _____ my backpacking trip to Europe next summer.
(나는 내년 여름에 떠날 유럽 배낭 여행을 생각만 해도 흥분된다.)

3. Everyone doesn't have the same talents and interests. _____, it would be a dull world. (모든 사람들은 똑같은 재능과 관심을 갖고 있지 않다. 그렇지 않다면 재미없는 세상이 될 것이다.)

4. _____ , I support the allegations that the ship-building industry is gradually dying out. (조건부로 나는 조선 산업이 점점 사라져가고 있다는 주장을 지지한다.)

5. Dolphins differ from whales _____ they are smaller in size.
(돌고래는 크기가 작다는 점에서 고래와 다르다.)

◆ Type 2

Translate the Korean sentences into English by using the appropriate functions.

1. 빌게이츠는 한때 나의 우상이었다.
   Tip [Bill Gates, idol]

   _____

2. 나는 유럽인도 콜라와 햄버거를 좋아하는지 의심스럽다.
   Tip [Europeans, also]

   _____

3. 나는 서양 음식들을 만드는 데 꽤 흥미가 있다.
   Tip [fix (or prepare), Western foods]

   _____

4. 하나의 대안으로, 재택 교육이나 원격 학습을 검토할 만하다.
   Tip [homeschooling, distance learning, deserve, consideration]

   _____

5. 서울의 인구 밀도를 고려하면, 주택보다는 아파트를 지어야 할 것이다.
   Tip [density, rather than, be to be built]

   _____

14. 이야기를 덧붙일 때 [Making an Addition]

• 또한 …이다.	Also, S + V. In addition, S + V. Additionally, S + V.
• ~에 덧붙여 …이다	In addition to ~, S + V.
• ~함은 물론 …이다.	In addition to -ing, S + V.
• 게다가 …이다.	Moreover, S + V.
• 더욱이 …이다.	Furthermore, S + V.
• 그 밖에 …이다.	Besides, S + V.

| Applying Functions to Writing |

1. 또한, 나는 얼마나 많은 사람들이 그것에 대해 명확한 답변을 할 수 있을지 궁금하다.
   Tip [Also, S + V. / wonder, how many, be able to, definite answer]

2. 흡연은 건강을 해침은 물론 종종 다른 사람들에게도 성가신 것이다.
   Tip [In addition to -ing, S + V. / impair, cigarette smoking, annoying, other]

3. 더욱이 사람들은 잠에서 깨기 직전에 가장 꿈을 많이 꾼다.
   Tip [Furthermore, S + V. / wake up]

4. 그 밖에, 대기 오염은 호흡기 질환을 야기할 수 있다.
   Tip [Besides, S + V. / air pollution, respiratory ailments]

15. 양보를 나타낼 때 [Expressing a Contrast]

• 비록 ~하지만 …이다.	Though $S_1 + V_1, S_2 + V_2$. Although $S_1 + V_1, S_2 + V_2$. Even if $S_1 + V_1, S_2 + V_2$. Even though $S_1 + V_1, S_2 + V_2$.
• ~라는 사실에도 불구하고 …이다.	In spite of the fact that $S_1 + V_1, S_2 + V_2$. Despite the fact that $S_1 + V_1, S_2 + V_2$.
• …함에도 불구하고 …이다.	In spite of -ing, $S + V$.
• 그럼에도 불구하고 …이다.	Nevertheless, $S + V$. Nonetheless, $S + V$.
• 그렇지만 …이다.	However, $S + V$. Still, $S + V$. Yet $S + V$.
• 여하튼 …이다.	In any case, $S + V$. At any rate, $S + V$. At all events, $S + V$.

| Applying Functions to Writing |

1. 비록 줄곧 비가 내리기는 하였지만, 우리는 캠핑 여행에서 멋진 시간을 가졌다.

   Tip [Although $S_1 + V_1, S_2 + V_2$. / rain, the whole time, have a marvelous time, camping trip]

---

2. 미국과 영국은 공통의 언어를 사용한다는 사실에도 불구하고 공통점이 거의 없다.

   Tip [In spite of the fact that $S_1 + V_1, S_2 + V_2$. / common language, US, Britain, very little, in common]

---

3. 사랑은 하나의 단어이다. 그렇지만 많은 다른 방법들로 표현되어진다.

   Tip [Yet $S + V$. / express, in many other ways]

---

4. 여하튼, 그것은 내 인생에서 아마 가장 기억에 남을 경험이 될 것이다.

   Tip [At any rate, $S + V$. / probably, memorable, in one's life]

16. 목적·의도를 나타낼 때 [Expressing Purpose or Intention]

• ~할 목적으로 ...하다.	For the purpose of ~, S + V. With the aim of ~, S + V.
• 이런 목적으로 ...하다.	For this purpose, S + V.
• ~할 작정으로 ...이다.	With the intention of ~, S + V. With a view to ~, S + V.
• ~라는 취지로 ...이다.	To the effect of ~, S + V. To the effect that S_1 + V_1, S_2 + V_2. S_1 + V_1 to the effect that S_2 + V_2.
• 의도적으로 ...이다.	Intentionally, S + V. Purposely, S + V.

| Applying Functions to Writing |

1. 나는 스트레스를 풀려는 목적으로 눈을 감은 채 재즈 음악을 들었다.

   Tip [For the purpose of ~, S + V. / relieve, listen to, closed]

2. 집을 지을 작정으로 그는 땅을 사기를 원했다.

   Tip [With a view to ~, S + V. / buy a lot]

3. 나는 학생들이 지금 시험에 커다란 압박을 받고 있다는 취지에서 이러한 제안을 하고 있는 것이다.

   Tip [S_1 + V_1 to the effect that S_2 + V_2. / suggestion, under the pressure of examinations]

4. 의도적으로 나는 그에게 크리스마스의 관습 및 전통과 그것들이 어떻게 생겨났는지에 대해 물어보았다.

   Tip [Intentionally, S + V. / ask, customs, traditions, come into being]

17. 시간 관계를 나타낼 때 [Expressing Time Sequence]

- 이전에 ...였다.
  Previously, S + V.
  Prior to this, S + V.

- 그리고 나서 ...이다.
  Subsequently, S + V.
  Then, S + V.

- 나중에 ...이다.
  Afterwards, S + V.
  Later, S + V.

- 곧 ...이다.
  Soon, S + V.
  Shortly, S + V.
  Immediately, S + V.

- 동시에 ...이다.
  At the same time, S + V.
  Simultaneously, S + V.
  Coincidentally, S + V.

- 그러는 동안 ...이다
  In the meantime, S + V.
  Meanwhile, S + V.

- ~하는 동안 ...이다.
  During which $S_1 + V_1, S_2 + V_2$.

- ~를 하는 동안 내내 ...이다.
  Throughout which $S_1 + V_1, S_2 + V_2$.

- 그 때부터 ...이다.
  From then on, S + V.

- 그 때 이후로 ...이다.
  Since then, S + V.

| Applying Functions to Writing |

1. 곧 나는 내 자신의 경력을 추구할 것인지 아니면 아버지의 사업을 물려받을 것인지를 결정해야 한다.

   Tip [Shortly, S + V. / whether, pursue my own career, take over, business]

2. 동시에, 기(氣)의 목적은 마음을 자유롭게 하고 의식을 확장시키는 것이다.

   Tip [Simultaneously, S + V. / aim, Chi, free, mind, expand, consciousness]

3. 그 때부터, 나는 결국 나를 프로게이머가 되도록 이끈 컴퓨터 게임에 대한 열정을 키웠다.

   Tip [From then on, S + V. / develop, passion, carry me into~, eventually, progamer]

Review Test 13

◆ Type 1

Complete the sentences by using the appropriate functions.

1. _____ impairing the health, cigarette smoking is often annoying to other people. (흡연은 건강을 해침은 물론 종종 다른 사람들에게도 성가신 것이다.)

2. _____ , air pollution can cause respiratory ailments.
   (그 밖에 대기 오염은 호흡기 질환을 야기할 수 있다.)

3. _____ that they use a common language, US and Britain have very little in common. (미국과 영국은 공통의 언어를 사용한다는 사실에도 불구하고 공통점이 거의 없다.)

4. _____ relieving stresses, I listened to jazz music with my eyes closed.
   (나는 스트레스를 풀려는 목적으로 눈을 감은 채 재즈 음악을 들었다.)

5. _____ , the aim of Chi is to free the mind and expand consciousness.
   (동시에 기(氣)의 목적은 마음을 자유롭게 하고 의식을 확장시키는 것이다.)

◆ Type 2

Translate the Korean sentences into English by using the appropriate functions.

1. 비록 그 방들은 크기는 작지만 편리하고 가구가 잘 갖춰져 있다.
   Tip [in size, comfortable, well-furnished]

2. 여하튼, 축구는 한국의 국민 스포츠로 불릴 수 있을 것이다.
   Tip [football, national sport]

3. 이런 목적으로 모든 국가들은 국기(國旗)와 국가(國歌)가 있다.
   Tip [national flag, national anthem]

4. 그리고 나서, 우리는 거실에 모여 텔레비전을 보았다.
   Tip [gather, sitting room, watch television]

5. 그 때부터, 나는 미국 영화보다 한국 영화를 더 좋아했다.
   Tip [prefer A to B, movie]

Part 3 Functions in 'Conclusion'

1. 결과를 나타낼 때 [Expressing Result]

• ~의 결과 …이다.	As a result of ~, S + V. As a result of which S$_1$ + V$_1$, S$_2$ + V$_2$. With the result that S$_1$ + V$_1$, S$_2$ + V$_2$. As a consequence of ~, S + V. As a consequence of which S$_1$ + V$_1$, S$_2$ + V$_2$.
• 결과적으로 …이다.	As a result, S + V. As a consequence, S + V. Consequently, S + V.
• 따라서 …이다.	Accordingly, S + V. Correspondingly, S + V.
• 그러므로 …이다.	Therefore, S + V. Thus, S + V.

| Applying Functions to Writing |

1. 늘어나는 인간 수명의 결과, 일련의 새로운 사회적 문제들이 생겨났다.

    Tip [As a result of ~, S + V. / increasing, life span, a set of, arise]

2. 따라서, 2000년까지는 학교에서 컴퓨터 학습이 아주 일상화될 것이다.

    Tip [Accordingly, S + V. / by the year, computer learning, quite normal]

3. 내 일에서 가장 즐거운 측면은 내가 프리랜서라는 사실이다. 그러므로 나는 내가 원할 때 일할 수 있다.

    Tip [Therefore, S + V. / enjoyable aspect, the fact that, freelance, whenever, wish]

2. 요약할 때 [Summarizing]

• 요약을 하자면 …이다.	To sum up, S + V. To summarize, S + V. In summary, S + V.
• 짧게 줄여 얘기하자면 …이다.	To make a long story short, S + V.
• 간략히 말해서 …이다.	Briefly, S + V. Concisely, S + V. Succinctly, S + V.
• 요컨대 …이다.	In brief, S + V. In short, S + V.
• 한마디로 …이다.	In a word, S + V.
• 결국 요점은 ~이다.	It comes down to ~. What it comes down to is ~.

| Applying Functions to Writing |

1. 요약을 하자면, 침술은 신체 여러 부위에 침을 삽입하는 고대 중국인들의 관행이다.

    Tip [To sum up, S + V. / acupuncture, ancient, practice, insert, needle, various parts]

2. 짧게 줄여 얘기하자면, 해외 유학은 생각하는 것만큼 그렇게 낭만적이지 않다.

    Tip [To make a long story short, S + V. / studying abroad, as romantic as]

3. 요컨대, 당신은 받은 만큼 주어야 한다.

    Tip [In brief, S + V. / as much as]

4. 결국 요점은 이론과 실제 사이에서의 선택이다.

    Tip [What it comes down to is ~. / choice, theory, practice]

3. 결론을 맺을 때 [Stating a Conclusion]

• 결론적으로 ...이다.	In conclusion, S + V. To conclude, S + V. Conclusively, S + V.
• ...라는 결론에 이르다.	I come to the conclusion that S + V.
• ~에 관해선 어떤 결론에 이르기 어려울 것 같다.	I find it difficult to reach a conclusion on ~.
• 그것의 결론은 ...일 것이다.	Its conclusion would be ~. Its conclusion would be that S + V.
• 결국 ...이다.	Finally, S + V. Eventually, S + V. In the end, S + V.
• 궁극적으로 ...이다.	Ultimately, S + V.
• 전반적으로 보아 ...이다.	All in all, S + V.
• 위에서 언급한 이유들로 인해 ...이다.	For the above-mentioned reasons, S + V.
• 앞서 언급한 이유들로 인해 ...이다.	For the afore-mentioned reasons, S + V.
• 마지막으로 중요한 것은 ...이다.	Last but not least, S + V.

| Applying Functions to Writing |

1. 결론적으로, 노인들을 아무리 호사스럽더라도 양로원에 수용하는 것은 문제의 해결책이 아니다.

    Tip [In conclusion, S + V. / placing older people, old-age homes, however lavish, solution]

2. 나는 이 도시를 떠나 시골로 이사하리라는 결론에 이르렀다.

    Tip [I come to the conclusion that S + V. / leave, move, country]

3. 마지막으로 중요한 것은, 사람은 자기가 하고 있는 일을 즐겨야 한다는 사실이다.

    Tip [Last but not least, S + V. / one, must, what, be doing]

4. 강조할 때 [Emphasizing]

• 내가 강조하고 싶은 것은 …라는 점이다.	What I want to stress is that S + V.
• 특히 …이다.	Especially, S + V. Particularly, S + V. In particular, S + V.
• 무엇보다도 …이다.	Among other things, S + V. Above all, S + V.
• 무엇보다도 먼저 …이다.	First and foremost, S + V.
• 보다 중요하게도 …이다.	More importantly, S + V. More significantly, S + V.
• 분명히 …이다.	Expressly, S + V. Distinctly, S + V. Definitely, S + V.
• 주로 …이다.	Mainly, S + V. Chiefly, S + V. Primarily, S + V.

| Applying Functions to Writing |

1. 내가 강조하고 싶은 것은 자녀 양육은 양(兩) 부모의 상호 보완적인 경험에 기초해야 한다는 것이다.

   Tip [What I want to stress is that S + V. / child raising, be based on, complementary, both]

2. 특히, 야채와 과일은 인간이 필요로 하는 비타민의 탁월한 공급원이다.

   Tip [In particular, S + V. / vegetables and fruits, excellent sources, man]

3. 무엇보다도, 광고의 본질은 사람들이 특정 제품을 사도록 설득하는 것이다.

   Tip [Among other things, S + V. / essence, advertising, persuade ~ to부정사, particular product]

4. 명백히, 학창 시절이 내 인생의 최고의 해였다.

   Tip [Definitely, S + V. / school years, life]

Review Test 14

Answer P 313

◆ Type 1

Complete the sentences by using the appropriate functions.

1. _____ the increasing life span, a new set of social problems has arisen.
   (늘어나는 인간 수명의 결과, 일련의 새로운 사회적 문제들이 생겨났다.)

2. _____ is a choice between theory and practice.
   (결국 요점은 이론과 실제 사이에서의 선택이다.)

3. _____, one must enjoy what one is doing.
   (마지막으로 중요한 것은, 사람은 자기가 하고 있는 일을 즐겨야 한다는 사실이다.)

4. _____, vegetables and fruits are excellent sources of the vitamins man needs.
   (특히, 야채와 과일은 인간이 필요로 하는 비타민의 탁월한 공급원이다.)

5. _____, the essence of advertising is to persuade people to buy a particular product. (무엇보다, 광고의 본질은 사람들이 특정 제품을 사도록 설득하는 것이다.)

◆ Type 2

Translate the Korean sentences into English by using the appropriate functions.

1. 그러므로, 에세이가 무엇인지를 정확히 정의내리는 것은 어려운 일이다.
   Tip [define, exactly, what, essay]

   _____

2. 한마디로, 나의 아프리카 여행은 끔찍한 경험이었다.
   Tip [trip to Africa, terrible]

   _____

3. 나는 보수가 좋고 안정적인 직업을 구해야 한다는 결론에 이르렀다.
   Tip [hunt for, well-paid, steady]

   _____

4. 내가 강조하고 싶은 것은 교사는 권위와 도덕성의 상징이라는 점이다.
   Tip [symbol, authority, morality]

   _____

5. 무엇보다도 먼저, 나는 음악과 문화의 상관 관계에 대해 쓰기로 하겠다.
   Tip [interrelationship, between A and B]

   _____

LONGMAN Essay Writing

Step III

Writing Copy-Structures

| Part 1 | Warmup Level
| Part 2 | Intermediate Level
| Part 3 | Advanced Level

짧은 시간에 하나의 에세이를 쓰고 요약 작문을 해야 하는 TOEFL 영작문의 경우, 매번 머리 속에서 문장을 생각해 작문하기란 쉬운 일이 아니다. 평소 조금만 응용하거나 곧바로 쓸 수 있는 카피 영어 문장들을 익혀 둔다면 많은 도움이 될 것이다.

이에 Step Ⅲ. Writing Copy-Structures에서는 TOEFL 영작문에 꼭 필요한 엄선된 '카피 구문'(Copy Structure) 222개를 난이도에 따라 3단계로 나누어 철저히 학습하도록 한다.

작문의 실마리를 제공하는 Copy Structure

필자는 학생들을 대상으로 다음과 같은 실험을 한 적이 있다. 학생들을 A와 B의 두 그룹으로 나누어 A그룹은 미리 30개 샘플 영어 문장들을 외우게 한 후 영어로 에세이를 쓰게 하고, 나머지 B그룹은 사전에 아무런 준비 없이 에세이를 작성하도록 하였다. 그 결과 A그룹 학생들이 B그룹 보다 훨씬 뛰어난 실력을 발휘했다.

두 그룹 학생들의 영어 실력이 평소 엇비슷했다는 점과 A그룹 학생들이 외운 샘플 문장들이 에세이 문제와는 아무런 관계가 없는 그냥 일반적인 문장들이었다는 사실을 고려할 때, 이 실험이 던져주는 메시지는 분명하다. 즉, 평소 암기하고 있는 영어 문장이 많은 학생들이 실제 에세이 영작문 시험에서 상대적으로 유리하다는 사실이다.

이처럼 직접 인용 또는 응용할 수 있는 Copy Structure들을 평소 많이 암기해 두면, TOEFL 영작문 시험이나 영어 논술 시험과 같은 실전 상황에서 커다란 도움이 된다. 물론 작문 주제에 따라 그때 그때 써야 할 문장의 구체적 내용은 조금씩 달라질 수 있지만, 문장의 기본 구조(Structure)는 좀처럼 변하지 않는다.

이러한 Copy Structure들을 평소 암기해 두면 실전 영작문 시험 상황에서 다음과 같은 4가지 효과를 거둘 수 있다.

첫째, 곧 바로 인용해 영어 문장을 쓸 수 있다.
둘째, 부분적으로 단어만 몇 개 바꾸면 다시 다양한 응용 문장을 쓸 수 있다.
셋째, 문법 구문만 조금 변형시키면 다시 새로운 응용 문장을 쓸 수 있다.
넷째, 새로운 문장을 떠올릴 수 있는 영감을 준다.

앞으로 학습할 Copy Structure를 확실히 익혀두면, 30분 안에 하나의 에세이를 완성해야 하는 TOEFL Writing Test에서 더욱 큰 효과를 볼 수 있을 것이다.

Part 1 Warmup Level

1. Copy Structure 1~5

• –는 남들에게 ~처럼 보일 수 있다.	S + can appear to others as ~.
• –는 보통 …하는 데 사용된다.	S + is/are commonly used + to부정사.
• ~에 따르면 …이다.	According to ~, S + V.
• 마치 …처럼 보인다.	It seems as if S + V.
• …의 여부를 알아내다.	S + find(s) out whether S + V.

| Copy Structure 1 | S + can appear to others as ~.
　　　　　　　　　　　　(–는 남들에게 ~처럼 보일 수 있다.)

• 그녀의 냉담한 태도는 남들에게 무관심한 것처럼 보일 수 있다.

Tip [icy, indifference]

| Copy Structure 2 | S + is/are commonly used + to부정사.
　　　　　　　　　　　　(–는 보통 … 하는 데 사용된다.)

Point | 부사는 일반 동사 및 be 동사와 함께 쓰일 때 각각 그 위치가 다르다. 즉, 일반 동사와 함께 사용될 때는 일반 동사의 앞, 그리고 be 동사와 함께 사용될 때는 be 동사 다음에 부사를 위치시킨다.

• 이 형용사는 보통 사람들의 성격을 묘사하는 데 사용된다.

Tip [adjective, describe, character]

| Copy Structure 3 | According to ~, S + V.
　　　　　　　　　　　　(~에 따르면 … 이다.)

• 일부 심리학자들에 따르면, 인간은 거짓말을 하는 습관이 있다.

Tip [psychologist, man, habit]

| **Copy Structure 4** | It seems as if S + V.
                           (마치 ...처럼 보인다.)

• 그는 마치 모든 것을 알고 있는 것처럼 보인다.

Tip [everything]

| **Copy Structure 5** | S + find(s) out whether S + V.
                           (...의 여부를 알아내다.)

Point | 흔히 whether 절의 끝 부분에 위치하는 or not이란 표현은 생략할 수도 있고 또 접속사 whether 직후에 사용하기도 한다. 다음은 그 예이다.

· I'm not sure whether he is married or not.
· I'm not sure whether or not he is married.
· I'm not sure whether he is married.

• 나는 그들이 공통 관심사를 갖고 있는지 여부를 알고 싶다.

Tip [want, interests, in common]

---

2. Copy Structure 6~10

• 명백히 ...하다.	Obviously, S + V.
• 이는 ...하기 때문이다.	This is because S + V.
• −는 ...할 확률이 매우 높다.	S + am/is/are most likely + to부정사.
• 대략적으로 말해서 ...이다.	Broadly speaking, S + V.
• 그렇다 하더라도, 아직 ...이다.	Even so, S + still + V.

| **Copy Structure 6** | Obviously, S + V.
                           (명백히 ...하다.)

Point | 여기서 Obviously는 문장 전체를 수식하는 문장 부사이다. 이러한 문장 부사는 보통 콤마와 함께 문장 맨 앞에 위치시킨다. 또 '문장 부사, 주어 + 동사.'의 구문은 'It is 형용사 that 주어 + 동사.'의 구문으로 다시 바꿔 쓸 수 있다. 따라서, 위의 'Obviously, 주어 + 동사.'는 'It is obvious that 주어 + 동사.'의 구문으로 바꿔 표현할 수 있다.

• 명백히, 당신은 모든 사람과 친구가 될 수는 없다.

Tip [make friends, everybody]

| **Copy Structure 7** | This is because S + V.
                       (이는 ...하기 때문이다.)

- 이는 우리가 커피를 긴장을 푸는 한 방법으로 마시기 때문이다.

Tip [have, as, relieve, tension]

| **Copy Structure 8** | S + am/is/are most likely + to부정사.
                       (-는 ...할 확률이 매우 높다.)

- 그녀는 운전 시험에 합격할 확률이 대단히 높다.

Tip [pass, driving test]

| **Copy Structure 9** | Broadly speaking, S + V.
                       (대략적으로 말해서 ...이다.)

Point | 분사 구문을 사용하여 작문할 때는 항상 분사 구문의 동사가 주절의 주어와 일치하는지를 따져 보아야 한다. 하지만 Broadly speaking, Frankly speaking(솔직히 말해서), Generally speaking(일반적으로 말해서)와 같은 독립 분사 구문의 경우는 주절의 주어와 분사 구문의 동사를 반드시 일치시킬 필요가 없다.

- 대략적으로 말해서 자동차 출퇴근은 1960년대 이후에 늘어났다.

Tip [commuting, grow, since]

| **Copy Structure 10** | Even so, S + still + V.
                        (그렇다 하더라도, 아직 ...이다.)

- 그렇다 하더라도, 아직 인구의 1/5 이상이 최저 생계 소득 수준 이하에서 살고 있다.

Tip [over, population, below the poverty line]

3. Copy Structure 11~15

- 지적한대로 ...이다.　　　　　　　As I have pointed out, S + V.
- 아무리 오래 걸리더라도 ...하다.　　　No matter how long it takes, S + V.
- ...는 조금도 놀라운 일이 아니다.　　No wonder (that) S + V.
- 조사에 따르면 ...이다.　　　　　　The survey shows that S + V.
- 보도에 따르면 ...이다.　　　　　　It is reported that S + V.

| **Copy Structure 11** |　　As I have pointed out, S + V.
　　　　　　　　　　　　　　(지적한대로 ...이다.)

- 지적한대로, 그것의 환경적 영향은 파멸적일 수 있다.

Tip [effect, disastrous]

| **Copy Structure 12** |　　No matter how long it takes, S + V.
　　　　　　　　　　　　　　(아무리 오래 걸리더라도 ...하다.)

Point | 'No matter how 형용사·부사 + 주어 + 동사'의 구문은 'However 형용사·부사 + 주어 + 동사'로 바꿔 쓸 수 있다. 따라서, 위의 'No matter how long it takes, 주어 + 동사'는 'However long it takes, 주어 + 동사'의 구문으로 달리 표현할 수 있다.

- 아무리 오래 걸리더라도 나는 내 책무를 완수할 것이다.

Tip [complete, task]

| **Copy Structure 13** |　　No wonder (that) S + V.
　　　　　　　　　　　　　　(...는 조금도 놀라운 일이 아니다.)

Point | '...는 조금도 놀라운 일이 아니다.'라고 할 때는 'No wonder (that) + 절'과 함께 'Small wonder (that) + 절'의 구문도 많이 사용한다. 이 때 No wonder와 Small wonder의 앞에는 각각 It is가 생략되어 있다.

- 그토록 많이 먹은 후 그가 배탈이 난 것은 조금도 놀라운 일이 아니다.

Tip [stomach upset, much]

| **Copy Structure 14** | The survey shows that S + V.
(조사에 따르면 …이다.)

Point | '조사에 따르면 …이다' 를 영어로 작문할 경우는 다음의 구문들도 사용한다.

· The survey reveals that S + V.
· According to the survey, S + V.

• 조사에 따르면, 24퍼센트의 어린이들이 9시 이후에도 텔레비전을 시청한다고 한다.

Tip [watch, o' clock]

| **Copy Structure 15** | It is reported that S + V.
(보도에 따르면 …이다.)

Point | '보도에 따르면 …이다.' 를 영어로 작문할 때는 다음과 같은 다양한 구문들도 사용한다.

· Reports have it that S + V.
· According to reports, S + V.
· Reportedly, S + V.

• 보도에 따르면, 고래는 시간당 56km의 속도로 이동한다.

Tip [whale, travel, at the speed of, per]

Review Test 15

Answer P 314

Translate the Korean sentences into English by using the proper copy structures.

1. 인터넷은 보통 이메일을 주고받는 데 사용된다.
   Tip [exchange]

2. 그는 학교 생활에 대해 아무런 걱정이 없는 것처럼 보인다.
   Tip [have no worries about]

3. 나는 그 세미나가 학생들에게도 개방되고 있는지의 여부를 알아내려고 애쓰고 있다.
   Tip [seminar, be open to]

4. 명백히, 마이클 조던은 역대 최고의 농구 선수이다.
   Tip [Michael Jordan, of all time]

5. 이는 내가 사람들과 이야기를 하는 것을 좋아하기 때문이다.
   Tip [talk to people]

6. 브라질이 차기 월드컵 대회에서 우승할 확률이 매우 높다.
   Tip [Brazil, win the next World Cup Games]

7. 그렇다 하더라도, 핸드폰을 가지고 다니는 것은 여전히 규칙에 어긋난다.
   Tip [cellular phone, be against the rule]

8. 지적한대로, 청소년들은 폭력성 오락물에 쉽게 노출돼 있다.
   Tip [youngster, be easily exposed to, violent entertainment]

9. 아무리 오래 걸리더라도, 그 프로젝트는 완수돼야만 한다.
   Tip [project, be completed]

10. 보도에 따르면, 미성년자 흡연이 매우 심각하다.
    Tip [underage smoking, so serious]

4. Copy Structure 16~20

• –는 ~으로 나뉘어진다.	S + is/are divided into ~.
• 사실은 …이다.	The fact (of the matter) is that S + V.
• 이것은 대체로 …하기 때문이다.	This is largely because S + V.
• 내가 놀란 것은 …라는 사실이다.	What surprises me is that S + V.
• –는 …할 자격이 있다.	S + is/are entitled to부정사.

| Copy Structure 16 | S + is/are divided into ~.
(–는 ~으로 나뉘어진다.)

• 이 글은 두 개의 전혀 별개의 부분들로 나뉘어진다.
Tip [passage, quite, separate]

| Copy Structure 17 | The fact (of the matter) is that S + V.
(사실은 …이다.)

• 사실은 고기는 매우 응축된 형태의 영양소이다.
Tip [highly, concentrated, nutriment]

| Copy Structure 18 | This is largely because S + V.
(이것은 대체로 …하기 때문이다.)

• 이것은 대체로 지방 섭취량이 낮기 때문이다.
Tip [fat intake]

| Copy Structure 19 | What surprises me is that S + V.
(내가 놀란 것은 …라는 사실이다.)

• 내가 놀란 것은 10대들도 마약을 사용한다는 사실이다.
Tip [even, teenager, drug]

| **Copy Structure 20** | S + is/are entitled to부정사.
                          (−는 ...할 자격이 있다.)

• 여자들도 자신들이 원하는 것을 할 자격이 있다.

Tip   [women, what]

5. Copy Structure 21~25

• 나는 ...이 아니라고 생각한다.	I don't think (that) S + V.
• 일단 ~만 되면 ...하다.	Once p.p., S + V.
• −는 ...의 방법을 배우고 있다.	S + is/are learning how to부정사.
• 나는 한때 ...한 적이 있다.	I used to부정사.
• ...인지 의심스럽다.	It is doubtful whether S + V.

| **Copy Structure 21** | I don't think (that) S + V.
                          (나는 ...이 아니라고 생각한다.)

Point | '나는 그가 정직하지 않다고 생각한다.'라는 문장을 영어로 작문할 경우, 주의할 것이 한 가지 있다. 이 때 부정의 형태를 만들어줄 표현은 '정직하다'가 아니라 '생각하다'라는 동사라는 점이다. 즉, 동사 think를 부정형으로 만든 I don't think (that) he is honest.처럼 작문을 해야 한다. 이것이 우리말과는 다른 영어식 표현법이다. 보통의 경우 많은 사람들이 단지 우리말 구문만을 생각해 I think (that) he is not honest.라고 작문을 하는데, 이것은 결코 올바른 영어 표현이 아니다. think 외에 believe, suppose, seem도 같은 형태를 취한다. 다음은 그 예이다.

· I don't believe he will come.
(나는 그가 안 올 것이라고 믿는다.)

· I don't suppose it'd be interesting.
(나는 그것이 재미있을 것이라고 생각하지 않는다.)

• 나는 내가 어떤 강렬한 특징을 갖고 있지는 않다고 생각한다.

Tip   [striking features]

| **Copy Structure 22** | Once p.p.(과거분사), S + V.
                          (일단 ~만 되면 ...하다.)

Point | once는 주로 '한 번'이라는 뜻의 부사로 사용하지만, '일단 ...하면'이라는 뜻의 접속사로도 쓴다. 그리고 접속사 once가 이끄는 부사절은 once 절과 주절의 주어가 일치할 경우 주어와 be 동사가 생략된 형태로 주로 사용한다. 다음은 그 예이다.

· Once (they are) at home, the children don't study hard.
  (일단 집에 있으면, 아이들은 공부를 열심히 하지 않는다.)

• 일단 설계만 되면 반도체를 대량으로 제조하는 것은 엄청나게 싸다.

Tip [designed, silicon chip, extremely, manufacture, in bulk]

| **Copy Structure 23** | S + is/are learning how to부정사.
                          (-는 ...의 방법을 배우고 있다.)

• 나는 색소폰 연주법을 배우고 있다.

Tip [saxophone]

| **Copy Structure 24** | I used to부정사.
                          (나는 한때 ...한 적이 있다.)

• 나는 한때 술을 아주 많이 마신 적이 있다.

Tip [drink, quite a lot]

| **Copy Structure 25** | It is doubtful whether S + V.
                          (...인지 의심스럽다.)

• 일반 대중들이 인터넷 혁명에 대한 개념을 갖고 있는지 의심스럽다.

Tip [the public at large, idea, revolution]

6. Copy Structure 26~30

• –에 관한 한 …이다.	As far as S + is/are concerned, S + V.
• 나는 …하는 것을 결코 고려해 본 적이 없다.	I have never considered -ing.
• 만약 내 기억이 맞다면 …이다.	If my memory serves me right, S + V.
• 나는 …하는 데 커다란 어려움이 있다.	I have great difficulty (in) -ing.
• –는 전형적인 ~처럼 보인다.	S + seem(s) to be typical of ~.

| Copy Structure 26 | As far as S + is/are concerned, S + V.
(–에 관한 한 …이다.)

• TV에 관한 한, 10대의 65퍼센트가 자주 텔레비전을 본다.

Tip [teenager, often, watch]

| Copy Structure 27 | I have never considered -ing.
(나는 …하는 것을 결코 고려해 본 적이 없다.)

• 나는 해외 유학을 결코 고려해본 적이 없다.

Tip [study abroad]

| Copy Structure 28 | If my memory serves me right, S + V.
(만약 내 기억이 맞다면 …이다.)

Point | 여기서 If my memory serves me right란 표현은 매우 정중한 어투이다. 이 때 If I remember correctly라는 표현을 사용하면 조금 부드럽고 일상적인 어투가 된다.

• 만약 내 기억이 맞다면, 그의 삼촌은 경찰관이다.

Tip [uncle, police officer]

| Copy Structure 29 | I have great difficulty (in) -ing.
(나는 …하는 데 커다란 어려움이 있다.)

Point | '어려움이 있다'라는 뜻의 have difficulty 또는 have trouble의 표현은 그 다음에 목적어로 동명사를 사용하느냐 혹은 명사를 사용하느냐에 따라 구문 자체가 달라진다. 즉, 동명사를 목적어로 사용할 경우는 전치사 in을 쓰거나 생략한 채 동명사를 쓰는 반면, 명사를 목적어로 사용할 경우는 전치사 with를 쓰고 명사를 쓴다. 다음은 그 예이다.

· I have difficulty (in) studying economics.
(나는 경제학을 공부하는 데 어려움이 있다.)

· I have difficulty with economics.
(나는 경제학에 어려움이 있다.)

• 나는 다른 사람들과 가까워지는 데 커다란 어려움이 있다.

Tip [get close, other]

| Copy Structure 30 | S + seem(s) to be typical of ~.
(–는 전형적인 ~처럼 보인다.)

• 이 집은 전형적인 유럽 건물처럼 보인다.

Tip [European]

Review Test 16

Answer P 286

Translate the Korean sentences into English by using the proper copy structures.

1. 참가자들은 세 그룹으로 나뉘어진다.
   Tip [participant]

2. 사실은 많은 사람들이 건강에 대해 관심을 갖고 있다.
   Tip [a number of, be concerned with]

3. 이것은 대체로 한국 문화가 남성 지배적이기 때문이다.
   Tip [male-dominated]

4. 내가 놀란 것은 인터넷을 사용하는 것이 일종의 중독이라는 사실이다.
   Tip [use, kind of addictive]

5. 18세 이상이면 누구나 투표를 할 자격이 있다.
   Tip [everyone over 18, vote]

6. 나는 내가 그 일에 적임이 아니라고 생각한다.
   Tip [be qualified for]

7. 나는 골프 치는 법을 배우고 있다.
   Tip [play golf]

8. 나는 한때 일본어를 공부한 적이 있다.
   Tip [Japanese]

9. 나는 내 자신의 사업을 하는 것을 결코 고려해 본 적이 없다.
   Tip [do my own business]

10. 나는 환경의 변화에 적응하는 데 커다란 어려움이 있다.
    Tip [adjust oneself to, changes in my environment]

7. Copy Structure 31~35

- 나는 종종 …할까 생각해 보았다.　　I've often thought about -ing.
- –는 ~이래 존재하였다.　　S + has/have existed since ~.
- –는 ~을 포함한다.　　S + involve(s) ~.
- 이용 가능한 ~가 충분치 않다.　　There aren't enough ~ available.
- –이 점점 …해지고 있다.　　S + is/are getting + 비교급.

| Copy Structure 31 |　I've often thought about -ing.
(나는 종종 …할까 생각해 보았다.)

- 나는 종종 직업을 바꿀까 생각해 보았다.

Tip [profession]

| Copy Structure 32 |　S + has/have existed since ~.
(–는 ~이래 존재하였다.)

Point | '~이후에'라는 뜻의 전치사 since와 결합된 부사구를 사용할 경우에는 그 문장의 시제를 현재 완료로 만들어준다. 다음은 그 예이다.

- I have stayed here since last October.
  (지난 10월 이후, 나는 여기에 머물렀다.)

그 밖에 '지금까지', '최근에'라는 뜻을 가진 표현들을 사용할 경우에도 그 문장의 시제를 현재 완료로 만들어주어야 한다.

- So far we have received no answer.
  (이제껏 우리는 아무런 답장도 받지 못했다.)
- I have been feeling very well in recent months.
  (최근 수개월 동안, 나는 기분이 아주 좋다.)

- 전화는 20세기 초반 이래 존재하였다.

Tip [beginning, 20th century]

| Copy Structure 33 | S + involve(s) ~.
(－는 ~을 포함한다.)

Point | involve 다음에 동사가 올 때는 목적어의 형태를 취해야 하므로 동명사, 즉 -ing 형태로 써준다.

· The project involves constructing a new road.
(그 계획은 새로운 도로를 건설하는 것을 포함한다.)

• 가사 일은 식구를 돌보고, 집을 청소하고, 그리고 세탁을 하는 것을 포함한다.

Tip [housework, care for, clean, do the laundry]

| Copy Structure 34 | There aren't enough ~ available.
(이용 가능한 ~가 충분치 않다.)

Point | 형용사 available은 명사의 앞 뒤 어느 곳에나 위치해 명사를 수식한다. 하지만 명사의 앞보다는 뒤에 위치해 명사를 수식하는 경우가 많다. 다음은 그 예이다.

· This is the best software available.
(이것은 이용할 수 있는 최고의 소프트웨어이다.)

• 이용 가능한 컴퓨터가 충분치 않다.

Tip [computer]

| Copy Structure 35 | S + is/are getting + 비교급.
(－이 점점 ...해지고 있다.)

• 일자리들이 점점 귀해지고 있다.

Tip [job, scarce]

8. Copy Structure 36~40

• 모든 사람들은 ~에 대해 나름대로 의견을 갖고 있다.	Everyone has some opinion of ~.
• 계속 ...하고 있다.	It keeps -ing.
• X와 Y는 꼭 동의어는 아니다.	X and Y are not necessarily synonymous.
• −이 평균보다 더/덜 ...하다.	S + am/is/are + 비교급 + than average.
• −는 아마 재미있을 것이다.	S + might be fun.

| Copy Structure 36 | Everyone has some opinion of ~.
(모든 사람들은 ~에 대해 나름대로 의견을 갖고 있다.)

Point | some은 항상 복수 명사와만 사용하는 것이 아니라 단수 명사와도 함께 사용된다. 이 때 각각의 의미가 다르다. 즉, some을 복수 명사 앞에 쓰면 그 의미가 '몇몇'이지만, 단수 명사 앞에 쓰면 '어떤'이라는 뜻이 된다. 다음은 그 예이다.

- some students
  (몇몇 학생들)
- some student
  (어떤 학생)

• 모든 사람들은 정치에 대해 나름대로 의견을 갖고 있다.
Tip [politics]

| Copy Structure 37 | It keeps -ing.
(계속 ...하고 있다.)

• 계속 변하고 있다.
Tip [change]

| Copy Structure 38 | X and Y are not necessarily synonymous.
(X와 Y는 꼭 동의어는 아니다.)

• 일과 직업은 꼭 동의어는 아니다.
Tip [work, job]

| **Copy Structure 39** | S + am/is/are + 비교급 + than average.
(−이 평균보다 더/덜 ...하다.)

Point | 다음은 영작문을 할 때 '평균' 과 관련해 유용하게 쓸 수 있는 표현들이다.

- on average
  (평균적으로)
- above average
  (평균을 초과하여)
- below average
  (평균 아래로)

• 아기가 평균보다 더 크다.

Tip [baby, big]

| **Copy Structure 40** | S + might be fun.
(−는 아마 재미있을 것이다.)

Point | '~는 재미있다.' 를 영어로 작문한다면 '~ is fun.'이라고 할 수 있다. 이 때 만약 fun 대신 funny를 쓰게 되면 '~는 웃긴다.'라는 전혀 다른 뜻이 되어 버린다.

- He is very funny man.
  (그는 매우 웃기는 사람이다.)

• 인터넷상에서의 채팅은 아마 재미있을 것이다.

Tip [over the Internet]

9. Copy Structure 41~45

- 그것은 뭔가 ~한 것이었음에 틀림없다.   It must have been something + 형용사.
- 그것은 ~와는 거리가 멀다.   It's far from ~.
- –는 ~와 같은 효과를 갖고 있다.   S + has/have the same effect as ~.
- –을 ~라고 부른다.   S + is/are called ~.
- ~하는 반면 ...하다. $S_1 + V_1$, while $S_2 + V_2$.

| Copy Structure 41 | It must have been something + 형용사.
(그것은 뭔가 ~한 것이었음에 틀림없다.)

Point | something, anything 등 -thing으로 끝나는 단어를 형용사가 꾸며줄 때는 이처럼 앞이 아니라 뒤에 위치한다.

- something new
  (새로운 것)
- something to drink
  (마실 것)

• 그것은 뭔가 특별한 것이었음에 틀림없다.

Tip [special]

| Copy Structure 42 | It's far from ~.
(그것은 ~와는 거리가 멀다.)

Point | far from ~은 '~와는 거리가 멀다' 라는 뜻으로, 실제로는 부정의 의미를 나타낸다.

• 그것은 분별 있는 것과는 거리가 멀다.

Tip [sensible]

| Copy Structure 43 | S + has/have the same effect as ~.
(–는 ~와 같은 효과를 갖고 있다.)

• 그것은 카페인과 같은 효과를 갖고 있다.

Tip [caffeine]

| **Copy Structure 44** | S + is/are called ~.
                           (−을 ~라고 부른다.)

Point | 'X를 Y라고 부르다'라는 표현을 영어로 작문할 때는 흔히 call X Y라는 동사 구문을 사용한다. 이 때 우리말 구문을 생각하고 call X as Y처럼 작문을 하는 경우가 많은데 이것은 틀린 영작문이다.

- 사람들은 그를 거짓말쟁이라고 부른다.
  → People call him a liar. (○)
     People call him as a liar. (×)
  → He is called a liar. (○)
     He is called as a liar. (×)

- 대부분의 작은 바다 포유동물들을 돌고래라고 부른다.

Tip [smaller, marine mammal, dolphin]

| **Copy Structure 45** | $S_1 + V_1$, while $S_2 + V_2$.
                           (~하는 반면 ...하다.)

Point | 접속사 while은 두 가지 의미로 쓸 수 있다. 하나는 '~하는 동안'이라는 뜻의 시간 접속사이고, 또 하나는 '~하는 한편' 또는 '~하는 반면'이란 의미의 대조 접속사이다. 영작문을 하다 보면 대조되는 두 문장을 연결해 표현할 경우가 자주 생기는데, 이 때 바로 유용하게 쓸 수 있는 접속사가 while이다. 다음은 그 예이다.

- He has plenty of money, while I have none.
  (내가 한 푼도 없는데 반해, 그는 많은 돈을 갖고 있다.)

- 근심스런 생각들이 나쁜 영향을 끼치는 반면, 기쁜 생각들은 유익한 효과를 끼친다.

Tip [worrisome thought, adverse effect, joyous, beneficial effect]

Review Test 17

Answer P 316

Translate the Korean sentences into English by using the proper copy structures.

1. 인터넷은 1960년대 말 이래 존재하였다.
   Tip [the late 1960s]

2. 이용 가능한 천연 자원이 충분치 않다.
   Tip [natural resources]

3. 경제 상황이 점점 더 나빠지고 있다.
   Tip [economic situation]

4. 모든 사람들은 인생관에 대해 나름대로 의견을 갖고 있다.
   Tip [a philosophy of life]

5. 성공과 성취는 꼭 동의어는 아니다.
   Tip [success, achievement]

6. 유럽 배낭 여행을 가는 것은 아마 재미있을 것이다.
   Tip [backpacking through Europe]

7. 그것은 뭔가 불길한 것이었음에 틀림없다.
   Tip [something ominous]

8. 그것은 사실과는 거리가 멀다.
   Tip [truth]

9. 휴대용 카세트 테이프 녹음기를 흔히 '워크맨'이라고 부른다.
   Tip [portable cassette tape recorder, Walkman]

10. 아버지는 권위의 상징인 반면, 어머니는 자녀들에게 애정을 베푼다.
    Tip [symbol, authority, give affection]

Step III Writing Copy-Structures • 163

10. Copy Structure 46~50

> - -는 좀처럼 ...하지 않는다.   S + seldom + V.
> - -가 ~에서 열린다.   S + is/are held in ~.
> - -는 호평을 받고 있다.   S + is/are well received.
> - 결국 ~임이 드러났다.   It turned out to be ~.
> - 한국인들은 ~와는 달리 ...하다.   The Koreans, as opposed to ~, + V.

| Copy Structure 46 | S + seldom + V.
(-는 좀처럼 ...하지 않는다.)

Point | '좀처럼 ...하지 않다' 또는 '거의 ...하지 않다'라고 표현할 때는 seldom을 비롯해 hardly, barely, rarely, scarcely 의 부정형 부사를 사용한다. 다음은 그 예이다.

- I have rarely heard such a horrible story.
  (나는 그처럼 끔찍한 얘기는 거의 들어본 적이 없다.)

- 나는 좀처럼 음악 CD를 사지 않는다.

Tip [buy, music CDs]

| Copy Structure 47 | S + is/are held in ~.
(-가 ~에서 열린다.)

- 88 여름 올림픽 경기가 서울에서 열렸다.

Tip [Olympic Games]

| Copy Structure 48 | S + is/are well received.
(-는 호평을 받고 있다.)

- 오케스트라가 호평을 받았다.

Tip [orchestra]

| **Copy Structure 49** | It turned out to be ~.
(결국 ~임이 드러났다.)

• 결국 커다란 성공임이 드러났다.

Tip [a great success]

| **Copy Structure 50** | The Koreans, as opposed to ~, + V.
(한국인들은 ~와는 달리 ...하다.)

Point | 국적 형용사를 사용해 국민 전체를 나타낼 때는 보통 'the + 국적 형용사 + 복수형 어미 -s'의 형태로 작문을 한다. 예컨대 '한국인들'이라고 할 때는 the Koreans라고 한다. 그런데 예외적으로 '-ch', '-sh', '-ese', '-ss'의 네 가지 어미로 끝나는 국적 형용사들은 '복수형 어미 -s'를 생략한 채 국민 전체를 표현한다. 다음은 그 예이다.

- the Dutch
  (네덜란드인들)
- the English
  (영국인들)
- the Chinese
  (중국인들)
- the Swiss
  (스위스인들)

• 한국인들은 중국인들과는 달리 맥주를 많이 마신다.

Tip [Chinese, drink, a lot of]

11. Copy Structure 51~55

- 나는 ~을 -에 기초하고 있다.
- 나는 ...라는 사실을 인식하고 있다.
- 둘 중 어느 쪽이든 ...할 것이다.
- -는 세 가지 부류로 나뉘어진다.
- 아주 신기하게도 ...하다.

I base ~ on -.
I become aware of the fact that S + V.
Either way, S + will + V.
S + fall(s) into three categories.
Curiously enough, S + V.

| Copy Structure 51 | I base ~ on -.
(나는 ~을 - 에 기초하고 있다.)

- 나는 이 주장을 어떤 증거에 기초하고 있다.

Tip   [assertion, evidence]

| Copy Structure 52 | I become aware of the fact that S + V.
(나는 ...라는 사실을 인식하고 있다.)

- 나는 그녀가 착각을 하였다는 사실을 인식하였다.

Tip   [be mistaken]

| Copy Structure 53 | Either way, S + will + V.
(둘 중 어느 쪽이든 ...할 것이다.)

- 둘 중 어느 쪽이든, 한국 경제의 구조는 바뀔 것이다.

Tip   [structure, economy, change]

| Copy Structure 54 | S + fall(s) into three categories.
(-는 세 가지 부류로 나뉘어진다.)

- 이러한 종류의 출판은 세 가지 부류로 나뉘어진다.

Tip   [type, publication]

Part 1 Warmup Level

| **Copy Structure 55** | Curiously enough, S + V.
(아주 신기하게도 ...하다.)

Point | enough는 명사를 수식할 때와 형용사나 부사를 수식할 때 각각의 위치가 다르다. 즉, 명사를 수식할 때는 명사 앞, 그리고 형용사 및 부사를 수식할 때는 각각 명사 뒤에서 수식한다. 다음은 그 예이다.

- I have enough money.
  (나는 충분한 돈이 있다.)
- I think she's old enough.
  (나는 그녀가 충분히 나이가 들었다고 생각한다.)

• 아주 신기하게도 그는 일자리를 잃지 않았다.

Tip [lose, job]

12. Copy Structure 56~60

- ~적 관점에서 ...이다.   From a(n) + 형용사 + point of view S + V.
- 나는 ~을 존중하지 않는다.   I have no regard for ~.
- 나는 ...할 수 밖에 달리 방법이 없다.   I have no choice but + to부정사.
- ~문제에 있어서 ...하다.   In + 형용사 + matters S + V.
- 시간이 지나면서 ...하다.   In the course of time S + V.

| **Copy Structure 56** | From a(n) + 형용사 + point of view S + V.
(~적 관점에서 ...이다.)

• 의학적 관점에서 그는 어떠한 병세도 보이지 않고 있다.

Tip [medical, show, evidence, illness]

| **Copy Structure 57** | I have no regard for ~.
(나는 ~을 존중하지 않는다.)

• 그녀는 다른 사람들의 감정을 존중하지 않는다.

Tip [feeling, others]

Step Ⅲ Writing Copy-Structures • 167

| Copy Structure 58 | I have no choice but + to부정사.
                         (나는 ...할 수 밖에 달리 방법이 없다.)

Point | '...할 수 밖에 달리 방법이 없다' 라고 할 때는 다음과 같은 구문들을 사용해 작문을 한다.

- have no choice but + to부정사
- have no alternative but + to부정사
- have no option but + to부정사

또 이와 비슷한 의미로서 '...하지 않을 수 없다' 라는 표현을 작문할 때는 다음의 구문들을 주로 사용한다.

- cannot but + 원형동사
- cannot help + -ing

다음은 그 예이다.

- I cannot but believe him.
  = I cannot help believing him.
  (나는 그의 말을 믿지 않을 수 없다.)

• 나는 무력을 사용할 수밖에 달리 방법이 없었다.

Tip [force]

| Copy Structure 59 | In + 형용사 + matters S + V.
                         (~ 문제에 있어서 ...하다.)

• 경제 문제에 있어서 결정은 신속하게 이루어져야 한다.

Tip [economic, decision, make, quickly]

| Copy Structure 60 | In the course of time S + V.
                         (시간이 지나면서 ...하다.)

• 시간이 지나면서 나는 새로운 환경에 익숙해졌다.

Tip [get accustomed to, surroundings]

Review Test 18

Answer P 317

Translate the Korean sentences into English by using the proper copy structures.

1. 나는 좀처럼 고전 음악을 잘 듣지 않는다.
   Tip [listen, classical music]

   _____

2. 컴덱스 전시회가 매년 가을 라스베이거스에서 열린다.
   Tip [COMDEX trade show, Las Vegas, autumn]

   _____

3. 퓨전 음식이 호평을 받고 있다.
   Tip [fusion food]

   _____

4. 결국 커다란 실책임이 드러났다.
   Tip [big mistake]

   _____

5. 한국인들은 일본인들과는 달리 신앙심이 깊다.
   Tip [Japanese, religious]

   _____

6. 나는 그 모든 것이 가정에서 출발한다는 사실을 인식하고 있다.
   Tip [start at home]

   _____

7. 아주 신기하게도 일부 미국인들은 한국 음식을 즐긴다.
   Tip [enjoy Korean food]

   _____

8. 나는 기숙사를 떠날 수 밖에 달리 방법이 없었다.
   Tip [leave the dormitory]

   _____

9. 환경 문제에 있어서 우리는 매우 조심스럽게 미래를 예측해야 한다.
   Tip [predict, future, with great caution]

   _____

10. 시간이 지나면서 아름다운 전통들이 조금씩 사라졌다.
    Tip [tradition, fade away a little]

    _____

Step III Writing Copy-Structures • 169

13. Copy Structure 61~65

- 이러한 점에서 ...하다.   In this respect S + V.
- ~을 고려하여 ...하다.   In view of ~ S + V.
- ...을 해봤자 아무 소용이 없다.   There is no point in -ing.
- 나는 ...라는 조건으로 ~할 것이다.   I will ~ on condition that S + V.
- 개인적으로 나는 ...라고 믿는다.   Personally, I believe (that) S + V.

| Copy Structure 61 | In this respect S + V.
(이러한 점에서 ...하다.)

Point | '이러한 점에서' 또는 '이러한 측면에서'를 영어로 표현할 때는 point나 side가 아니라 in this respect 또는 in this regard라는 표현을 즐겨 사용한다.

· In this regard Korea can stand comparison with Europe and America.
(이 점에서 한국은 결코 서양에 손색이 없다.)

- 나는 평생 한 번도 아프지 않았다. 이러한 점에서 나는 아주 운이 좋았다.

Tip [never, ill, in my life, lucky]

| Copy Structure 62 | In view of ~ S + V.
(~을 고려하여 ...하다.)

- 이러한 정황을 고려하여 우리는 소송을 하지 않기로 결정했다.

Tip [circumstance, decide to, legal action]

| Copy Structure 63 | There is no point in -ing.
(...을 해봤자 아무 소용이 없다.)

- 그를 납득시키려고 해봤자 아무 소용이 없다.

Tip [try to, convince]

| **Copy Structure 64** | I will ~ on condition that S + V.
(나는 …라는 조건으로 ~할 것이다.)

- 나는 물건을 제때 배달해 주는 조건으로 계약서에 서명할 것이다.

Tip [sign, contract, deliver, goods, on time]

| **Copy Structure 65** | Personally, I believe (that) S + V.
(개인적으로 나는 ….라고 믿는다.)

- 개인적으로 나는 모든 인간은 기회 균등의 권리를 갖고 있다고 믿는다.

Tip [human being, right, equal opportunity]

---

14. Copy Structure 66~70

• ―는 …라는 사실에서 기인한다.	S + result(s) from the fact that S + V.
• 요지는 …라는 것이다.	The point is that S + V.
• ~에 깔린 기본 생각은 ―이다.	The underlying idea of ~ is ―.
• 틀림없이 …이다.	There is no doubt that S + V.
• …해봐야 아무런 의미가 없다.	There is no sense in - ing.

| **Copy Structure 66** | S + result(s) from the fact that S + V.
(―는 …라는 사실에서 기인한다.)

Point | 동사 result는 단독으로 사용하지 않고 주로 전치사 from이나 in과 함께 하나의 표현을 이루어 쓴다. 즉 '~에 기인하다' 라는 뜻을 나타낼 때는 result from ~, 그리고 '결국 ~이 되다'라는 의미에서는 result in ~의 동사구를 각각 사용한다. 이 때 전치사 from과 in 다음에는 대개 목적어로 명사나 대명사를 쓴다. 그러나 이 때 절은 사용할 수 없다. 왜냐하면 전치사는 절을 목적어로 취할 수는 없기 때문이다.

바로 이런 경우 절을 목적어로 쓸 수 있는 하나의 방법이 있는데, 전치사 다음에 'the fact that + 절'의 구문을 사용하는 것이다. 그러면 전치사가 the fact라는 명사를 목적어로 쓰는 형식을 취하면서, 실제적으로는 the fact와 동격인 that 절을 목적어로 쓸 수가 있다. 이러한 요령은 비단 이 경우에만 해당하는 것이 아니라, 전치사 다음에 절을 쓸 때 일반적으로 사용하는 영작문 테크닉이기도 하다.

- 10대의 많은 문제들은 부모들이 너무 관대하다는 사실에서 기인한다.

Tip [a lot of, teenager, too permissive]

| **Copy Structure 67** | The point is that S + V.
(요지는 ...라는 것이다.)

- 요지는 여성들이 계속 이류 시민들로 간주되고 있다는 것이다.

Tip [continue, be regarded as, second-rate citizen]

| **Copy Structure 68** | The underlying idea of ~ is —.
(~에 깔린 기본 생각은 —이다.)

- 개혁에 깔린 기본 생각은 공평한 부의 분배이다.

Tip [reform, distribution, wealth]

| **Copy Structure 69** | There is no doubt that S + V.
(틀림없이 ...이다.)

- 틀림없이 생산이 머지않아 늘어날 것이다.

Tip [production, step up, before long]

| **Copy Structure 70** | There is no sense in -ing.
(...해봐야 아무런 의미가 없다.)

- 파업을 해봐야 아무런 의미가 없다.

Tip [go on strike]

15. Copy Structure 71~76

- -는 곳에 따라 다르다.　　　　　　　S + vary/varies from place to place.
- -는 매우 다양한 용도로 사용된다.　　S + have/has great flexibility of use.
- -는 ~로 시작해 ...로 끝이 난다.　　　S + begin(s) with ~ and end(s) with ...
- 나는 ...하는 일을 아주 잘 한다　　　I am very good at -ing.
- 우선 -이 무엇인지를 아는 것이 중요하다.　First of all, it is important to know what S + is/are.
- -는 대충 모양이 ~형이다.　　　　　S + is/are roughly ~ in shape.

| Copy Structure 71 |　S + vary/varies from place to place.
　　　　　　　　　　　　(-는 곳에 따라 다르다.)

- 관습은 곳에 따라 다르다.

Tip　[customs]

| Copy Structure 72 |　S + has/have great flexibility of use.
　　　　　　　　　　　　(-는 매우 다양한 용도로 사용된다.)

- 이 책은 매우 다양한 용도로 사용된다.

Tip　[this book]

| Copy Structure 73 |　S + begin(s) with ~ and end(s) with ...
　　　　　　　　　　　　(-는 ~로 시작해 ... 로 끝이 난다.)

Point l 동사 begin과 end 다음에 전치사 with를 쓰는 경우는 명사를 목적어로 사용할 때이다. 반면, 동명사를 목적어로 사용할 경우는 begin과 end 다음에 with가 아니라 by라는 전치사를 쓴다.

　・begin(s) with + 명사 and end(s) with + 명사
　・begin(s) by + -ing and end(s) by + -ing

- 그 영화는 한 여인의 죽음으로 시작해 그녀의 복수로 끝이 난다.

Tip　[film, death, revenge]

| **Copy Structure 74** | I am very good at -ing.
                          (나는 …하는 일을 아주 잘 한다.)

Point | '~을 잘 한다' 또는 '~에 재주가 있다'라고 할 때는 be good at ~이란 표현을 사용해 작문을 한다. 반면 '~을 잘 못 한다' 또는 '~에 재주가 없다'라고 할 대는 be bad at ~ 또는 be poor at ~이란 표현을 쓴다. 이 때 두 경우 모두 전치사 at을 사용한다는 점에 유의한다.

• 나는 기계 같은 물건들을 고치는 일을 아주 잘 한다.

Tip [fix, mechanical things]

| **Copy Structure 75** | First of all, it is important to know what S + is/are.
                          (우선 – 이 무엇인지를 아는 것이 중요하다.)

• 우선 당신의 적성이 무엇인지를 아는 것이 중요하다.

Tip [aptitude]

| **Copy Structure 76** | S + is/are roughly ~ in shape.
                          (–는 대충 모양이 ~형이다.)

Point | 여기서 '~형'이라는 의미로 쓰는 단어는 대개 triangular(삼각형), rectangular(직사각형), circular(원형) 따위의 도형을 표시하는 형용사이다.

• 남미 대륙은 대충 모양이 삼각형이다.

Tip [South America, triangular]

Review Test 19

Answer P 318

Translate the Korean sentences into English by using the proper copy structures.

1. 이러한 점에서 먹는 것은 인생의 가장 커다란 기쁨 중 하나이다.
   Tip [great pleasure in life]

2. 상황을 개선시키려고 해봤자 아무 소용이 없다.
   Tip [improve the situation]

3. 개인적으로, 나는 한국이 성공적으로 도전에 대처할 것이라고 믿는다.
   Tip [face the challenge successfully]

4. 요지는 고층 건물들이 자연 경관을 해치지 말아야 한다는 것이다.
   Tip [skyscraper, spoil the landscape]

5. 그 소설에 깔린 기본 생각은 가족의 소중함이다.
   Tip [family value]

6. 요리법은 곳에 따라 다르다.
   Tip [cookery]

7. 노트북 컴퓨터는 매우 다양한 용도로 사용된다.
   Tip [notebook computer]

8. 나는 낯선 사람을 친구로 사귀는 것을 아주 잘 한다.
   Tip [make friends with strangers]

9. 우선 당신의 강점이 무엇인지를 아는 것이 중요하다.
   Tip [strong point]

10. 그 전망대는 대충 모양이 삼각형이다.
    Tip [observation tower]

16. Copy Structure 77~80

• 그것이 적용될 수 있는 곳은 −이 요구되는 ~ 분야이다.	Where it can apply is in ~ that require(s) −.
• −는 생각보다 ~의 영향을 더욱 많이 받았다.	S + is/are more influenced by ~ than might be thought.
• 문제의 또 다른 측면은 ~, 즉 −이다.	The other side of the coin is ~, −.
• −는 직접적이든 간접적이든 ~와 연관이 있다.	S + is/are associated with ~, either directly or indirectly.

| Copy Structure 77 | Where it can apply is in ~ that require(s) −.
                                      (그것이 적용될 수 있는 곳은 −이 요구되는 ~ 분야이다.)

• 그것이 적용될 수 있는 곳은 기량과 연습이 요구되는 스포츠 분야이다.

Tip   [skill and practice]

| Copy Structure 78 | S + is/are more influenced by ~ than might be thought.
                                      (−는 생각보다 ~의 영향을 더욱 많이 받았다.)

• 힙합은 생각보다 레게 음악의 영향을 더욱 많이 받았다.

Tip   [hiphop, reggae]

| Copy Structure 79 | The other side of the coin is ~, −.
                                      (문제의 또 다른 측면은 ~, 즉 −이다.)

Point I The other side of the coin은 '또 다른 측면'을 뜻하는 비유적인 표현이다. 물론 이 때 The other aspect라는 보편적인 표현을 쓰기도 한다. 하지만 The other side of the coin이란 표현을 쓰면 의미를 보다 실감나게 전달하는 효과가 있다.

• 문제의 또 다른 측면은 관용, 즉 사람과 상황을 용인하는 것이다.

Tip   [tolerance, acceptance, situation]

| **Copy Structure 80** | S + is/are associated with ~, either directly or indirectly.
(-는 직접적이든 간접적이든 ~와 연관이 있다.)

Point l be associated with ~, be related with ~, be connected with ~는 모두 일종의 동의어 표현들이다. 하지만 굳이 의미를 구분하자면 be associated with ~ 는 '~와 연관이 있다', be related with ~ 는 '~와 관계가 있다', 그리고 be connected with ~ 는 '~와 관련이 있다'라고 각각 번역할 수 있다. 그러므로 실제로 영작문을 할 때, 이와 같은 우리말 뉘앙스를 생각하면서 위의 세 표현들을 구분해 사용하기 바란다.

· The two cases are related with each other.
  (두 사건은 서로 관계가 있다.)
· The growth of plants is closely connected with the weather.
  (식물의 성장은 날씨와 깊은 관련이 있다.)

• 태도는 직접적이든 간접적이든 감정 상태와 연관이 있다.

Tip [posture, emotional state]

17. Copy Structure 81~85

• ~의 정도는 –에 따라 다르다.	The extent of ~ varies according to –.
• –는 모든 연령과 계층을 망라한다.	S + is/are of any age and walk of life.
• ~하면 할수록 점점 …하다.	The 비교급 + S₁ + V₁, the 비교급 + S₂ + V₂.
• 만약 …하지 않으면 –는 가능성이 거의 없다.	S + is/are unlikely unless S + V.
• ~에 대해서 생각할 때, 우리는 –을 생각하는 경향이 있다.	When we think of ~, we tend to think about –.

| **Copy Structure 81** | The extent of ~ varies according to –.
(~의 정도는 –에 따라 다르다.)

• 중독의 정도는 사람과 마약에 따라 다르다.

Tip [addiction, person, drug]

| **Copy Structure 82** | S + is/are of any age and walk of life.
(– 는 모든 연령과 계층을 망라한다.)

- 마약에 중독된 사람들은 모든 연령과 계층을 망라한다.

Tip [be addicted to]

| **Copy Structure 83** | The 비교급 + S_1 + V_1, the 비교급 + S_2 + V_2.
(~하면 할수록 점점 ...하다.)

Point | 처음의 'The + 비교급' 다음에 주어, 동사의 어순을 취했으면, 나중의 'The + 비교급' 다음에도 주어, 동사의 어순에 따라 문장을 쓴다. 이것이 바로 영작문을 할 때 중요한 법칙 중 하나인 '일관성의 원칙'이다.

· The more you have, the more you want.
(가지면 가질수록 더 갖고 싶다.)
· The more expensive gas becomes, the less people drive.
(휘발유 값이 비싸질수록, 사람들은 자동차 운행을 덜 한다.)

- 그가 약을 계속 오래 복용하면 할수록 점점 치료가 더 어려워질 것이다.

Tip [long, he, continue, take pills, hard, cure]

| **Copy Structure 84** | S + is/are unlikely unless S + V.
(만약 ...하지 않으면 – 는 가능성이 거의 없다.)

- 만약 오염 방지법이 통과되지 않으면 이것은 가능성이 거의 없다.

Tip [anti-pollution law, pass]

| **Copy Structure 85** | When we think of ~, we tend to think about –.
(~에 대해서 생각할 때, 우리는 –을 생각하는 경향이 있다.)

- 환경에 대해서 생각할 때, 우리는 에너지, 오염, 자연 보호 등을 생각하는 경향이 있다.

Tip [environment, pollution, conservation, etc.]

18. Copy Structure 86~90

• 이유야 어떻든 …하는 것은 ~한 일이다.	For whatever reason it is + 형용사 + to부정사.
• 우선 ~에 대해 간략히 언급하겠다.	First of all, I'd touch on ~.
• 이는 어떤 것이 가장 ~인지를 결정하는 데 도움을 줄 것이다.	This will help (you) decide which is + 최상급.
• -에 따라 ~에 현저한 차이가 있다.	There are sharp contrasts between ~ according to -.
• X는 길이가 ~에서 -이다.	X + range(s) in length from ~ to -.

| Copy Structure 86 | For whatever reason it is + 형용사 + to부정사.
(이유야 어떻든 …하는 것은 ~한 일이다.)

• 이유야 어떻든 친구들과 방을 함께 쓰는 것은 즐거운 일이다.

Tip [share A with B]

| Copy Structure 87 | First of all, I'd touch on ~.
(우선 ~에 대해 간략히 언급하겠다.)

• 우선 이 주제를 논할 필요성에 대해 간략히 언급하겠다.

Tip [need, discuss, subject]

| Copy Structure 88 | This will help (you) decide which is + 최상급.
(이는 어떤 것이 가장 ~인지를 결정하는 데 도움을 줄 것이다.)

Point | help는 동사를 보어로 쓸 때 원형 동사와 to부정사의 두 가지 형태를 사용한다. 이 때 의미 차이는 없으며, 단지 미국식 영어에서는 원형 동사를, 그리고 영국식 영어에서는 to부정사를 쓸 뿐이다. 다음은 그 예이다.

· 동료들은 내가 책상을 옮기는 것을 도와주었다.
→ The colleagues helped me move the desk. (미국식 영어)
→ The colleagues helped me to move the desk. (영국식 영어)

• 이는 어떤 것이 가장 적합한지를 결정하는 데 도움을 줄 것이다.

Tip [appropriate]

| **Copy Structure 89** | There are sharp contrasts between ~ according to −.
(−에 따라 ~에 현저한 차이가 있다.)

• 성별과 수입에 따라 여행 방식에 현저한 차이가 있다.

Tip [mode of travel, sex, income]

| **Copy Structure 90** | X + range(s) in length from ~ to −.
(X는 길이가 ~에서 −이다.)

• 고래는 길이가 약 1.3미터에서 5미터이다.

Tip [whale, about 1.3 meters]

Review Test 20

Answer P 318

Translate the Korean sentences into English by using the proper copy structures.

1. 10대들은 생각보다 미디어의 영향을 더욱 많이 받고 있다.
   Tip [teenager, media]

   _____

2. 국민성은 직접적이든 간접적이든 기후와 연관이 있다.
   Tip [national character, climate]

   _____

3. 피해의 정도는 지역에 따라 다르다.
   Tip [damage, region]

   _____

4. 영어를 공부하는 사람들은 모든 연령과 계층을 망라한다.
   Tip [studying English]

   _____

5. 우리가 결정을 오래 미루면 미룰수록 문제는 더욱 심각해질 것이다.
   Tip [defer a decision]

   _____

6. 인터넷에 대해 생각할 때 우리는 컴퓨터를 생각하는 경향이 있다.
   Tip [the Internet]

   _____

7. 이유야 어떻든 다른 사람을 죽인다는 것은 용인될 수 없는 일이다.
   Tip [unacceptable, kill others]

   _____

8. 우선 한국 교육 제도의 기본 구조에 대해 간략히 언급하겠다.
   Tip [basic structure, educational system]

   _____

9. 이는 어떤 것이 가장 바람직한지를 결정하는 데 도움을 줄 것이다.
   Tip [desirable]

   _____

10. 개성에 따라 옷차림새에 현저한 차이가 있다.
    Tip [ways of dressing, personality]

    _____

19. Copy Structure 91~95

• 나는 …이 중요하다고 믿는다.	I believe it important that S + V.
• 그것은 −이 어떻게 …되었는지를 잘 말해준다.	It tells well how S + V.
• …은 모두가 다 아는 사실이다.	It's common knowledge that S + V.
• −는 …라는 사실에 대체로 기인한다.	S + is/are largely due to the fact that S + V.
• −는 …을 하는 데 없어서는 안 될 요소이다.	S + is/are a vital factor in -ing.

| Copy Structure 91 | I believe it important that S + V.
                      (나는 …이 중요하다고 믿는다.)

Point | 여기서 it은 가목적어, that 절은 진목적어의 표현이다. 보통 목적어의 표현이 길어질 경우 이처럼 가목적어 it, 진목적어 that 절의 구문을 사용해 작문을 한다. 이 때 that 절의 동사 형태는 'should + 원형 동사' 또는 '원형 동사'를 취한다.

· I think it important that students (should) read good books.
  (나는 학생들이 좋은 책을 읽는 것이 중요하다고 생각한다.)

• 나는 이러한 주장들이 널리 알려지는 것이 중요하다고 믿는다.

Tip [claim, be widely known]

| Copy Structure 92 | It tells well how S + V.
                      (그것은 −이 어떻게 …되었는지를 잘 말해준다.)

• 그것은 절차들이 어떻게 무시되었는지를 잘 말해준다.

Tip [procedure, ignore]

| Copy Structure 93 | It's common knowledge that S + V.
                      (…은 모두가 다 아는 사실이다.)

• 클린턴 미국 대통령이 바람둥이라는 것은 모두가 다 아는 사실이다.

Tip [US president Clinton, womanizer]

| **Copy Structure 94** | S + is/are largely due to the fact that S + V.
(− 는 ...라는 사실에 대체로 기인한다.)

Point | due to 다음에는 목적어로 명사나 대명사를 사용한다. 이 때 절은 사용할 수 없는데, 전치사는 절을 목적어로 취할 수 없기 때문이다. 바로 이런 경우 절을 목적어로 취하려면 앞서 설명한대로 'the fact that + 절'의 구문을 사용하면 된다. 전치사 to가 the fact라는 명사를 목적어로 쓰는 형식을 취하면서, 실제적으로는 the fact와 동격인 that 절을 목적어로 쓸 수 있기 때문이다.

• 캐런에 대한 내 분노는 그녀가 방을 독차지한다는 사실에 대체로 기인한다.

Tip [resentment, Karen, solely occupy]

| **Copy Structure 95** | S + is/are a vital factor in -ing.
(− 는 ...을 하는 데 없어서는 안 될 요소이다.)

• 텔레비전은 가족을 한 자리에 모이게 하는 데 없어서는 안 될 요소이다.

Tip [hold together]

20. Copy Structure 96~100

• ...는 의문의 여지가 있다.	It's open to question that S + V.
• ...하는 데는 각별한 주의가 요구된다.	Special care should be taken in -ing.
• ...하기까지는 단지 시간 문제일 뿐이다.	It's only a matter of time before S + V.
• ~하느니 차라리 ...하는 편이 낫겠다.	S + might + V_1, rather than + V_2.
• 만약 계속 ~한다면, 결국 ...하게 될 것이다.	If + S_1 + keep(s) -ing, eventually S_2 + will + V.

| **Copy Structure 96** | It's open to question that S + V.
(...는 의문의 여지가 있다.)

• 중앙 은행이 지난 달 금리를 인상한 것은 의문의 여지가 있다.

Tip [central bank, raise, interest rate]

| **Copy Structure 97** | Special care should be taken in -ing.
                          (...하는 데는 각별한 주의가 요구된다.)

Point | 'Special care should be taken in -ing 구문.'을 능동문으로 바꿔 쓰면, 'You should take special care in -ing 구문.'이 된다. 이 때 의미상으로는 수동문과 능동문에 별 차이가 없다. 그러나 수동문을 사용하면 문장 맨 앞에 위치한 주어, 즉 Special care를 특별히 강조하는 효과가 있다.

• 경제 통계들을 해석할 때는 각별한 주의가 요구된다.

Tip [interpret, economic statistics]

| **Copy Structure 98** | It's only a matter of time before S + V.
                          (...하기까지는 단지 시간 문제일 뿐이다.)

Point | '시간 문제' 또는 '돈 문제'라고 할 때는 a matter of ~ 라는 표현을 쓴다. 다음은 그 예이다.

- a matter of time
  (시간 문제)
- a matter of money
  (돈 문제)
- a matter of cost
  (비용 문제)
- a matter of degree
  (정도의 문제)

• 우리가 증거를 찾아내기까지는 단지 시간 문제일 뿐이다.

Tip [find, evidence]

| **Copy Structure 99** | S + might + V₁, rather than + V₂.
                          (~하느니 차라리 ...하는 편이 낫겠다.)

• 계속 언짢게 생각하느니 차라리 가서 그 제품을 교환하는 편이 낫겠다.

Tip [change, product, go on, feel bad]

| Copy Structure 100 | If + S_1 + keep(s) -ing, eventually S_2 + will + V.
(만약 계속 ~한다면, 결국 ...할 것이다.)

• 만약 당신이 오랫동안 무언가에 대해 계속 이야기를 한다면, 결국 사람들은 당신에게 주의를 기울일 것이다.

Tip [talk about something, long enough, pay attention to]

21. Copy Structure 101~105

• 많은 사람들이 아직도 ...라는 사실을 기이하게 여긴다.	Many people still consider it odd that S + V.
• ~는 사람들이 인식하는 것보다 더 많은 함정이 도사리고 있다.	S + has/have more pitfalls than people realize.
• ~는 ~을 B할 뿐 아니라 A하게 만들어 줄 것이다.	S + will make ~ 형용사(A) as well as 형용사(B).
• 문제의 해결책은 ...하는 데 있는 듯 하다.	A solution to the problem may lie in -ing.
• ~에 문제가 생겼다.	A problem has arisen with ~.

| Copy Structure 101 | Many people still consider it odd that S + V.
(많은 사람들이 아직도 ...라는 사실을 기이하게 여긴다.)

• 많은 사람들이 아직도 여자가 정치적으로 출세할 수 있다는 사실을 기이하게 여긴다.

Tip [make a political career]

| Copy Structure 102 | S + has/have more pitfalls than people realize.
(~는 사람들이 인식하는 것보다 더 많은 함정이 도사리고 있다.)

• 때때로 결혼을 한다는 것은 사람들이 인식하는 것보다 더 많은 함정이 도사리고 있다.

Tip [being married]

| Copy Structure 103 | S + will make ~ 형용사(A) as well as 형용사(B).
(-는 ~을 B할 뿐 아니라 A하게 만들어 줄 것이다.)

Point | X as well as Y라는 표현을 쓸 때 한 가지 꼭 알아둘 것이 있다. X와Y 중에서 강조되는 것은 X라는 사실이다. 예를 들어, '그는 집 뿐만 아니라 별장도 소유하고 있다.'를 영어로 작문할 경우, 집과 별장 중에서 보다 강조되는 단어는 별장이다. 따라서, 별장을 뜻하는 villa를 as well as의 앞부분에 써서 He owns a villa as well as a house.처럼 작문을 해야 한다.

• 그것은 운전을 안전하게 할 뿐 아니라 보다 쾌적하게 만들어 줄 것이다.

Tip [make, driving, comfortable, safe]

| Copy Structure 104 | A solution to the problem may lie in -ing.
(문제의 해결책은 ...하는 데 있는 듯 하다.)

Point | 명사 solution을 영작문에서 쓸 때 꼭 알아둘 것이 한 가지 있다. 바로 목적어를 취할 때 전치사 to를 사용한다는 사실이다. 즉, solution은 전치사 to를 사용하고 그 다음에 목적어를 쓴다. 다음은 이와 유사한 예들이다.

- an answer to the question
  (질문의 답)
- a key to the problem
  (문제의 열쇠)
- a clue to the accident
  (사건의 실마리)

• 문제의 해결책은 대체 수송 수단, 즉 자전거를 이용하는 데 있는 듯 하다.

Tip [alternative means, transport]

| Copy Structure 105 | A problem has arisen with ~.
(~에 문제가 생겼다.)

• 최근 영국 왕실에 문제가 생겼다.

Tip [recently, British Royal Family]

Review Test 21

Answer P 319

Translate the Korean sentences into English by using the proper copy structures.

1. 그것은 한국 경제가 어떻게 회복되었는지를 잘 말해준다.
   Tip [recover]

2. 학교 교육이 붕괴되고 있다는 것은 모두가 다 아는 사실이다.
   Tip [school education, collapse]

3. 그것은 한국의 교육 제도가 기본적으로 일본식이라는 사실에 대체로 기인한다.
   Tip [educational system, Japanese style]

4. 성교육 문제를 다루는 데는 각별한 주의가 요구된다.
   Tip [deal with, sex education]

5. 우리가 의견 일치에 도달하기까지는 단지 시간 문제일 뿐이다.
   Tip [reach a consensus]

6. 만약 우리가 이런 식으로 계속 노력한다면, 결국 목표를 이룰 수 있을 것이다.
   Tip [make an effort, eventually, achieve one's goal]

7. 많은 사람들이 아직도 일부 10대들이 머리를 노랗게 염색하는 것을 기이하게 여긴다.
   Tip [teenager, dye one's hair]

8. 프리랜서로 일하는 것은 사람들이 인식하는 것보다 더 많은 함정이 도사리고 있다.
   Tip [work freelance]

9. 음악은 우리의 삶을 여유 있게 할 뿐 아니라 보다 낭만적으로 만들어준다.
   Tip [romantic, comfortable]

10. 물가와 외환에 문제가 생겼다.
    Tip [inflation, foreign exchange rate]

22. Copy Structure 106~110

• ~ 중에서 …이다.	Of ~ S + V.
• –의 수는 ~으로 추산된다.	The number of – is estimated at ~.
• ~는 확실히 …하는 경향이 있다.	There is certainly a tendency for ~ to부정사.
• –는 ~에게 일어날 수 있는 가장 멋진 일이다.	S + is/are the finest thing that can happen to ~.
• –는 일반적으로 그런 류로는 가장 ~한 것으로 인정받고 있다.	S + is generally recognized as (being) + 최상급 + of its kind.

| Copy Structure 106 | Of ~ S + V.
(~ 중에서 …이다.)

Point | '~ 중에서'라고 표현할 때는 흔히 전치사 among을 쓴다. 그런데 '~ 중에서'라는 뜻의 전치사를 문장 맨 앞에 쓸 경우는 among 대신 of를 사용하기도 한다. 이 때 among 대신 of를 사용하면 상당히 세련된 문장이 된다. 다음은 그 예이다.

· Of the students he is the tallest.
  (학생들 중에서 그가 가장 키가 크다.)

• 세계의 주요 종교들 중에서 불교는 채식을 택하고 있다.

Tip [major, religion, Buddhism, adopt, vegetarian diet]

| Copy Structure 107 | The number of – is estimated at ~.
(–의 수는 ~으로 추산된다.)

• 유럽에서 채식주의자들의 수는 수백만 명으로 추산된다.

Tip [vegetarian, several million]

| Copy Structure 108 | There is certainly a tendency for ~ to부정사.
(~는 확실히 …하는 경향이 있다.)

• 채식주의자들은 확실히 혼식을 하는 사람들보다 낮은 칼로리를 섭취하는 경향이 있다.

Tip [vegetarian, calorie intake, on mixed diets]

| **Copy Structure 109** | S + is/are the finest thing that can happen to ~.
(-는 ~에게 일어날 수 있는 가장 멋진 일이다.)

• 선물을 받는 것은 아이들에게 일어날 수 있는 가장 멋진 일이다.

Tip [receive a present, child]

| **Copy Structure 110** | S + is generally recognized as (being) + 최상급 + of its kind.
(-는 일반적으로 그런 류로는 가장 ~한 것으로 인정받고 있다.)

• 그 학교의 프로그램은 일반적으로 그런 류로는 가장 성공적인 것으로 인정받고 있다.

Tip [be recognized as, successful]

---

23. Copy Structure 111~115

• 그것은 …하는 데 하나의 유용한 대안으로 여겨진다.	It is viewed as a useful alternative way of -ing.
• ~와 -을 구분하는 것은 무척 쉬운 일이다.	It's quite easy to differentiate between ~ and -.
• 이것은 …하는 정도를 가리킨다.	This indicates the degree to which S + V.
• 사람들은 -가 가질 수 있는 끔찍한 영향력에 대해 잘 인식하지 못하고 있다.	People are not aware of the terrible effects (that) + S + could have.
• 나는 …하는게 어떤 기분인지 잘 모르겠다.	I don't know what it's like + to부정사.

| **Copy Structure 111** | It is viewed as a useful alternative way of -ing.
(그것은 …하는 데 하나의 유용한 대안으로 여겨진다.)

Point | 여기서 동사 view 대신 동의어인 consider를 사용해 작문을 할 경우에는 전치사 as를 없앤 채 It is considered a useful alternative way of -ing.라고 해야 한다. 왜냐하면 'X를 Y로 여기다'라고 할 때 view는 view X as Y의 구문을 사용하지만, consider는 consider X Y의 구문을 쓰기 때문이다.

• 그것은 이러한 골치 아픈 학교 문제들을 다루는 데 하나의 유용한 대안으로 여겨진다.

Tip [deal with, troublesome]

| Copy Structure 112 | It's quite easy to differentiate between ~ and −.
(~와 −을 구분하는 것은 무척 쉬운 일이다.)

- 중산층 아이와 노동자층 아이를 구분하는 것은 무척 쉬운 일이다.

Tip [middle-class, working-class]

| Copy Structure 113 | This indicates the degree to which S + V.
(이것은 …하는 정도를 가리킨다.)

- 이것은 사람이 어릴 때 배운 것에 영향을 받는 정도를 가리킨다.

Tip [person, be influenced by, as a child]

| Copy Structure 114 | People are not aware of the terrible effects (that) + S + could have.
(사람들은 −가 가질 수 있는 끔찍한 영향력에 대해 잘 인식하지 못하고 있다.)

- 사람들은 핵폭탄이 가질 수 있는 끔찍한 영향력에 대해 단지 잘 인식하지 못하고 있다.

Tip [simply, nuclear bomb]

| Copy Structure 115 | I don't know what it's like + to부정사.
(나는 …하는게 어떤 기분인지 잘 모르겠다.)

Point | '~은 어떤 기분이다' 라고 표현할 때는 흔히 'what + it(가주어) + be 동사 + like + to부정사(진주어)'의 구문을 사용한다. 다음은 그 예이다.

- You probably don't know what it's like to fly the Pacific Ocean.
   (당신은 아마 태평양을 비행하는 기분이 어떤 것인지 잘 모를 것이다.)

- 나는 스타가 되는게 어떤 기분인지 잘 모르겠다.

Tip [star]

24. Copy Structure 116~120

- 나는 ~에는 동감하지만 −에는 실망하고 있다.
- 생각컨대 −가 ~에게는 안성맞춤인 듯 싶다.
- 그것은 정말 A하지만 때로 다소 B한 일이다.
- 나는 바로 지금이 …해야 할 때라고 생각한다.
- 여느 ~이 모두 그러하듯 …이다.

I sympathize with ~ but am disappointed at −.
Conceivably, S + is/are the thing for ~.
It's really 형용사(A) but at times rather 형용사(B).
I think it's high time (that) S + V.
As is true of any ~, S + V.

| Copy Structure 116 | I sympathize with ~ but am disappointed at −.
(나는 ~에는 동감하지만 −에는 실망하고 있다.)

- 나는 그의 생각에는 동감하지만 그의 일하는 방식에는 실망하고 있다.

Tip   [idea, way of working]

| Copy Structure 117 | Conceivably, S + is/are the thing for ~.
(생각컨대 −가 ~에게는 안성맞춤인 듯싶다.)

Point | 여기서 Conceivably는 문장 전체를 수식하는 문장 부사로, 보통 콤마와 함께 문장 맨 앞에 쓴다. 그리고 'It is conceivable that 주어 + 동사.'의 구문으로 다시 바꿔 쓸 수도 있다. 다음은 그 예이다.

· Conceivably, the Korean economy will face serious problems in the near future.
  (생각컨대 한국 경제는 가까운 장래에 심각한 문제에 직면할 것이다.)

  = It is conceivable that the Korean economy will face serious problems in the near future.
  (한국 경제는 가까운 장래에 심각한 문제에 직면할 것으로 생각된다.)

- 생각컨대 보다 창의적인 일이 내게는 안성맞춤인 듯싶다.

Tip   [creative work]

| Copy Structure 118 | It's really 형용사(A) but at times rather 형용사(B).
(그것은 정말 A하지만 때로 다소 B한 일이다.)

- 그것은 정말 흥미진진하지만 때로 다소 시간이 걸리는 일이다.

Tip   [exciting, time-consuming]

| **Copy Structure 119** | I think it's high time (that) S + V.
                         (나는 바로 지금이 …해야 할 때라고 생각한다.)

Point | '지금이 바로 ~할 때이다'라고 표현할 때는 'It is (about or high) time + to부정사' 또는 'It is (about or high) time + that 절'의 구문을 사용한다. 이 때 that 절의 동사는 항상 과거 시제를 써야 한다. 다음은 그 예이다.

- 지금이 바로 당신이 유학을 갈 때이다.
  → It's time to study abroad.
    It's (about) time that you studied abroad.
    It's (high) time that you studied abroad.

- 나는 바로 지금이 그녀가 다이어트를 할 때라고 생각한다.

Tip [go on a diet]

| **Copy Structure 120** | As is true of any ~, S + V.
                         (여느 ~이 모두 그러하듯 …이다.)

- 여느 가사 일이 모두 그러하듯, 정원 가꾸기 역시 지루한 일이다.

Tip [housework, gardening, tedious]

Review Test 22

Answer P 320

Translate the Korean sentences into English by using the proper copy structures.

1. 미국의 최상위 10개 대학들 중에서 흔히 하버드가 최고로 꼽힌다.
   Tip [the top 10 universities, count as the best]

2. 한국의 기독교 신도 수는 약 1천 2백만 명으로 추산된다.
   Tip [Christians in Korea]

3. 그것은 능률을 향상시키는 데 하나의 유용한 대안으로 여겨진다.
   Tip [improve efficiency]

4. 한국인과 일본인을 구분하는 것은 무척 쉬운 일이다.
   Tip [a Korean, a Japanese]

5. 나는 사이버 공간에서 행동하는 것이 어떤 기분인지 잘 모르겠다.
   Tip [act in cyberspace]

6. 사람들은 인간 복제가 가질 수 있는 끔찍한 영향력에 대해 잘 인식하지 못하고 있다.
   Tip [human cloning]

7. 생각컨대 교사직이 내게는 안성맞춤인 듯싶다.
   Tip [teaching job]

8. 그것은 정말 틀에 박힌 것이지만 때로 다소 보람 있는 일이다.
   Tip [stereotyped, rewarding]

9. 나는 바로 지금이 우리가 영화 산업에 새로운 방법들을 도입할 때라고 생각한다.
   Tip [introduce, method, the film industry]

10. 여느 직업이 모두 그러하듯, 펀드 매니저들 역시 급격한 변화에 직면하고 있다.
    Tip [fund manager, face a radical change]

Step III Writing Copy-Structures • 193

25. Copy Structure 121~125

• ~에서 가장 흥미로운 측면은 …라는 사실이다.	The most enjoyable aspect of ~ is the fact that S + V.
• ~는 예외라기보다는 하나의 대세이다.	S + is/are the rule rather than the exception.
• 일부는 ~한 반면, 다른 이들은 …하다.	Some + V₁, while others + V₂.
• 내게는 ~한 것이 다른 사람에게는 ~하지 않을 수 있다.	What's ~ to me may not be ~ to someone else.
• …한 것이 마치 어제 일처럼 여겨진다.	It seems like only yesterday that S + V.

| Copy Structure 121 | The most enjoyable aspect of ~ is the fact that S + V.
(~에서 가장 흥미로운 측면은 …라는 사실이다.)

• 내 일에서 가장 흥미로운 측면은 프리랜서라는 사실이다.

Tip [work, freelance]

| Copy Structure 122 | S + is/are the rule rather than the exception.
(~는 예외라기보다는 하나의 대세이다.)

• 근래 들어 직업 유동성은 예외라기보다는 하나의 대세이다.

Tip [nowadays, job mobility]

| Copy Structure 123 | Some + V₁, while others + V₂.
(일부는 ~한 반면, 다른 이들은 …하다.)

Point | '일부는 ~한 반면, 다른 것들(혹은 사람들)은 …하다' 라고 할 때는 보통 'Some + 동사, while others + 동사.' 의 구문을 쓴다. 이 때 특별히 주의할 것은 others 앞에 정관사 the를 붙이지 않는다는 사실이다. 그 이유는 'Some OO' 가 특정한 사물이나 사람을 가리키는 것이 아니므로 others 앞에도 정관사를 붙이지 않기 때문이다. 다음은 그 예이다.

· Some people like the sea, while others prefer the mountains.
(일부 사람들은 바다를 좋아하고, 다른 사람들은 산을 더 좋아한다.)

• 일부는 커다란 의무감을 느끼는 반면, 다른 이들은 전혀 개의치 않고 있다.

Tip [sense of obligation, care, not ~ at all]

| Copy Structure 124 | What's ~ to me may not be ~ to someone else.
(내게는 ~한 것이 다른 사람에게는 ~하지 않을 수 있다.)

• 내게는 재미있는 것이 다른 사람에게는 재미없을 수 있다.

Tip   [interesting]

| Copy Structure 125 | It seems like only yesterday that S + V.
(...한 것이 마치 어제 일처럼 여겨진다.)

• 우리가 결혼한 것이 마치 어제 일처럼 여겨진다.

Tip   [be married]

26. Copy Structure 126~130

나는 ~을 할지 혹은 ...을 할지에 대해 마음을 정하지 못했다.	I haven't made up my mind about whether I V_1 or V_2.
~이든 아니든 ...해야 한다.	Whether or not $S_1 + V_1$, S_2 + should + V_2.
그것은 얼마나 ~하느냐에 달려 있다.	That depends on how 형용사·부사 + S + V.
~는 개인의 필요에 따라 맞춤식으로 ~을 만든다.	S + tailor(s) ~ to one's individual needs.
~는 ~에 도움이 될 것으로 생각된다.	S + is/are believed to be conducive to ~.

| Copy Structure 126 | I haven't made up my mind about whether I V_1 or V_2.
(나는 ~을 할지 혹은 ...을 할지에 대해 마음을 정하지 못했다.)

• 나는 나중에 프로그래머가 될지 혹은 편의점을 운영할지에 대해 마음을 정하지 못했다.

Tip   [run, convenience store, later]

| Copy Structure 127 | Whether or not $S_1 + V_1$, S_2 + should + V_2.
(~이든 아니든 ...해야 한다.)

Point | 보통 whether 절의 끝 부분에 위치하는 or not이란 표현은 위의 경우처럼 접속사 whether 바로 다음에 쓰기도 한다. 다음은 그 예이다.

· Whether or not he comes, the result will be the same.
(그가 오든 안오든 결과는 같을 것이다.)

• 젊든 젊지 않든, 우리는 건강을 유지해야 한다.

Tip [keep fit]

| Copy Structure 128 | That depends on how 형용사·부사 + S + V.
(그것은 얼마나 ~하느냐에 달려 있다.)

• 그것은 얼마나 효율적이냐에 달려 있다.

Tip [efficient]

| Copy Structure 129 | S + tailor(s) ~ to one's individual needs.
(-는 개인의 필요에 따라 맞춤식으로 ~을 만든다.)

• 학생들은 개인의 필요에 따라 프로그램을 맞춤식으로 만들 수 있다.

Tip [program]

| Copy Structure 130 | S + is/are believed to be conducive to ~.
(-는 ~에 도움이 될 것으로 생각된다.)

• 요가는 장수와 건강한 삶에 도움이 될 것으로 생각된다.

Tip [Yoga, longer life]

27. Copy Structure 131~135

> - –는 ~의 결과로 생각된다. S + is/are thought to be the result of ~.
> - 나는 …할 기회가 없었다. I haven't had the occasion to 부정사.
> - –는 …의 형태로 ~을 표현한다. S + express(es) ~ in the form of …
> - 오직 우리가 할 일은 …하는 것 뿐이다. All we have to do is V.
> - –는 X가 올라서 결국 Y가 되었다. S + rose by X to Y.

| Copy Structure 131 | S + is/are thought to be the result of ~.
   (–는 ~의 결과로 생각된다.)

- 질병은 신체의 힘들의 부적절한 균형의 결과로 생각된다.

Tip [illness, improper balance, body's force]

| Copy Structure 132 | I haven't had the occasion to 부정사.
   (나는 …할 기회가 없었다.)

Point | occasion은 '경우', '때'를 의미하기도 하지만 '기회' 또는 '계기'라는 뜻으로 사용되기도 한다.

- I have had several occasions to see her.
  (나는 그녀를 만나볼 기회가 몇 번 있었다.)
- the occasion of a war
  (전쟁의 계기)

- 나는 의료 보험을 사용할 기회가 없었다.

Tip [medical insurance]

| Copy Structure 133 | S + express(es) ~ in the form of …
   (–는 …의 형태로 ~을 표현한다.)

- 흑인들은 종교 음악의 형태로 자신들의 삶에 대한 감정을 표현한다.

Tip [black people, feeling, gospel music]

| **Copy Structure 134** | All we have to do is V.
(오직 우리가 할 일은 ...하는 것 뿐이다.)

Point | 실제로 위의 구문을 영작문할 때 주의할 것이 두 가지 있다. 첫째는 주어인 All we have to do 다음에 단수 동사 is를 쓴다는 것, 둘째는 is의 주격 보어로 원형 동사를 쓴다는 것이다.

· 오직 우리가 할 일은 가서 결과를 기다리는 것뿐이다.

Tip [wait for, result]

| **Copy Structure 135** | S + rose by X to Y.
(–는 X가 올라서 결국 Y가 되었다.)

Point | 영작문에서 '차이'와 '총계'를 나타낼 때 사용하는 전치사는 각각 다르다. 즉, '차이'를 나타낼 때는 전치사 by, 그리고 '총계'를 나타낼 때는 전치사 to를 각각 숫자 앞에 쓴다. 다음은 그 예이다.

· The price of oil fell by $2 a barrel.
 (석유 가격이 배럴 당 2달러가 떨어졌다.)
· The price of oil fell to $14.50 a barrel.
 (석유 가격이 배럴 당 14.50달러까지 떨어졌다.)

· 물가가 3퍼센트가 올라 9.5퍼센트가 되었다.

Tip [inflation]

Review Test 23

Answer P 321

Translate the Korean sentences into English by using the proper copy structures.

1. 대학 생활에서 가장 흥미로운 측면은 내가 원하는 것은 무엇이든 공부할 수 있다는 사실이다.
   Tip [college life, whatever I wish]

   _____

2. 사이버 쇼핑은 예외라기보다는 하나의 대세이다.
   Tip [cybershopping]

   _____

3. 내게는 심각한 것이 다른 사람에게는 심각하지 않을 수 있다.
   Tip [serious]

   _____

4. 고등학교를 졸업한 것이 마치 어제 일처럼 여겨진다.
   Tip [graduate from]

   _____

5. 나는 대학에 들어갈지 혹은 취직을 할지에 대해 마음을 정하지 못했다.
   Tip [enter a college, get a job]

   _____

6. 그것은 얼마나 오래 걸리느냐에 달려 있다.
   Tip [how long it takes]

   _____

7. 이번 여름의 이상 고온은 온실 효과의 결과로 생각된다.
   Tip [unusually high temperature, greenhouse effect]

   _____

8. 나는 내 컴퓨터 실력을 과시할 기회가 없었다.
   Tip [demonstrate, computer skill]

   _____

9. 오직 우리가 할 일은 우리 자신의 한계를 알고 최선을 다하는 것 뿐이다.
   Tip [know one's own limitations, do one's best]

   _____

10. 금리가 0.5퍼센트가 올라 8퍼센트가 되었다.
    Tip [interest rate]

    _____

Step III Writing Copy-Structures

28. Copy Structure 136~140

- X는 Y의 핵심적 내용이다.
- ~는 ~에게 어떤 식으로든 의미를 갖는다.
- 속담에도 있듯이, "..."이다.
- 오로지 중요한 것은 ...이다.
- ...함에 따라 더욱 ~하다.

X is/are what Y is/are all about.
S + has/have meaning for ~ in some way or other.
"...", as the saying goes.
All that matters is that S + V.
It is all the more 형용사 + as S + V.

| Copy Structure 136 | X is/are what Y is/are all about.
(X는 Y의 핵심적 내용이다.)

Point | 위의 구문은 다소 구어체적인 표현이다. 하지만 '핵심적 내용'을 뜻하는 다른 딱딱한 문어체 표현들보다 훨씬 실감나게 의미를 전달할 수 있다. 그러므로 은근히 의미를 강조하고자 할 때 적절히 구사하면 좋은 작문 효과를 거둘 수 있다.

- 영적 위안을 추구하는 것이 종교 음악의 핵심적 내용이다.

Tip [search for, spiritual consolation, gospel music]

| Copy Structure 137 | S + has/have meaning for ~ in some way or other.
(-는 ~에게 어떤 식으로든 의미를 갖는다.)

- 음악은 확실히 모든 사람들에게 어떤 식으로든 의미를 갖는다.

Tip [everyone]

| Copy Structure 138 | "...", as the saying goes.
(속담에도 있듯이, "..."이다.)

- 속담에도 있듯이, "쥐구멍에도 볕들 날 있다."

Tip [every dog has his day]

| **Copy Structure 139** | All that matters is that S + V.
(오로지 중요한 것은 …이다.)

Point | 위의 구문을 쓸 때 한 가지 주의할 것이 있다. 주어인 All은 the only thing의 의미이므로 복수가 아닌 단수 취급을 한다는 사실이다. 그러므로 be 동사를 are가 아니라 is로 써줘야 한다.

- 지금 오로지 중요한 것은 새 정부가 지체 없이 필요한 개혁을 실천하는 것이다.

Tip [implement, reform, without delay]

| **Copy Structure 140** | It is all the more 형용사 + as S + V.
(…함에 따라 더욱 ~하다.)

- 지난 수년간 생산성이 지속적으로 떨어짐에 따라 더욱 심각하다.

Tip [serious, productivity, steadily, fall, the last few years]

29. Copy Structure 141~145

- 나는 -가 정말 ~에 근거한 것인지 궁금하다.   I wonder whether S + is/are really based on ~.
- …하다는 것은 아주 올바른 지적이다.   It is quite right in pointing out that S + V.
- …라는 사실은 지적할만한 가치가 있다.   It is worth pointing out that S + V.
- -는 …라는 사실에서 엿볼 수 있다.   S + can be seen from the fact that S + V.
- …하느냐의 여부는 ~에 달려 있다.   Whether S + V (or not) depends on ~.

| **Copy Structure 141** | I wonder whether S + is/are really based on ~.
(나는 -가 정말 ~에 근거한 것인지 궁금하다.)

- 나는 이 기사가 정말 사실들에 근거한 것인지 궁금하다.

Tip [article, fact]

| **Copy Structure 142** | It is quite right in pointing out that S + V.
                              (... 하다는 것은 아주 올바른 지적이다.)

- 대부분의 지원자들이 그 일에 자격 미달이라는 것은 아주 올바른 지적이다.

Tip [applicant, qualify for the job]

| **Copy Structure 143** | It is worth pointing out that S + V.
                              (... 라는 사실은 지적할만한 가치가 있다.)

- 오염으로 인해 물고기들이 위험에 처해 있다는 사실은 지적할만한 가치가 있다.

Tip [pollution, put ~ at risk]

| **Copy Structure 144** | S + can be seen from the fact that S + V.
                              (-는 ... 라는 사실에서 엿볼 수 있다.)

- 새로운 법률의 중요성은 야당조차 찬성표를 던졌다는 사실에서 엿볼 수 있다.

Tip [importance, opposition, vote for]

| **Copy Structure 145** | Whether S + V (or not) depends on ~.
                              (... 하느냐의 여부는 ~에 달려 있다.)

- 내가 영어를 마스터할 수 있느냐의 여부는 세 가지 요인에 달려 있다.

Tip [master English, factor]

30. Copy Structure 146~150

- −는 …에게 ~를 간파할 수 있게 해준다.   S + give(s) sb. an insight into ~.
- ~에 상관없이 …하다.   Irrespective of ~, S + V.
- …하다는 것은 말할 필요도 없다.   It is needless to say that S + V.
- …는 일반적으로 인정된 사실이다.   It is a generally accepted truth that S + V.
- …을 하려면 상당한 전문 지식이 필요하다.   It takes considerable expertise to 부정사.

| Copy Structure 146 | S + give(s) sb. an insight into ~.
　　　　　　　　　　　　(−는 …에게 ~를 간파할 수 있게 해준다.)

Point | '통찰', '간파'를 뜻하는 명사 insight는 전치사 into를 사용하고 목적어를 쓴다는 것에 유의한다.

- He has a keen insight into human character.
  (그는 사람의 성격을 꿰뚫어 보는 날카로운 통찰력을 지니고 있다.)

• 여행은 다른 나라 사람들의 사고방식을 간파할 수 있게 해준다.

Tip [traveling, mentality, other]

| Copy Structure 147 | Irrespective of ~, S + V.
　　　　　　　　　　　　(~에 상관없이 …하다.)

Point | 영작문 시 '~에 상관없이'라고 할 때는 irrespective of ~와 더불어 regardless of ~라는 표현을 쓴다. 따라서, 위의 구문에서 Irrespective of 대신 Regardless of를 써서 작문을 해도 같은 의미가 된다. 그리고 Irrespective of 다음에는 흔히 명사 목적어를 사용하지만 때때로 절을 쓰는 경우도 있다.

- Regardless of age, everyone should consider investing for retirement.
  (연령에 상관없이, 모든 사람들은 은퇴에 대비한 투자를 고려해봐야 한다.)

• 당신이 어느 편을 들든 상관없이 즉각 협상을 해야 한다.

Tip [what side, immediate negotiation]

| Copy Structure 148 | It is needless to say that S + V.
　　　　　　　　　　　　(…하다는 것은 말할 필요도 없다.)

• 편견의 벽을 허무는 것이 어렵다는 것은 말할 필요도 없다.

Tip [breaking down, prejudice]

| **Copy Structure 149** | It is a generally accepted truth that S + V.
(...는 일반적으로 인정된 사실이다.)

• 흡연이 건강에 해롭다는 것은 일반적으로 인정된 사실이다.

Tip [cigarette smoking, harmful]

| **Copy Structure 150** | It takes considerable expertise to부정사.
(...을 하려면 상당한 전문 지식이 필요하다.)

• 주가 변동을 예측하려면 상당한 전문 지식이 필요하다.

Tip [forecast, fluctuation in stock prices]

Review Test 24

Answer P 322

Translate the Korean sentences into English by using the proper copy structures.

1. 성경 공부와 기도는 기독교의 핵심적 내용이다.
   Tip [Bible study, prayer, Christianity]

2. 과학과 기술의 발전은 모든 개인들에게 어떤 식으로든 의미를 갖는다.
   Tip [advance, every individual]

3. 속담에도 있듯이, "쉽게 얻은 것은 쉽게 잃기 마련이다."
   Tip [easy come, easy go]

4. 보다 많은 화학제품들이 사용됨에 따라 더욱 심각하다.
   Tip [serious, chemicals]

5. 나는 그 영화가 정말 실화에 근거한 것인지 궁금하다.
   Tip [real story]

6. 내가 그것을 끝마칠 수 있느냐의 여부는 내 결심에 달려 있다.
   Tip [complete, determination]

7. 나이에 상관없이 우리는 잠재력 개발에 힘써야 한다.
   Tip [try to, potential]

8. 우리가 더욱 열심히 영어를 연습해야 한다는 것은 말할 필요도 없다.
   Tip [practice English]

9. 여자가 남자보다 오래 산다는 것은 일반적으로 인정된 사실이다.
   Tip [live longer than]

10. 컴퓨터 프로그램을 작성하려면 상당한 전문 지식이 필요하다.
    Tip [write a computer program]

Part 2 Intermediate Level

1. Copy Structure 151~155

• 나는 ...을 분명히 해두고 싶다.	I would like to make it clear that S + V.
• 한편으로는 ~하면서, 다른 한편으로는 ...하다.	On the one hand $S_1 + V_1$, on the other (hand) $S_2 + V_2$.
• 주요 쟁점은 ...의 여부이다.	The main point at issue is whether S + V.
• 내가 보기에는 ...할 가능성이 별로 없다.	I do not see any chance of -ing.
• ...라는 사실을 고려에 넣어야만 한다.	You must take into consideration that S + V.

| Copy Structure 151 | I would like to make it clear that S + V.
(나는 ...을 분명히 해두고 싶다.)

• 나는 어느 누구에게도 편견을 갖고 있지 않다는 것을 분명히 해두고 싶다.

Tip [be prejudiced against anyone]

| Copy Structure 152 | On the one hand $S_1 + V_1$, on the other (hand) $S_2 + V_2$.
(한편으로는 ~하면서, 다른 한편으로는 ...하다.)

• 그녀는 한편으로는 계급 없는 사회를 주창하면서, 다른 한편으로는 서양에 사는 것을 자랑하고 있다.

Tip [advocate, classless society, pride oneself on, the West]

| Copy Structure 153 | The main point at issue is whether S + V.
(주요 쟁점은 ...의 여부이다.)

• 주요 쟁점은 학생들이 학교에서 호출기와 핸드폰을 가지고 다닐 수 있느냐의 여부이다.

Tip [carry, beeper, cellular phone]

| **Copy Structure 154** | I do not see any chance of -ing.
(내가 보기에는 ... 할 가능성이 별로 없다.)

- 내가 보기에는 이러한 생각들이 실행에 옮겨질 가능성이 별로 없다.

Tip [put ~ into practice]

| **Copy Structure 155** | You must take into consideration that S + V.
(...라는 사실을 고려에 넣어야만 한다.)

Point | 위의 구문을 원래 어순대로 쓰자면 take의 목적어인 that 절을 take와 into consideration 사이에 위치시켜야 한다. 그런데 이렇게 하면 긴 that 절이 문장 중간에 위치하여 문장의 균형이 맞지 않게 된다. 그래서 문장의 균형을 맞추기 위해 that 절을 문장 맨 끝에 위치시킨 것이다. 이처럼 영어에서는 한 문장 안에 긴 표현과 짧은 표현이 동시에 쓰일 때, 가능한 한 긴 표현을 문장 뒤 쪽에 위치시킴으로써 나름대로 문장 구조의 균형을 꾀한다.

- 그 나라의 사회 구조가 우리나라와는 전혀 다르다는 사실을 고려에 넣어야만 한다.

Tip [fabric of society, be different from]

2. Copy Structure 156~160

• 그 모든 것을 고려할 때, 나는 ...라고 생각한다.	Taking all that into consideration, I think (that) S + V.
• ~의 좋은 점은 ...라는 것이다.	The good thing about ~ is that S + V.
• ~의 열쇠는 -에 있다.	The key to ~ lies in -.
• ~에는 늘 양면성이 있다.	There are always two sides to ~.
• 요컨대, ...라고 말할 수 있다.	To sum up, we can say that S + V.

| **Copy Structure 156** | Taking all that into consideration, I think (that) S + V.
(그 모든 것을 고려할 때, 나는 ...라고 생각한다.)

- 그 모든 것을 고려할 때, 나는 모든 상황이 보이는 것과는 달리 그리 혼란스럽지는 않다고 생각한다.

Tip [whole, confusing, as it looks]

| **Copy Structure 157** | The good thing about ~ is that S + V.
                             (~의 좋은 점은 ...라는 것이다.)

• 그것의 좋은 점은 유창한 영어를 할 필요가 없다는 것이다.

Tip [need to, fluent]

| **Copy Structure 158** | The key to ~ lies in —.
                             (~의 열쇠는 –에 있다.)

Point | 앞서 설명한대로 key라는 명사는 answer, clue 등과 마찬가지로 대개 전치사 to와 함께 사용하고 그 다음에 목적어를 쓴다.

· Change is the key to success.
  (변화가 성공의 열쇠이다.)

• 많은 사회적 문제들을 해결하는 열쇠는 경제 현실을 폭넓게 이해하는 데 있다.

Tip [solution, wider understanding, economic facts of life]

| **Copy Structure 159** | There are always two sides to ~.
                             (~에는 늘 양면성이 있다.)

• 모든 문제에는 늘 양면성이 있다.

Tip [every problem]

| **Copy Structure 160** | To sum up, we can say that S + V.
                             (요컨대, ...라고 말할 수 있다.)

• 요컨대, 여성이 종종 거의 모든 분야에서 남성보다 우월하다고 말할 수 있다.

Tip [superior to, in almost every field]

3. Copy Structure 161~165

• ~을 어느 정도 자세히 다루기로 하겠다.	I should treat ~ in some detail.
• ~에 관해서라면 …이다.	When it comes to ~, S + V.
• –는 단지 희망 사항일 뿐이다.	S +is/are nothing but wishful thinking.
• ~을 잘 할 수 있는 최선의 방법 중 하나는 …인 듯 싶다.	One of the best ways to부정사 seems to부정사.
• ~와 관련된 –이 점점 더 광범위해지고 있다.	S + related to ~ become(s) progressively more comprehensive.

| Copy Structure 161 | I should treat ~ in some detail.
(~을 어느 정도 자세히 다루기로 하겠다.)

• 이 주제를 어느 정도 자세히 다루기로 하겠다.

Tip [subject]

| Copy Structure 162 | When it comes to ~, S + V.
(~에 관해서라면 …이다.)

• 스포츠에 관해서라면 그가 우리 학급에서 최고이다.

Tip [sports, best, class]

| Copy Structure 163 | S + is/are nothing but wishful thinking.
(–는 단지 희망 사항일 뿐이다.)

• 그것은 단지 희망 사항일 뿐이다.

Tip [that]

| **Copy Structure 164** | One of the best ways to부정사 seems to부정사.
                              (~을 잘 할 수 있는 최선의 방법 중 하나는 ...인 듯싶다.)

- 쇼핑을 잘 할 수 있는 최선의 방법 중 하나는 필요한 것들의 리스트를 만들어 미리 준비하는 것인 듯싶다.

Tip [shop, prepare, in advance, make a list, what you need]

| **Copy Structure 165** | S + related to ~ become(s) progressively more comprehensive.
                              (~와 관련된 – 이 점점 더 광범위해지고 있다.)

Point l 위의 구문에서 주어와 related 사이에는 관계대명사와 be 동사, 즉 which is(또는 are)가 생략되었다. 이처럼 과거 분사나 현재 분사가 포함된 관계대명사 절이 뒤에서 명사를 수식해줄 경우, 보통 관계대명사와 be 동사를 생략한 채 작문을 한다. 다음은 그 예이다.

- I can't accept any of the proposals (which were) discussed yesterday.
  (나는 어제 논의된 제안들 중 어떤 것도 받아들일 수 없다.)
- There are still a number of people (who are) standing in line.
  (아직 줄을 서있는 사람들이 많이 있다.)

- 환경과 관련된 문제들이 점점 더 광범위해지고 있다.

Tip [problem, environment]

4. Copy Structure 166~172

• 나는 ~을 하는 것 만큼이나 거의 ...하는 것을 싫어한다.	I hate -ing almost as much as -ing.
• X는 Y보다 약 3배 정도나 많은 ~을 ...한다.	X + V about three times as many/much ~ as Y.
• 나는 늘 ...하는 것이 훨씬 더/덜 ~할 거라고 생각했다.	I always thought it would be much 비교급 + to부정사.
• 여러 가지 이유들로 인해 ~이후 세상이 많이 변했다.	Things have changed a lot since ~ for various reasons.
• ~는 ~한 지 얼마되지 않아 ...하기 시작했다.	Soon after S + had p.p., S started to부정사.
• ~는 너무 ~하여 ...할 수가 없다.	S + V + too 형용사·부사 + to부정사.
• ~에 관해서 흥미로운 것은 A가 아니라 B이다.	What is interesting about ~ is not A, but B.

| Copy Structure 166 | I hate -ing almost as much as -ing.
(나는 ~을 하는 것 만큼이나 거의 ...하는 것을 싫어한다.)

• 나는 세탁을 하는 것 만큼이나 거의 설거지하는 것을 싫어한다.

Tip [wash dishes, do laundry]

| Copy Structure 167 | X + V about three times as many/much ~ as Y.
(X는 Y보다 약 3배 정도나 많은 ~을 ...한다.)

• 대형 세탁기는 보통 것보다 약 3배 정도나 많은 옷이 들어간다.

Tip [washing machine, hold, clothes, regular]

| Copy Structure 168 | I always thought it would be much 비교급 + to부정사.
(나는 늘 ...하는 것이 훨씬 더/덜 ~할 거라고 생각했다.)

• 나는 늘 수리하는 것이 훨씬 더 비쌀 거라고 생각했다.

Tip [expensive, repair]

| **Copy Structure 169** |　　Things have changed a lot since ~ for various reasons.
　　　　　　　　　　　　　(여러 가지 이유들로 인해 ~이후 세상이 많이 변했다.)

• 여러 가지 이유들로 인해 1950년대 이후 세상이 많이 변했다.

Tip　[the 1950s]

| **Copy Structure 170** |　　Soon after S + had p.p., S started to부정사.
　　　　　　　　　　　　　(-는 ~한 지 얼마 되지 않아 ...하기 시작했다.)

Point | 위의 구문을 작문할 때는 시제의 일치에 유의해야 한다. 즉, Soon after로 시작하는 종속절의 내용이 주절보다 시간적으로 앞서 일어난 일이므로 종속절의 시제를 주절보다 앞선 과거 완료 시제를 써주어야 한다. 이처럼 종속절이 딸린 복문을 쓸 경우는 특별히 시제의 일치에 주의해 작문을 해야 한다.

• 나는 우리나라를 떠난 지 얼마 되지 않아 향수를 느끼기 시작했다.

Tip　[leave, feel homesick]

| **Copy Structure 171** |　　S + V – too 형용사·부사 + to부정사.
　　　　　　　　　　　　　(-는 너무 ~하여 ...할 수가 없다.)

• 나는 시험 결과가 너무 걱정돼 음식을 먹을 수가 없었다.

Tip　[nervous, exam result, eat]

| **Copy Structure 172** |　　What is interesting about ~ is not A, but B.
　　　　　　　　　　　　　(~에 관해서 흥미로운 것은 A가 아니라 B이다.)

• 돈에 관해서 흥미로운 것은 그것의 가치가 아니라 그것에 대한 사람들의 태도이다.

Tip　[value, behavior, toward]

Review Test 25

Translate the Korean sentences into English by using the proper copy structures.

1. 나는 인생이 그리 간단치 않다는 것을 분명히 해두고 싶다.
   Tip [be not that simple]

   _____

2. 주요 쟁점은 학생들이 교복을 착용해야 하느냐의 여부이다.
   Tip [be required to, school uniform]

   _____

3. 내가 보기에는 그 꿈이 현실로 바뀔 가능성이 별로 없다.
   Tip [turn ~ into reality]

   _____

4. 인생은 선택들로 가득차 있다는 사실을 고려에 넣어야만 한다.
   Tip [be full of choices]

   _____

5. 그 모든 것을 고려할 때, 나는 인터넷이 급성장을 계속할거라고 생각한다.
   Tip [continue one's rapid growth]

   _____

6. 수명 연장의 열쇠는 의료 기술의 발전에 있다.
   Tip [longer life, advance, medical technology]

   _____

7. 범죄 없는 사회는 단지 희망 사항일 뿐이다.
   Tip [without crime]

   _____

8. 오존층 파괴와 관련된 문제들이 점점 더 광범위해지고 있다.
   Tip [destruction, ozone layers]

   _____

9. 나는 늘 재활용하는 것이 훨씬 더 쌀 거라고 생각했다.
   Tip [much, recycle]

   _____

10. 여러 가지 이유들로 인해 컴퓨터의 발명 이후 세상이 많이 변했다.
    Tip [invention of the computer]

    _____

Part 3 Advanced Level

1. Copy Structure 173~177

• 이 논의는 ~에 관한 것으로 −와는 관계가 없다.	The discussion is on ~ and it stands regardless of −.
• 일부 경우들에선 ~인 반면, 다른 경우들에선 ...이다.	In some cases $S_1 + V_1$; in others $S_2 + V_2$.
• 비록 −하지만, ~와 유사한 방식으로 ...한다.	S + V in a way similar to that of ~, though 형용사.
• ~의 이유들은 −만큼이나 다양하다.	The reasons for ~ are as varied as −.
• 보통, ...하는 모습은 ~을 잘 드러낸다.	Usually, the way S + V reveals of ~.

| Copy Structure 173 | The discussion is on ~ and it stands regardless of −.
(이 논의는 ~에 관한 것으로 −와는 관계가 없다.)

Point | 위의 구문에서 전치사 on은 주어인 discussion에 걸리는 표현이다. 즉, '~에 관한 논의'란 뜻의 the discussion on ~에서 on 이하의 표현을 be 동사 다음에 쓴 것이다. 이런 식의 작문은 매우 세련된 방법으로서, 특히 에세이 영작문의 서론 부분에서 유용하게 쓸 수 있다.

• 이 논의는 기초 체형에 관한 것으로, 당신의 몸무게가 얼마이고 또 당신이 얼마나 뚱뚱한지와는 관계가 없다.

  Tip [basic body shape, what you weigh, how fat]

| Copy Structure 174 | In some cases $S_1 + V_1$; in others $S_2 + V_2$.
(일부 경우들에선 ~인 반면, 다른 경우들에선 ...이다.)

Point | 위의 구문에서 세미콜론(;)은 대조되는 두 문장을 연결할 때 사용하는 접속사 while을 대신해 쓴 것이다. 따라서, 위의 구문은 다시 다음과 같이 바꿔 쓸 수 있다.

→ In some cases $S_1 + V_1$, while in others $S_2 + V_2$.

• 일부 경우들에선 중독이 평생을 가는 반면, 다른 경우들에선 일시적 양상일 수 있다.

  Tip [addiction, lifelong, temporary phase]

Part 3 Advanced Level

| Copy Structure 175 | S + V in a way similar to that of ~, though 형용사.
(비록 −하지만, ~와 유사한 방식으로 ... 한다.)

Point | '비록 ~하지만' 이라고 할 때는 if, even if, though, even though, although와 같은 양보 접속사들을 사용해 작문을 한다. 그런데 만약 주어와 동사를 생략한 채 양보절을 쓸 경우는 이 중 though라는 접속사를 주로 사용한다. 다음은 그 예이다.

- It is a very important, though small, mistake.
  (그것은 비록 작지만, 매우 중요한 실수이다.)
  ☞ 여기서 though small은 though it is small에서 주어와 동사인 it is가 생략된 양보절임.
- Her first acting role, though small, was a great success.
  (그녀의 첫 배역은 작은 역할이긴 했지만, 대단히 성공적이었다.)

• 이 기계는 비록 느리긴 하지만, 컴퓨터와 유사한 방식으로 작동한다.

Tip [work, slow-moving]

| Copy Structure 176 | The reasons for ~ are as varied as −.
(~의 이유들은 −만큼이나 다양하다.)

• 마약을 복용하는 그들의 이유는 그들이 사는 환경 만큼이나 다양하다.

Tip [take drugs, environment, which]

| Copy Structure 177 | Usually, the way S + V reveals of ~.
(보통, ...하는 모습은 ~을 잘 드러낸다.)

• 보통, 어떤 사람이 말하는 모습은 그의 성격을 잘 드러낸다.

Tip [his or her character]

2. Copy Structure 178~182

- 대부분의 사람들에게서 중요한 것은 ~뿐만 아니라 -이다.
- 목표는 대중들이 ~에 대해 보다 잘 인식케 하는 것이다.
- 나는 ~에 환멸을 느껴서 ...한다.
- 나는 ...하는 것이 더 이상 무의미하다고 생각한다.
- ...인지 여부는 단지 견해 차이에 불과하다.

- For most people it is not only ~ which is/are important, but − (as well).
- The aim is to make the public more aware of ~.
- I am so disenchanted with ~ that S + V.
- I think it no longer makes sense that S + V.
- Whether or not S + V is (just) a matter of opinion.

| Copy Structure 178 | For most people it is not only ~ which is/are important, but − (as well).
(대부분의 사람들에게서 중요한 것은 ~뿐만 아니라 -이다.)

- 대부분의 사람들에게서 중요한 것은 집의 유형 뿐만 아니라 이웃 전체이다.

Tip [type of housing, whole neighborhood]

| Copy Structure 179 | The aim is to make the public more aware of ~.
(목표는 대중들이 ~에 대해 보다 잘 인식케 하는 것이다.)

- 목표는 대중들이 야생 동물의 수난에 대해 보다 잘 인식케 하는 것이다.

Tip [wildlife's plight]

| Copy Structure 180 | I am so disenchanted with ~ that S + V.
(나는 ~에 환멸을 느껴서 ...한다.)

- 나는 대도시 생활에 환멸을 느껴 직장을 포기하고 시골 어딘가에서 새 출발을 하기로 결심했다.

Tip [decide to, give up, make a fresh start, somewhere, country]

| Copy Structure 181 | I think it no longer makes sense that S + V.
(나는 ...하는 것이 더 이상 무의미하다고 생각한다.)

• 나는 대학들이 서울의 인구 밀집 지역에 남아있는 것이 더 이상 무의미하다고 생각한다.

Tip   [university, remain, densely populated part]

| Copy Structure 182 | Whether or not S + V is (just) a matter of opinion.
(...인지 여부는 단지 견해 차이에 불과하다.)

• 채식주의자가 더 건강한지 여부는 단지 견해 차이에 불과하다.

Tip   [healthy, to be a vegetarian]

3. Copy Structure 183~187

• ...라는 사실의 원인으로 ~을 탓할 수 있다.	You can blame ~ for the fact that S + V.
• 문제는 우리가 ~을 하면서도 어떻게 ...하는지를 모른다는 사실이다.	The trouble is that when $S_1 + V_1$ we don't know how $S_2 + V_2$.
• 나는 ~에 대해 아는 바가 별로 없으므로 ...을 할 수가 없다.	I have little knowledge of ~ and am therefore unable to부정사.
• ...을 하는 데 ~을 참조하면 유익할 것이다.	It may be useful to refer to ~ to부정사.
• 부분적으로 ~의 이유는 ...하는 데 있는 듯하다.	Part of the reason for ~ may lie in -ing.

| Copy Structure 183 | You can blame ~ for the fact that S + V.
(...라는 사실의 원인으로 ~을 탓할 수 있다.)

• 아이들이 요즘 읽는 것을 배우는 데 오랜 시간이 걸리는 원인으로 TV를 탓할 수 있다.

Tip   [take longer, learn to read, these days]

| **Copy Structure 184** | The trouble is that when $S_1 + V_1$ we don't know how $S_2 + V_2$.
(문제는 우리가 ~을 하면서도 어떻게 ...하는지를 모른다는 사실이다.)

- 문제는 우리가 사진을 보면서도 어떻게 사진이 찍혀졌는지를 모른다는 사실이다.

Tip [look at the photo, take a photo]

| **Copy Structure 185** | I have little knowledge of ~ and am therefore unable to부정사.
(나는 ~에 대해 아는 바가 별로 없으므로 ...을 할 수가 없다.)

- 나는 내가 사는 제품의 실제 생산에 대해서 아는 바가 별로 없으므로 품질에 대해 직접적인 판단을 내릴 수가 없다.

Tip [actual production, what I buy, firsthand judgements, quality]

| **Copy Structure 186** | It may be useful to refer to ~ to부정사.
(...을 하는 데 ~을 참조하면 유익할 것이다.)

Point | 위의 구문을 분석해 보면 it은 가주어, to refer to ~의 부정사는 진주어의 표현이다. 그리고 문장 후반부의 to부정사는 in order to ~와 같은 의미의 목적을 나타내는 부정사이다.

- 신문의 금융면을 읽는 데 비즈니스 사전을 참조하면 유익할 것이다.

Tip [business dictionary, financial pages]

| **Copy Structure 187** | Part of the reason for ~ may lie in -ing.
(부분적으로 ~의 이유는 ...하는 데 있는 듯 하다.)

- 부분적으로 이것의 이유는 사람들이 그들에게 부적합한 휴가를 선택하는 데 있는 듯하다.

Tip [choose a holiday, be unsuitable for]

Review Test 26

Translate the Korean sentences into English by using the proper copy structures.

1. 이 논의는 삶의 질에 관한 것으로 당신이 얼마나 부자인지와는 관계가 없다.
   Tip [quality of life]

2. 그들이 영어를 공부하는 이유는 그들의 직업만큼이나 다양하다.
   Tip [study English, job]

3. 보통 어떤 사람이 말하는 모습은 그의 학력 배경을 잘 드러낸다.
   Tip [educational background]

4. 대부분의 사람들에게서 중요한 것은 성공 뿐만 아니라 성취감이다.
   Tip [feeling of achievement]

5. 목표는 대중들이 정보화 사회의 중요성에 대해 보다 잘 인식케 하는 것이다.
   Tip [importance, the information-intensive society]

6. 나는 산업 시대의 도덕관과 가치관에 집착하는 것이 더 이상 무의미하다고 생각한다.
   Tip [stick to, morals and values, industrial age]

7. 나이든 사람들 앞에서 담배를 피우는 것이 무례한지 여부는 단지 견해 차이에 불과하다.
   Tip [impolite, in front of elders]

8. 최근 학교 총기 사건이 자주 발생하고 있는 사실의 원인으로 폭력 영화들을 탓할 수 있다.
   Tip [violent film, school shooting, take place]

9. 나는 법률에 대해 아는 바가 별로 없으므로 무엇이 불법인지를 판단할 수가 없다.
   Tip [judge, unlawful]

10. 부분적으로 내 비만의 이유는 햄버거와 같은 싸구려 즉석 식품들을 먹는 데 있는 듯 하다.
    Tip [be overweight, junk food]

4. Copy Structure 188~192

• ~에 대한 이야기를 듣는 것이 요즘은 꽤 흔한 일이다.	It is not uncommon these days to hear of ~.
• 더욱 많은 사람들이 …하는 것을 점점 스트레스로 생각하고 있다.	More and more people are finding it increasingly stressful to부정사.
• 만약 …한다면 −는 꽤나 큰 충격일 것이다.	S + will come as quite a shock if S + V.
• −는 어느 장소, 어느 사람들에게든 즉각적인 관심사이다.	S + is/are something that is of immediate concern to everyone, everywhere.
• −는 경제적 필요성보다는 기호의 문제에 해당한다.	S + is/are less a matter of economic necessity than of taste.

| Copy Structure 188 | It is not uncommon these days to hear of ~.
(~에 대한 이야기를 듣는 것이 요즘은 꽤 흔한 일이다.)

Point | 흔히 영어에서 이중 부정은 강한 긍정의 의미를 나타낸다. 따라서, 위의 구문 중 not uncommon이라는 이중 부정 표현은 실제로는 quite common이라는 강한 긍정의 의미를 갖는다. 이와 같이 강한 긍정의 의미를 표현하는 방법으로 이중 부정을 사용하는 것은 하나의 유용한 영작문 테크닉이다.

• 도시 생활에 환멸을 느끼는 사람들에 대한 이야기를 듣는 것이 요즘은 꽤 흔한 일이다.

Tip [who, become disenchanted, city life]

| Copy Structure 189 | More and more people are finding it increasingly stressful to부정사.
(더욱 많은 사람들이 …하는 것을 점점 스트레스로 생각하고 있다.)

• 더욱 많은 사람들이 직장으로 출퇴근하는 것을 점점 스트레스로 생각하고 있다.

Tip [commute, work]

| Copy Structure 190 | S + will come as quite a shock if S + V.
(만약 …한다면 −는 꽤나 큰 충격일 것이다.)

• 만약 당신이 정규 교과 과정에 익숙해 있다면 학교에서의 성교육은 꽤나 큰 충격일 것이다.

Tip [sex education, be accustomed to, regular curriculum]

| **Copy Structure 191** | S + is/are something that is of immediate concern to everyone, everywhere.
(–는 어느 장소, 어느 사람들에게든 즉각적인 관심사이다.)

Point | 관계대명사 문장을 작문할 때 something, anything, nothing 등과 같이 -thing으로 끝나는 단어를 선행사로 쓸 경우는 항상 관계대명사로 that을 사용한다. 그 밖에 영작문을 할 때 관계대명사로 꼭 that을 쓰는 경우는 다음과 같다.

❶ 선행사에 all, little, few, much, only, none, the same 등의 단어를 포함할 경우
· He's the only friend that I hate in my class.
(그는 내가 우리 반에서 미워하는 유일한 친구이다.)

· I bought the same shoes that you did.
(나는 네가 산 것과 똑같은 신발을 샀다.)

❷ 선행사에 최상급 표현을 포함할 경우
· It's the best film that I have ever seen.
(그것은 이제까지 내가 본 최고의 영화이다.)

❸ 선행사로 who를 쓸 경우
· Who that has ever been here can forget this scenery?
(여기 한 번이라도 와본 사람 중에 누가 이 광경을 잊을 수 있겠는가?)

· 음식은 어느 장소, 어느 사람들에게든 즉각적인 관심사이다.

Tip [food]

| **Copy Structure 192** | S +is/are less a matter of economic necessity than of taste.
(–는 경제적 필요성보다는 기호의 문제에 해당한다.)

· 서양의 채식주의는 경제적 필요성보다는 기호의 문제에 해당한다.

Tip [vegetarianism, the West]

5. Copy Structure 193~197

• ~는 ...하는 경향이 있어서 ...이다.	S + tend(s) to부정사 so that S + V.
• ~는 비판할 것은 많고 칭찬할 점은 별로 없다.	There is much to criticize and little to praise in ~.
• 하지만 ...의 여부에 대해서는 아직 의문이 완전히 가시지 않고 있다.	There are, however, still some lingering doubts as to whether S + V.
• 똑같은 규칙이 ~ 및 그와 동등한 것에 적용될 것이다.	The same rules will apply to ~ and its/their equivalents.
• ~는 별 논란을 일으키지 않으면서 폭넓게 행해지고 있다.	S + is/are widely practiced and cause(s) little controversy.

| Copy Structure 193 | S + tend(s) to부정사 so that S + V.
(~는 ...하는 경향이 있어서 ...이다.)

Point | 여기서 문장 후반부의 'so that + 절'은 결과의 의미를 나타낸다. 'so that + 절'이 결과의 의미를 나타내는 예는 다음과 같다.

· They were short of water, so that they drank as little as possible.
(그들은 식수가 부족했으므로 될 수 있는대로 절약해서 마셨다.)

• 식물성 음식은 높은 수분을 함유하는 경향이 있어서 그 결과 채식주의자들은 자동적으로 많은 양의 수분을 섭취하게 된다.

Tip [vegetable food, higher water content, vegetarian, take, quantities of water]

| Copy Structure 194 | There is much to criticize and little to praise in ~.
(~는 비판할 것은 많고 칭찬할 점은 별로 없다.)

Point | 일반적으로 much라는 표현은 긍정문에서는 그다지 사용하지 않는다. 그 대신 a lot 또는 a great deal이란 표현을 즐겨 쓴다. 예컨대, '그는 말을 많이 한다.'라는 문장을 영어로 작문한다면, He talks much.가 아니라 He talks a lot. 또는 He talks a great deal.이라고 쓴다. 하지만 위의 구문에서처럼 much가 한 문장 내에서 대조적 표현인 little과 함께 쓰일 때는 긍정문이라도 much를 사용해 작문한다.

• 우리가 받은 학교 교육은 비판할 것은 많고 칭찬할 점은 별로 없다.

Tip [schooling, receive]

Part 3 Advanced Level

| **Copy Structure 195** | There are, however, still some lingering doubts as to whether S + V.
(하지만 …의 여부에 대해서는 아직 의문이 완전히 가시지 않고 있다.)

- 하지만 이 새로운 제도가 낡은 것을 대체할 수 있을지 여부에 대해서는 아직 의문이 완전히 가시지 않고 있다.

Tip   [this new system, replace, one]

| **Copy Structure 196** | The same rules will apply to ~ and its/their equivalents.
(똑같은 규칙이 ~ 및 그와 동등한 것에 적용될 것이다.)

- 똑같은 규칙이 노벨상 수상자들 및 그와 동등한 자들에 적용될 것이다.

Tip   [Nobel prizewinner]

| **Copy Structure 197** | S + is/are widely practiced and cause(s) little controversy.
(-는 별 논란을 일으키지 않으면서 폭넓게 행해지고 있다.)

- 오늘날 성형 수술은 별 논란을 일으키지 않으면서 폭넓게 행해지고 있다.

Tip   [plastic surgery]

Step Ⅲ Writing Copy-Structures • 223

6. Copy Structure 198~202

• 요즘 들어 −는 과거만큼 ~하지 않다.	S + V(부정형) + as 형용사·부사 nowadays as S + used to.
• 오늘날 우리가 알고 있는 것과 같은 −는 ~에는 존재하지 않을 것이다.	S + as we know it/them today won't exist in ~.
• −는 본질적으로 …는 아니지만, ~을 초래할 수 있다.	S, though not … in itself, might lead to ~.
• −는 …라는 점에서 ~와는 다르다.	S + differ(s) from ~ in that S + V.
• 전통적으로 −는 늘 ~였다. 왜냐하면 …하기 때문이다.	Traditionally, S + has/have always been ~, for S + V.

| Copy Structure 198 | S + V(부정형) + as 형용사·부사 nowadays as S + used to.
(요즘 들어 −는 과거만큼 ~하지 않다.)

• 요즘 들어 사람들은 과거만큼 열심히 일하지 않는다.

Tip [people, hard]

| Copy Structure 199 | S + as we know it/them today won't exist in ~.
(오늘날 우리가 알고 있는 것과 같은 −는 ~에는 존재하지 않을 것이다.)

• 오늘날 우리가 알고 있는 것과 같은 학교들은 21세기에는 존재하지 않을 것이다.

Tip [the 21st century]

| Copy Structure 200 | S, though not … in itself, might lead to ~.
(−는 본질적으로 …는 아니지만, ~을 초래할 수 있다.)

Point | 앞서 설명한 것처럼 주어와 동사를 생략한 채 삽입절 형태로 양보절을 쓸 경우는 흔히 though라는 양보 접속사를 사용해 작문을 한다.

• 새로운 제도는 본질적으로 미풍양속을 해치는 것은 아니지만, 커다란 우려를 낳을 수 있다.

Tip [objectionable, great concern]

Part 3 Advanced Level

| **Copy Structure 201** | S + differ(s) from ~ in that S + V.
(−는 …라는 점에서 ~와는 다르다.)

• TIME지는 보다 진지하다는 점에서 LIFE지와는 다르다.

Tip   [magazine, serious]

| **Copy Structure 202** | Traditionally, S + has/have always been ~, for S + V.
(전통적으로 −는 늘 ~였다. 왜냐하면 …하기 때문이다.)

Point I 영작문을 하다보면 '이유'를 나타내는 종속절을 빈번하게 쓰게 된다. 이 때 주로 사용하는 것은 because, for, as, since의 네 가지 접속사이다. 그런데 이 접속사들은 실제 의미상으로는 거의 차이가 없다. 하지만 문장 내 위치와 콤마 사용 여부에 따라 각각 쓰는 경우가 다르다. 다음은 그 예이다.

❶ as와 since로 시작하는 이유 종속절은 대개 주절 앞에 쓴다.
  · As I have no car, I can't get there easily.
    (나는 차가 없기 때문에 그 곳에 쉽게 도착할 수가 없다.)
  · Since I'm not so busy right now, I can do the job.
    (나는 지금 당장은 그리 바쁘지 않기 때문에 그 일을 할 수 있다.)

❷ because와 for로 시작하는 이유 종속절은 보통 주절 다음에 쓴다. 그리고 because 앞에는 보통 콤마를 붙이지 않는 반면, for 앞에는 콤마를 붙인다.
  · I did it because I liked it.
    (나는 좋아했기 때문에 그것을 했다.)
  · She doesn't go out in the winter, for she feels the cold a great deal.
    (그녀는 겨울에는 밖에 잘 나가지 않는다. 왜냐하면 추위를 많이 타기 때문이다.)

• 전통적으로 자동차 경주는 늘 남성 스포츠였다. 왜냐하면 엄청난 스태미너를 필요로 하기 때문이다.

Tip   [auto-racing, take a great deal of stamina]

Review Test 27

Answer P 325

Translate the Korean sentences into English by using the proper copy structures.

1. 젊은 백만장자들에 대한 이야기를 듣는 것이 요즘은 꽤 흔한 일이다.
   Tip [young millionaire]

2. 더욱 많은 사람들이 동료들과 경쟁하는 것을 점점 스트레스로 생각하고 있다.
   Tip [compete with one's colleagues]

3. 음악은 어느 장소, 어느 사람들에게든 즉각적인 관심사이다.
   Tip [music]

4. 집에서 술을 담그는 것은 경제적 필요성보다는 기호의 문제에 해당한다.
   Tip [home brew]

5. 현행 정치 제도는 비판할 것은 많고 칭찬할 점은 별로 없다.
   Tip [the current political system]

6. 낙태가 별 논란을 일으키지 않으면서 폭넓게 행해지고 있다.
   Tip [abortion]

7. 요즘 들어 사람들은 과거만큼 많이 독서를 하지 않는다.
   Tip [read much]

8. 오늘날 우리가 알고 있는 것과 같은 대중 교통들이 2050년에는 존재하지 않을 것이다.
   Tip [public transport]

9. 온라인 잡지는 보다 자주 업데이트 된다는 점에서 종이 잡지와는 다르다.
   Tip [online magazine, update frequently]

10. 전통적으로 간호사는 늘 여자들의 직업이었다. 왜냐하면 여성스러운 자질들을 필요로 하기 때문이다.
    Tip [women's job, feminine qualities]

7. Copy Structure 203~207

- 나는 ~에게 ...을 납득시키기가 여전히 어렵다.   I still find it difficult to convince ~ that S + V.
- 나는 ~의 결과로 몇 가지 새로운 문제들이 일어날 것으로 예상한다.   I anticipate (that) some new problems will arise as a result of ~.
- -는 ...라는 의미에서 매우 이례적이다.   S + is/are quite unusual in the sense that S + V.
- 나는 ...라는 취지에서 한 마디 언급하였다.   I made a remark to the effect that S + V.
- 나는 결국 ...하고 말았다.   I end up -ing.

| Copy Structure 203 | I still find it difficult to convince ~ that S + V.
(나는 ~에게 ...을 납득시키기가 여전히 어렵다.)

- 나는 내 친구들에게 유학을 하는 것이 생각하는 것만큼 매력적인 일이 아니라는 것을 납득시키기가 여전히 어렵다.

Tip [studying abroad, as glamorous as]

| Copy Structure 204 | I anticipate (that) some new problems will arise as a result of ~.
(나는 ~의 결과로 몇 가지 새로운 문제들이 일어날 것으로 예상한다.)

- 나는 수명 연장의 결과로 몇 가지 새로운 문제들이 일어날 것으로 예상한다.

Tip [increasing life span]

| Copy Structure 205 | S + is/are quite unusual in the sense that S + V.
(-는 ...라는 의미에서 매우 이례적이다.)

- 그 회사는 직원들이 회사를 소유하고 있다는 의미에서 매우 이례적이다.

Tip [own, staff]

| **Copy Structure 206** | I made a remark to the effect that S + V.
(나는 …라는 취지에서 한 마디 언급하였다.)

• 나는 보다 많은 사람들이 일자리를 잃을 것이라는 취지에서 한 마디 언급하였다.

Tip [lose one's job]

| **Copy Structure 207** | I end up -ing.
(나는 결국 …하고 말았다.)

Point | '결국 …해 버렸다'라는 뜻의 결과를 나타낼 때 쓰는 유용한 표현 중의 하나가 'end up + -ing 구문'이다. 물론 이 밖에도 결과를 나타낼 때 쓰는 영어 구문들은 여러 가지가 있다. 하지만 위의 구문을 쓰게 되면 다소 구어체적이긴 하지만 매우 실감나게 의미를 전달하는 효과가 있다. 다음은 그 예이다.

· I didn't like the team at first, but I ended up cheering.
  (나는 처음에는 그 팀을 좋아하지 않았지만, 결국 응원하게 되었다.)
· He ended up (as) head of a firm.
  (그는 결국 회사의 사장이 되었다.)

• 나는 결국 내 형편 이상으로 많이 사 버렸다.

Tip [more, afford]

8. Copy Structure 208~212

- A와 B를 명확히 구분하는 것이 항상 간단한 일은 아니다.
- 대부분의 경우 A와 B에 그어진 경계선은 주관적일 수 밖에 없다.
- "~"라는 말을 들으면 아마 누구든지 ―을 생각할 것이다.
- 이상하게 들릴지 모르지만, 사실은 …이다.
- 비록 ~지만, 흔히 그렇듯 …이다.

It is not always simple to draw a clear distinction between A and B.
In most cases the line drawn between A and B is necessarily subjective.
Anybody who hears the word "~" will probably think of ―.
Strange as it may sound, the fact is that S + V.
Though $S_1 + V_1$, S_2, as is often the case, V_2.

| **Copy Structure 208** | It is not always simple to draw a clear distinction between A and B.
(A와 B를 명확히 구분하는 것이 항상 간단한 일은 아니다.)

- 이상과 현실을 명확히 구분하는 것이 항상 간단한 일은 아니다.

Tip [ideal, reality]

| **Copy Structure 209** | In most cases the line drawn between A and B is necessarily subjective.
(대부분의 경우 A와 B에 그어진 경계선은 주관적일 수밖에 없다.)

- 대부분의 경우 아마추어와 프로 사이에 그어진 경계선은 주관적일 수밖에 없다.

Tip [amateur, professional]

| **Copy Structure 210** | Anybody who hears the word "~" will probably think of ―.
("~"라는 말을 들으면 아마 누구든지 ―을 생각할 것이다.)

- "영웅"이라는 말을 들으면 아마 누구든지 나폴레옹의 이름을 생각할 것이다.

Tip [hero, name, Napoleon]

| **Copy Structure 211** | Strange as it may sound, the fact is that S + V.
(이상하게 들릴지 모르지만, 사실은 ...이다.)

Point | 위의 구문에서 Strange as it may sound는 양보절로서 Though it may sound strange로 다시 바꿔 쓸 수 있다. 하지만, 위와 같은 구문을 쓰게 되면 보어인 Strange를 문장 맨 앞에 씀으로써 Strange의 의미를 강조하는 효과가 있다.

- 이상하게 들릴지 모르지만, 사실은 "백조의 호수"도 차이코프스키가 살아 있을 동안에는 전혀 인정을 받지 못했다.

  Tip [Swan Lake, in the least, be recognized, Tchaikovsky, be alive]

| **Copy Structure 212** | Though S_1 + V_1, S_2, as is often the case, V_2.
(비록 ~지만, 흔히 그렇듯 ...이다.)

- 비록 과학자 자신은 알려지는 것을 원치 않았지만, 흔히 그렇듯 신문들은 그의 발견을 알리기 시작했다.

  Tip [publicity, begin to publicize, discovery]

9. Copy Structure 213~217

• -는 한 가지, 즉 ~로 요약된다.	S + boil(s) down to one: ~.
• 첫째 이유는 ~한 것이고, 그 다음은 ...라는 점이다.	For one thing S_1 + V_1, and then S_2 + V_2.
• -는 이론상으로는 그럴듯하게 들리지만, 실행 가능성 여부는 의문이다.	S + sound(s) good in theory, but I wonder whether it/they will work in practice.
• ...한 것은 당연한 세상 이치이다.	It is in the nature of things that S + V.
• 표면적으로는 -가 ...한 것처럼 보이지만, 실제로는 ...하다.	On the surface S + seem(s) to부정사, but in reality S + V.

| **Copy Structure 213** | S + boil(s) down to one: ~.
(-는 한 가지, 즉 ~로 요약된다.)

- 제안된 모든 해결책은 지금 한 가지, 즉 전문화와 세계화로 요약된다.

  Tip [specialization, globalization]

| **Copy Structure 214** | For one thing $S_1 + V_1$, and then $S_2 + V_2$.
(첫째 이유는 ~한 것이고, 그 다음은 …라는 점이다.)

- 첫째 이유는 이민자들이 다른 가치관을 가지고 있다는 것이고, 그 다음은 그들 중 많은 사람들이 영어를 하지 못한다는 점이다.

Tip [immigrant, value, speak English]

| **Copy Structure 215** | S + sound(s) good in theory, but I wonder whether it/they will work in practice.
(−는 이론상으로는 그럴듯하게 들리지만, 실행 가능성 여부는 의문이다.)

- 그 계획은 이론상으로는 그럴듯하게 들리지만, 실행 가능성 여부는 의문이다.

Tip [plan]

| **Copy Structure 216** | It is in the nature of things that S + V.
(…한 것은 당연한 세상 이치이다.)

- 성공을 이루는 최선의 방법이 우리가 좋아하는 것을 함이라는 사실은 당연한 세상 이치이다.

Tip [best way, achieve a success, what we love]

| **Copy Structure 217** | On the surface S + seem(s) to부정사, but in reality S + V.
(표면적으로는 −가 …한 것처럼 보이지만, 실제로는 …하다.)

- 표면적으로는 여성 차별이 사라진 것처럼 보이지만, 실제로는 여전히 존재한다.

Tip [sexism, disappear, exist]

10. Copy Structure 218~222

• ~의 장점이 단점을 압도한다.	The advantages of ~ outweigh the disadvantages.
• 우리는 ~에 대한 모든 찬반 의견을 고려해야만 한다.	We must consider all the pros and cons of ~.
• ~에서 다루는 주제의 범위는 A에서부터 B에 이른다.	The subjects treated in ~ range from A to B.
• ~을 둘러싼 최근의 논란을 예로 들어보겠다.	I will take an example of the recent controversies surrounding ~.
• -는 ~에 관한 이야기로 …을 잘 드러내준다.	S + is/are a story about ~, revealing …

| Copy Structure 218 | The advantages of ~ outweigh the disadvantages.
(~의 장점이 단점을 압도한다.)

Point | 동사 outweigh의 문자 그대로의 의미는 '~보다 무겁다'이다. 그런데 outweight는 비유적인 의미로 '~을 앞서다', '~을 압도하다'라는 뜻 또한 갖는다. 이처럼 동사 앞에 out이란 접두어를 부치면 흔히 강조의 비교 동사로서 쓰인다. 다음은 그 예이다.

- He outeats children of his age.
  (= He eats more than children of his age.)
  (그는 또래의 아이들보다 많이 먹는다.)

• 조기 교육의 장점이 단점을 압도한다.

Tip [early education]

| Copy Structure 219 | We must consider all the pros and cons of ~.
(우리는 ~에 대한 모든 찬반 의견을 고려해야만 한다.)

Point | '~에 대한 찬반'이라고 할 때는 the pros and cons of ~라는 표현을 즐겨 쓴다. 이 때 특별히 유의할 것은 pro와 con을 항상 복수형으로 써주어야 한다는 점이다. 다음은 그 예이다.

- The workers discussed the pros and cons of strike action.
  (노동자들은 파업 행위에 대한 찬반을 토론하였다.)

• 우리는 지방 자치에 대한 모든 찬반 의견을 신중하게 고려해야만 한다.

Tip [local autonomy]

Part 3 Advanced Level

| **Copy Structure 220** | The subjects treated in ~ range from A to B.
(~에서 다루는 주제의 범위는 A에서부터 B에 이른다.)

Point | 과거 분사나 현재 분사가 포함된 관계대명사 절이 뒤에서 명사를 수식해줄 경우 보통 관계대명사와 be 동사를 생략한다. 따라서, 위의 구문 역시 주어인 The subjects와 과거 분사 treated 사이에 which are가 생략된 채 쓰였다.

• 이 책에서 다루는 주제의 범위는 원예에서부터 등산에 이른다.

Tip [gardening, mountaineering]

| **Copy Structure 221** | I will take an example of the recent controversies surrounding ~.
(~을 둘러싼 최근의 논란을 예로 들어보겠다.)

• 성희롱을 둘러싼 최근의 논란을 예로 들어보겠다.

Tip [sexual harassment]

| **Copy Structure 222** | S + is/are a story about ~, revealing …
(-는 ~에 관한 이야기로 …을 잘 드러내준다.)

Point | 위의 문장 구조는 분사 구문을 사용한 복문의 형태이다. 여기서 만약 revealing 이하의 분사 구문을 쓰지 않았다면 and reveal(s)와 같은 중문의 형태로 작문을 하였을 것이다. 그런데 단순히 and로 연결한 중문보다 분사 구문이 포함된 복문을 사용하는 것이 보다 수준 높은 작문 요령이다.

• 전설은 보통 사람들에 관한 이야기로 그들의 믿음과 관습을 잘 드러내준다.

Tip [folk tale, ordinary people, beliefs and customs]

Review Test 28

Answer P 326

Translate the Korean sentences into English by using the proper copy structures.

1. 나는 생태계 파괴의 결과로 몇 가지 새로운 문제들이 일어날 것으로 예상한다.
   Tip [destruction of the ecosystem]

   _____

2. 우리 가족은 결국 미국으로 이민을 가고 말았다.
   Tip [emigrate]

   _____

3. 자유와 방종을 명확히 구분하는 것이 항상 간단한 일은 아니다.
   Tip [freedom and indulgence]

   _____

4. "골프"라는 말을 듣는 사람은 누구든지 아마 타이거 우즈를 생각할 것이다.
   Tip [Tiger Woods]

   _____

5. 전자 민주주의는 이론상으로는 그럴듯하게 들리지만, 실행 가능성 여부는 의문이다.
   Tip [electronic democracy]

   _____

6. 돈이 돈을 버는 것은 당연한 세상 이치이다.
   Tip [beget]

   _____

7. 국경 없는 자유 무역의 장점이 단점을 압도한다.
   Tip [borderless free trade]

   _____

8. 우리는 인터넷상의 음란물 검열에 대한 모든 찬반 의견을 고려해야만 한다.
   Tip [censorship, pornography on the Internet]

   _____

9. 이 잡지에서 다루는 주제의 범위는 시사 문제에서부터 대중 예술에 이른다.
   Tip [current affairs, pop art]

   _____

10. 벤처 기업을 둘러싼 최근의 논란을 예로 들어보겠다.
    Tip [venture businesses]

    _____

234 • LONGMAN Essay Writing

LONGMAN Essay Writing Step IV

Simulation of TOEFL Writing

| Part 1 | Independent Writing Task
| Part 2 | Integrated Writing Task

iBT TOEFL의 Writing Test에는 주어진 토픽에 30분 동안 에세이를 작성하는 Independent Writing Task와 Reading, Listening, Writing이 통합된 Integrated Writing Task 두 가지 유형이 제시된다.

이에 Step IV. Simulation of TOEFL Writing에서는 실전과 똑같은 환경에서 위의 두 가지 유형에 대비한 작문 능력을 키울 수 있는 단계별 시험 전략을 제시한다.

Writing Test 실전 전략

글로벌 커뮤니케이션 수단으로서의 영어 구사 능력을 평가하는 21세기형 영어 테스트인 iBT TOEFL Writing Test에서는 기본적으로 다음과 같은 두 가지 유형의 과제가 제시된다.

첫째, 「Independent Writing Task」
: 제시된 토픽에 대해 30분 동안 영문 에세이를 작성하는 시험

둘째, 「Integrated Writing Task」
: 학술적인 글을 먼저 읽고, 그 내용과 관련된 강의를 들은 후, 마지막으로 그 동안 읽고 들은 정보를 활용해 제시된 물음에 대해 20분 동안 작문을 하는 Reading, Listening, Writing이 통합된 시험

앞으로 TOEFL Writing Test를 대비하려면 위의 두 가지 과제에 잘 적응할 수 있는 대비 능력을 키워야 한다. 이는 비단 TOEFL 시험에만 국한되는 것이 아니다. 앞으로 실시가 예상되는 대입 영어 논술 작문 시험에서도 유사한 형태의 시험 방식이 출제될 가능성이 아주 높다.

모든 유형의 Writing Test에서 나름대로의 시험 전략이 없으면 지금까지 준비한 실력을 제대로 발휘하지 못하는 경우가 많다. 따라서, Writing Test 실전 전략을 터득한 후, 실전과 똑같은 환경에서 에세이를 작성해 보는 것은 Writing Test 준비를 위한 필수 과정일 것이다.

마지막으로 TOEFL 시험을 1주일 남겨 놓은 상태에서 에세이 작문에 곧바로 써먹을 수 있는 Copy Paragraphs를 암기해 실전에서의 점수 향상을 꾀하도록 한다.

Part 1 · Independent Writing Task

1. 4단계「TOEFL Essay Writing Test」실전 전략

다음은 어느 프로 야구팀 감독의 인터뷰 기사 중 한 토막이다.

"쟤는 연습 땐 이승엽인데, 시합에만 나서면 영 솜방망이란 말이야."

연습 때는 펑펑 홈런포를 터뜨리다가 막상 경기에서는 죽을 쑤는 어느 선수에 대한 감독의 푸념이다.

위의 이야기는 TOEFL 에세이 영작문 시험에도 그대로 적용된다. 실제로 주위에 보면 평소에는 영작문을 곧잘 하다가도 막상 시험 때에는 제 실력을 발휘하지 못하는 사람들이 적지 않다. 이렇듯 실전에 약한 수험생들을 보면 대체로 실전에 임하는 시험 전략이 부족하다.

실전에 강한 '프로 수험생'이 되려면 무엇보다 시험에 임하는 확고한 전략이 있어야 한다. 바로 이러한 시험 전략이 있느냐 없느냐의 여부가 '프로 수험생'과 '아마추어 수험생'을 구분 짓는 결정적 요인이 될 것이다.

그럼 지금부터 여러분을 프로 수험생으로 변신시켜 줄 4단계「TOEFL Essay Writing Test」실전 전략을 소개하기로 한다.

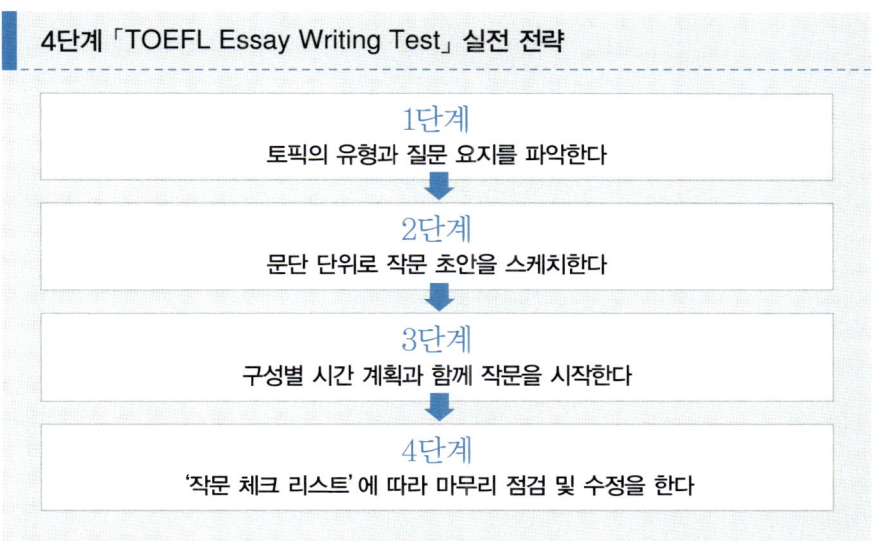

1 단계 토픽의 유형과 질문 요지를 파악한다

실제 토플 에세이 작문 시험에서 가장 먼저 해야 할 일은 에세이 토픽의 요지를 정확히 그리고 빠짐없이 파악하는 것이다. 그렇지 않을 경우 토픽의 요지와 다소 동떨어지거나 혹은 질문 요지에 대해 정확한 답변은 하지 않은 채 영작문을 작성할 수 있다. 그런데 상당수의 학생이 시간에 쫓겨 토픽의 요지를 정확히 파악하지 않은 채 서둘러 에세이 작문에 들어간다.

그럼 실례로 다음의 에세이 문제의 경우를 한번 살펴보기로 하자.

| Essay Topic |

Traveling in a different country and different culture can be exciting but can also be frustrating. What are the most important pieces of advice that you would give to visitors coming to your country? Use specific reasons and examples to support your response.

(다른 나라와 다른 문화로 여행하는 것은 흥미진진하지만 또한 실망스러울 수도 있다. 당신의 나라를 찾는 방문객들에게 당신이 들려주고 싶은 가장 중요한 충고들은 무엇인가? 구체적인 이유와 예를 사용해 당신의 답변을 뒷받침하라.)

만약 이런 문제가 출제되었다면 당연히 문제의 핵심 질문 사항인 '당신의 나라를 찾는 사람들에게 들려줄 중요한 충고'에 대한 명쾌한 답변부터 써나가야 한다. 그리고 그것을 뒷받침할 수 있는 구체적인 이유와 예들을 아울러 제시해야 한다.

그런데 일부 학생들은 이러한 명쾌한 답변보다는 첫 번째 논제 문장에 언급된 다른 나라로의 여행에 대한 작문에 치중하는 실수를 범하곤 한다. 또 일부 학생들은 나름대로 설득력 있게 답변을 하긴 했지만, 구체적 이유나 예의 제시가 빠져 있거나 혹은 미흡할 수가 있다. 이런 경우는 아무리 그럴듯하게 작문을 하였더라도 좋은 점수를 기대하기 어렵다.

사전에 문제가 어떤 식으로 나올 것이라는 것을 알고 시험에 임하는 사람과 그렇지 않은 사람은 비록 같은 실력을 가졌더라도 시험 결과가 달리 나올 수 있다. TOEFL Essay Writing Test의 문제 유형들을 사전에 숙지하고 있다면, 시험 문제를 확인하였을 때 훨씬 차분한 마음으로 영작문에 임할 수가 있을 것이다.

지금까지 TOEFL Essay Writing Test에 출제된 문제들을 보면, 크게 다음의 세 가지 타입으로 나눌 수 있다. 그럼 실례와 함께 세 가지 에세이 문제 유형에 대해 살펴보기로 한다.

[Type **A**] 선호형 [Stating a Preference]

: 상반되는 내용이 포함된 논제 문장을 주고, 어느 것을 선호하는지 또는 한두 가지 관련 질문을 던진다. 그리고 구체적 이유와 예를 들어 논술할 것을 요구한다.

| Example ❶ | Some people work more effectively during the day, while other people work much more effectively at night. Discuss which type of person you are. Give reasons and examples to support your response.

(어떤 사람들은 낮에 보다 효율적으로 일을 하는 반면, 다른 사람들은 밤에 더욱 효율적으로 일한다. 당신은 이 중 어느 타입에 속하는지를 논하라. 그리고 당신의 답변을 뒷받침하는 이유와 예들을 제시하라.)

| Example ❷ | Some people prefer to work alone on projects, while other people prefer to work in groups. Do you prefer to work individually or in groups? Give reasons and examples to support your answer.

(어떤 사람들은 홀로 과제를 수행하는 것을 선호하는 반면, 다른 사람들은 그룹으로 일하는 것을 더 좋아한다. 당신은 개인적으로 일하는 것과 그룹으로 일하는 것 중 어느 것을 더 좋아하는가? 당신의 답변을 뒷받침하는 이유와 예들을 제시하라.)

| Example ❸ | Some people show their emotions, while other people work hard to keep their emotions from showing. What are the advantages of each type of behavior? Which do you try to do? Give reasons and examples to support your response.

(어떤 사람들은 자신의 감정을 나타내는 반면, 다른 사람들은 감정이 드러나는 것을 막으려고 애쓴다. 각 행동 양식의 장점들은 무엇인가? 당신은 이 중 어떤 것을 하려고 노력하는가? 당신의 답변을 뒷받침하는 이유와 예들을 제시하라.)

| Example ❹ | Some people prefer to live in large cities, while others prefer to live in small towns. Which of these two life-styles do you prefer? Use specific reasons and examples to support your choice.

(어떤 사람들은 대도시에 사는 것을 선호하는 반면, 다른 사람들은 작은 도시에서 살기를 더 좋아한다. 당신은 이 두 가지 라이프 스타일 중 어느 것을 더 좋아하는가? 구체적인 이유와 예들을 사용해 당신의 선택을 뒷받침하라.)

[Type B] 논술형 [Making an Argument]

: 논제 및 논제 질문을 주고, 이에 관해 구체적 이유와 예를 들어 논술할 것을 요구한다.

| Example ❶ | Traveling in a different country and different culture can be exciting but can also be frustrating. What are the most important pieces of advice that you would give to visitors coming to your country? Use specific reasons and examples to support your response.

(다른 나라와 다른 문화로 여행하는 것은 흥미진진하지만 또한 실망스러울 수도 있다. 당신의 나라를 찾는 방문객들에게 당신이 들려주고 싶은 가장 중요한 충고들은 무엇인가? 구체적인 이유와 예를 사용해 당신의 답변을 뒷받침하라.)

| Example ❷ | If you could start your own business, what would it be? Use specific reasons and examples to explain your answer.

(당신이 만약 자기 사업을 시작한다면, 무엇을 할 것인가? 구체적인 이유와 예들을 사용해 당신의 답변을 설명하라.)

| Example ❸ | Compare yourself today and yourself five years ago. In what ways are you the same or different? Use specific examples to support your response.

(오늘의 당신과 5년 전의 당신을 비교하라. 어떤 점에서 같고 또 어떤 점에서 다른가? 구체적인 예들을 사용해 당신의 답변을 뒷받침하라.)

| Example ❹ | There are similarities and differences between high school studies and university studies. What are the most outstanding similarities or differences between high school and university studies? Use specific reasons and examples to support your choice.

(고등학교 공부와 대학교 공부 사이에는 유사점과 차이점들이 있다. 고등학교 공부와 대학교 공부 사이의 가장 두드러진 유사점과 차이점들은 무엇인가? 구체적인 이유와 예를 사용해 당신의 선택을 뒷받침하라.)

[Type C] 찬반형 [Agreeing or Disagreeing]

: 논제 문장을 제시하고 이에 대한 찬반 의견을 묻는다. 그리고 자신의 의견을 뒷받침할 수 있는 구체적 이유와 예를 제시하면서 논술할 것을 요구한다.

| Example ① | Do you agree or disagree with the following statement? I think there is too much violence in movies. Use specific reasons and examples to support your opinion.

(다음의 말에 찬성하는가, 반대하는가? 나는 영화에 폭력 장면이 너무 많다고 생각한다. 구체적인 이유와 예들을 사용해 당신의 의견을 뒷받침하라.)

| Example ② | Do you agree or disagree with the following statement? People should always express their opinions. Use specific reasons and examples to support your answer.

(다음의 말에 찬성하는가, 반대하는가? 사람들은 항상 자신의 의견을 표현해야 한다. 구체적인 이유와 예들을 사용해 당신의 답변을 뒷받침하라.)

| Example ③ | Do you agree or disagree with the following statement? Taking part in sports helps prepare you for life. Use specific reasons and details to explain your answer.

(다음의 말에 찬성하는가, 반대하는가? 스포츠에 참여하는 것은 당신이 삶을 준비하도록 돕는다. 구체적인 이유와 자세한 이야기들을 사용해 당신의 답변을 설명하라.)

| Example ④ | Do you agree or disagree with the following statement? Actions speak louder than words. Use specific reasons and examples to support your opinion.

(다음의 말에 찬성하는가, 반대하는가? 말보다 행동이 중요하다. 구체적인 이유와 예들을 사용해 당신의 의견을 뒷받침하라.)

한편, 논제 문장으로 영어 속담이나 경구가 주어지는 경우도 있다. 이 때 영어 속담이나 경구들을 알고 있으면 문제 파악에 도움이 될 뿐만 아니라 실제 에세이를 작문할 때도 효과적으로 인용할 수 있다. 따라서, 자주 사용하는 영어 속담이나 경구들을 평소 익혀둘 필요가 있다.

영어 속담 & 경구 100

1. Actions speak louder than words. (말보다 행동이 중요하다.)
2. All roads lead to Rome. (모든 길은 로마로 통한다.)
3. All that glitters is not gold. (번쩍이는 것이 모두 금은 아니다.)
4. Appearances are deceptive. (겉모양으로 판단하지 말라.)
5. Practice makes perfect. (아는 것보다 실천이 중요하다.)
6. Better bend than break. (지는 것이 이기는 것이다.)
7. It's a long lane that has no turning. (기다리면 반드시 기회가 온다.)
8. Strike while the iron is hot. (기회를 놓치지 말라.)
9. Even a worm will turn. (지렁이도 밟으면 꿈틀한다.)
10. Every dog has his day. (쥐구멍에도 볕들 날 있다.)
11. Extremes meet. (극과 극은 통한다.)
12. An eye for an eye, and a tooth for a tooth. (눈에는 눈, 이에는 이.)
13. Let bygones be bygones. (과거지사는 잊어버리자.)
14. A golden key opens every door. (돈이면 안 되는 일이 없다.)
15. God helps those who help themselves. (하늘은 스스로 돕는 자를 돕는다.)
16. United we stand, divided we fall. (뭉치면 살고, 흩어지면 죽는다.)
17. It is too late to lock the stable when the horse has been stolen. (소 잃고 외양간 고치기.)
18. It is no use crying over spilt milk. (한 번 엎지른 물은 주워 담지 못한다.)
19. Many a little makes a mickle. (티끌 모아 태산.)
20. The truth will out. (진실은 밝혀지게 마련이다.)
21. To mention the wolf's name is to see the same. (호랑이도 제 말하면 온다.)
22. No gains without pains. (고생 없이는 결실도 없다.)
23. One lie makes many. (거짓말이 거짓말을 낳는다.)
24. There is no royal road to learning. (학문에는 왕도가 없다.)
25. There is no smoke without fire. (아니 땐 굴뚝에 연기나랴.)
26. Time is the great healer. (세월이 약이다.)
27. Time flies (like an arrow). (세월은 유수와 같다.)
28. You may lead a horse to the water, but you cannot make it drink.
    (말을 물가로 데려갈 수는 있지만 물을 마시게 할 수는 없다.)
29. A bad workman always blames his tools. (서투른 목수가 연장 탓만 한다.)
30. Birds of a feather flock together. (끼리끼리 모인다.)
31. Blood is thicker than water. (피는 물보다 진하다.)
32. Don't count your chickens before they are hatched.
    (김칫국부터 마시지 마라.)
33. Spare the rod and spoil the child. (매를 아끼면 아이를 버린다.)
34. East or west, home is best. (어디를 가나 집만한 데 없다.)
35. Empty vessels make the most sound. (빈수레가 요란하다.)

36. Every why has a wherefore. (핑계 없는 무덤 없다.)
37. Finders keepers. (찾는 사람이 임자다.)
38. First impressions are most lasting. (첫 인상은 좀처럼 잊혀지지 않는다.)
39. Fine feathers make fine birds. (옷이 날개다.)
40. A friend in need is a friend indeed. (어려울 때 친구가 진짜 친구다.)
41. History repeats itself. (역사는 반복된다.)
42. Honesty is the best policy. (정직이 최선의 방책이다.)
43. If you want peace, prepare for war. (평화를 원한다면, 전쟁에 대비하라.)
44. It never rains but it pours. (엎친 데 덮친 격.)
45. Misfortunes never come singly. (설상가상.)
46. Too many cooks spoil the broth. (사공이 많으면 배가 산으로 올라간다.)
47. More haste, less speed. (급할수록 천천히.)
48. Never put off till tomorrow what may be done today.
   (오늘 할 일을 결코 내일로 미루지 말라.)
49. No news is good news. (무소식이 희소식이다.)
50. One man sows and another reaps.
   (뿌리는 사람 따로 있고, 거두는 사람 따로 있다.)
51. As a man sows, so he shall reap. (뿌린 대로 거둔다.)
52. Out of sight, out of mind. (보지 않으면, 마음도 멀어진다.)
53. One swallow does not make a summer.
   (한 마리의 제비가 왔다고 해서 여름이 오지는 않는다.)
54. Rome was not built in a day. (로마는 하루 아침에 이루어진 것이 아니다.)
55. When in Rome do as the Romans do. (로마에서는 로마의 풍습을 따르라.)
56. Where there's a will there's a way. (뜻이 있는 곳에 길이 있다.)
57. The pot calls the kettle black. (똥 묻은 개가 겨 묻은 개 나무란다.)
58. Prevention is better than cure. (예방이 치료보다 낫다.)
59. Speech is silver, silence is gold. (웅변은 은이요, 침묵은 금이다.)
60. Tastes differ. (취향도 제 각각이다.)
61. Walls have ears. (낮 말은 새가 듣고 밤 말은 쥐가 듣는다.)
62. Beggars must not be choosers. (배고픈 놈이 찬 밥, 더운 밥 가리느냐.)
63. Better late than never.
   (하지 않는 것보다는 늦었지만 하는 것이 더 낫다.)
64. Burnt child dreads the fire. (자라 보고 놀란 가슴 솥뚜껑 보고도 놀란다.)
65. Don't put all your eggs in one basket. (한 가지에만 모든 걸 걸지 마라.)
66. The early bird catches the worm. (부지런해야 성공한다.)
67. First come, first served. (선착순.)
68. Easy come, easy go. (쉽게 얻은 것은 쉽게 잃는다.)
69. The end justifies the means. (목적이 수단을 정당화한다.)
70. Every cloud has a silver lining. (괴로움이 있으면 즐거움도 있다.)
71. Everybody's business is nobody's business.
   (공동 책임은 무책임.)
72. Well begun is half done. (시작이 반이다.)

73. In for a penny, in for a pound. (한 번 시작한 일은 끝장을 내라.)
74. Hunger is the best sauce. (시장이 반찬이다.)
75. In the country of the blind, the one-eyed man is king.
    (사자가 없는 곳에서는 토끼가 왕이다.)
76. Money begets money. (돈이 돈을 번다.)
77. Necessity is the mother of invention. (필요는 발명의 어머니.)
78. Necessity knows no law. (사흘 굶어 도둑질하지 않을 놈 없다.)
79. One is never too old to learn. (배우는 데 나이가 따로 없다.)
80. One cannot put back the clock. (시계 바늘을 되돌려 놓을 수는 없다.)
81. To err is human. (인간은 누구나 실수를 범하기 마련.)
82. Let sleeping dogs lie. (잠자는 사자를 건드리지 마라.)
83. When the word is out, it belongs to another.
    (한 번 뱉은 말은 되돌릴 수 없다.)
84. Barking dogs seldom bite. (요란하게 짖는 개는 물지 않는 법.)
85. A miss is as good as a mile. (오십보 백보.)
86. A bird in the hand is worth two in the bush.
    (내 돈 한 푼이 남의 돈 천냥보다 낫다.)
87. Still waters run deep. (잔잔한 물이 깊다.)
88. A rolling stone gathers no moss. (구르는 돌은 이끼가 끼지 않는다.)
89. All is well that ends well. (끝이 좋으면 만사가 다 좋다.)
90. Brevity is the soul of wit. (간결함은 지혜의 생명.)
91. A drowning man will catch at a straw. (물에 빠진 사람은 지푸라기라도 잡는 법.)
92. Easier said than done. (말하기는 쉽고 실천은 어렵다.)
93. Grasp all, lose all. (모두를 잡으려다가는 몽땅 놓친다.)
94. Habit is a second nature. (습관은 제 2의 천성.)
95. It is never too late to mend. (잘못을 고치는 데 너무 늦다는 법은 없다.)
96. Jack of all trades, and master of none.
    (재주가 많은 사람은 뭐 하나 제대로 하는 게 없다.)
97. Knowledge is power. (아는 것이 힘이다.)
98. Man proposes, God disposes. (계획은 인간이 하고, 성패는 하늘이 다룬다.)
99. No man is a hero to his valet. (영웅도 자신의 하인에게는 보통 사람.)
100. To kill two birds with one stone. (일석이조.)

2 단계 문단 단위로 작문 초안을 스케치한다

토픽의 질문 요지를 파악했으면, 그 다음은 실제 작문에 들어갈 차례이다.

이 때 곧 바로 영작문에 들어가기보다는, 짧으나마 작문 초안을 대강 스케치한 후 본격적인 작문에 들어가는 것이 능률적이다.

실제로 학생들이 에세이 영작문을 하는 모습을 지켜 보면 두 가지 부류로 나뉨을 알 수 있다. 하나의 부류는 작문 윤곽에 대한 구상 없이 곧 바로 서론부터 영작문에 들어가는 학생들이고, 또 하나의 부류는 에세이에 대한 대강의 초안을 스케치한 후 작문을 시작하는 학생들이다. 그런데 작문 결과만을 놓고 보았을 때, 전자보다는 후자의 학생들이 보다 짜임새 있는 작문을 하는 확률이 높다. 따라서, 작문 초안을 대강 스케치한 후 본격적인 작문에 들어가는 습관을 키우는 것이 좋다.

TOEFL Essay Writing Test의 채점 기준은 결코 작문의 양에 있지 않다. 따라서, 무조건 분량을 늘리려는 작문 태도는 바람직하지 않다. 작문 분량에 대한 계획을 미리 세워놓지 않으면, 막상 시험에서 마무리도 못한 채 영작문을 끝내야 하는 일이 벌어질 수도 있다. 이러한 당황스런 상황을 예방하려면, 에세이 구성별 즉 서론, 본론, 결론별로 미리 작문 분량을 정해 놓고 작문을 해나가는 것이 바람직하다. 이 때 효과적으로 에세이 작문 분량 계획을 세우기 위해서는 문단을 기본 단위로 삼는 것이 좋다.

TOEFL Essay Writing Test의 경우, 30분이라는 시험 제한 시간을 고려할 때 보통 4~5개의 문단으로 에세이를 구성하는 것이 현실적이다. 다음은 이상적인 구성별 문단 분량 계획이다.

TOEFL Essay Writing Test의 이상적인 문단 분량 계획

서론 (Introduction) 분량 : 1문단	본론 (Body) 분량 : 2~3문단	결론 (Conclusion) 분량 : 1문단

※각 문단의 분량은 3~5문장 정도가 적당함.

이러한 작문 초안은 가능한 짧은 시간에 간략하게 작성하는 것이 중요하다. 자칫 초안 작성에 많은 시간을 소비하면 실제 작문에서 시간에 쫓기기 마련이다. 따라서, 2~3분 정도 시간을 내어 작문 초안을 작성한 후, 에세이를 본격적으로 써내려가는 것이 바람직하다.

다음은 에세이 유형별로 살펴본 초안 작성의 실례이다.

[Type A] 선호형 에세이의 초안 작성

| Example | Some people believe that university students should be required to attend classes. Others believe that going to classes should be optional for students. Which point of view do you agree with? Use specific reasons and details to explain your answer.

(어떤 사람들은 대학생들이 수업에 참석하는 것은 필수라고 생각한다. 다른 사람들은 수업에 가는 것이 학생들에게 선택이라고 생각한다. 당신은 이 중 어떤 관점에 동의하는가? 구체적인 이유와 자세한 이야기들을 사용해 당신의 답변을 설명하시오.)

초안 작성의 실례

- **Introduction** Optional → 3 reasons
- **Body 1** Nowadays, university students can take a lecture at home thanks to advanced technologies.
  - **ex** Internet lecture, exchange e-mails with the professor
- **Body 2** University students are old and mature enough to decide what they want to study.
- **Body 3** University students can have a chance to learn about the world outside the classroom when they don't attend classes.
  - **ex** backpacking trip, internship
- **Conclusion** To conclude, I personally believe that attending classes should be optional for university students.

코멘트   먼저 서론 한 문단, 본론 세 문단, 결론 한 문단 총 다섯 문단으로 에세이의 전체적인 틀을 짠다.
서론의 첫 머리에 수업 출석이 하나의 선택이 되어야 함을 밝힌다. 그리고 그 이유 세 가지를 키워드 중심으로 간략히 언급하면서 이제부터 본론에서 논술하겠다는 취지의 작문을 한다.
본론은 세 문단으로 구성한다. 우선 첫 번째 문단에서는 요즘은 굳이 학교에 가지 않더라도 집에서 첨단 기술을 이용해 강의를 들을 수 있다는 취지로 글의 논리를 전개한다. 그 예로 인터넷 강의와 교수님과 이메일 주고받기를 언급한다. 두 번째 문단에서는 대학생들은 자기가 공부하고 싶은 것을 스스로 결정할 수 있을 만큼 성숙하다는 논지의 작문을 한다. 그리고 본론의 마지막 문단에서는 배낭 여행, 인턴 쉽 등을 예로 들면서 대학생들은 교실 밖에서도 얼마든지 세상에 대해 배울 수 있는 기회를 가질 수 있다는 주장을 편다.
마지막으로 결론에서는 다시 한 번 수업 출석이 하나의 선택이 되어야 한다는 자신의 입장을 강조한다. 이 때 결론을 암시하는 'To conclude'(결론적으로)라는 연결어로 결론 문단의 첫 머리를 시작하는 것은 하나의 훌륭한 에세이 작문 테크닉이다.

[Type B] 논술형 에세이의 초안 작성

| Example | If you could change one important thing about your hometown, what would you change? Use reasons and specific examples to support your answer.

(당신이 만약 당신의 고향에서 한 가지 중요한 것을 바꿀 수 있다면, 무엇을 바꿀 것인가? 이유와 구체적인 예들을 사용해 당신의 답변을 뒷받침하시오.)

초안 작성의 실례

- **Introduction** Creating a beautiful public park → 3 reasons
- **Body 1** We have serious environmental problems.
  - ex air pollution, car smoke, heavy smog
- **Body 2** A nice park will make us have a sense of community.
  - ex many chances to talk with locals
- **Body 3** A nice park will improve our quality of life.
- **Conclusion** In brief, for the above-mentioned reasons I'd build a nice park in my hometown.

코멘트

우선 서론의 첫 머리에 아름다운 공공 공원을 만들고 싶다는 자신의 생각을 밝힌 후, 그 이유 세 가지를 간략히 키워드 중심으로 서술함으로써 서론 문단의 작문을 마무리한다.

세 문단으로 이루어진 본론의 첫 번째 문단에서는 대기 오염, 자동차 매연, 스모그 현상 등을 예로 들며 심각한 환경 문제에 대해 언급한다. 두 번째 문단에서는 공원이 만들어지면 지역 주민들이 산책 등을 하며 서로 이야기를 나눌 기회가 많아짐으로써, 주민으로서의 소속감을 갖게 될 것이라는 취지로 작문을 한다. 그리고 본론의 마지막 문단에서는 멋진 공원으로 인해 주민들의 삶의 질이 향상될 것이라는 점을 강조한다.

마지막으로 결론에서는 결론을 암시하는 'In brief'(요컨대)라는 연결어로 작문을 시작한다. 그리고 서론과 본론에서 이미 논술한 공원 건설의 세 가지 이유들을 다시 한 번 간략히 언급함으로써 에세이를 마무리한다.

[Type C] ······ 찬반형 에세이의 초안 작성

| **Example** | Do you agree or disagree with the following statement? All students should be required to study art and music in high(or secondary) school. Give specific reasons to support your opinion.

(다음의 말에 찬성하는가, 반대하는가? 모든 학생들은 고등학교(또는 중등학교)에서 미술이나 음악을 필수적으로 공부해야 한다. 당신의 의견을 뒷받침하는 구체적인 이유들을 제시하시오.)

초안 작성의 실례

- **Introduction** Agree → 3 reasons
- **Body 1** Students don't go to school merely to gain knowledge.
    - ex I like music class much better than math.
- **Body 2** Studying art and music enriches our life.
    - ex I can relieve stress by listening to music.
- **Body 3** Students need to find out their talent or aptitude from various subjects.
- **Conclusion** All in all, I agree that art and music should be required subjects in high school.

코 멘 트 우선 서론의 첫 머리에 고등학교에서 미술이나 음악을 배우는 것에 찬성한다는 자신의 입장을 명확히 밝힌다. 그리고 그 이유로 세 가지를 간략히 제시한 후, 서론 한 문단, 본론 세 문단, 결론 한 문단으로 에세이의 전체적인 구성을 설계한다.

본론의 첫 번째 문단에서는 수학보다 음악 수업을 더 좋아한다는 자신의 경험을 예로 들면서, 학교는 단지 지식만을 습득하는 곳이 아니라는 점을 설득력 있게 논술한다. 두 번째 문단에서는 음악을 들음으로써 스트레스를 풀 수 있다는 사실을 통해, 학교에서의 음악과 미술 공부가 결국 우리의 삶을 풍요롭게 해줄 것이라는 논지의 작문을 한다. 그리고 본론의 마지막 문단에서는 학교에서 여러 과목을 배움으로써 학생들은 자신의 재능이나 적성을 폭넓게 발견할 수 있는 기회를 갖는다는 취지의 주장을 편다.

마지막으로 에세이의 끝 부분인 결론 문단에서는 에세이 토픽에 대한 자신의 찬성 입장을 거듭 밝힌다. 그리고 서론과 본론에서 이미 논술한 이유들을 다시 한 번 간략히 부연 언급하도록 한다. 이 때, 결론 문단을 암시할 때 자주 사용하는 연결어 표현인 'All in all'(전반적으로 보아)을 문단 맨 앞에 위치시킴으로써, 에세이 채점자에게 좋은 인상을 심도록 한다.

3 단계 ▶ 구성별 시간 계획과 함께 작문을 시작한다

세계 곳곳에서 TOEFL 에세이 영작문 시험을 치른 수험생들이 한결같이 털어놓는 불만은 시간이 너무 촉박하다는 것이다. 이것은 다시 말해 시간 계획을 철저히 세운 후 TOEFL 영작문 시험에 임해야 함을 의미한다. 따라서, 작문 도중 대책 없이 시계만 자꾸 쳐다볼 것이 아니라, 사전에 치밀하게 시간 계획을 세워놓고 작문에 임해야 한다.

여러 학생들이 각자 시간 계획을 세운 후 에세이 영작문을 해 본 결과, 다음과 같은 시간 분배 계획으로 작문을 하는 것이 효과적임을 발견하였다.

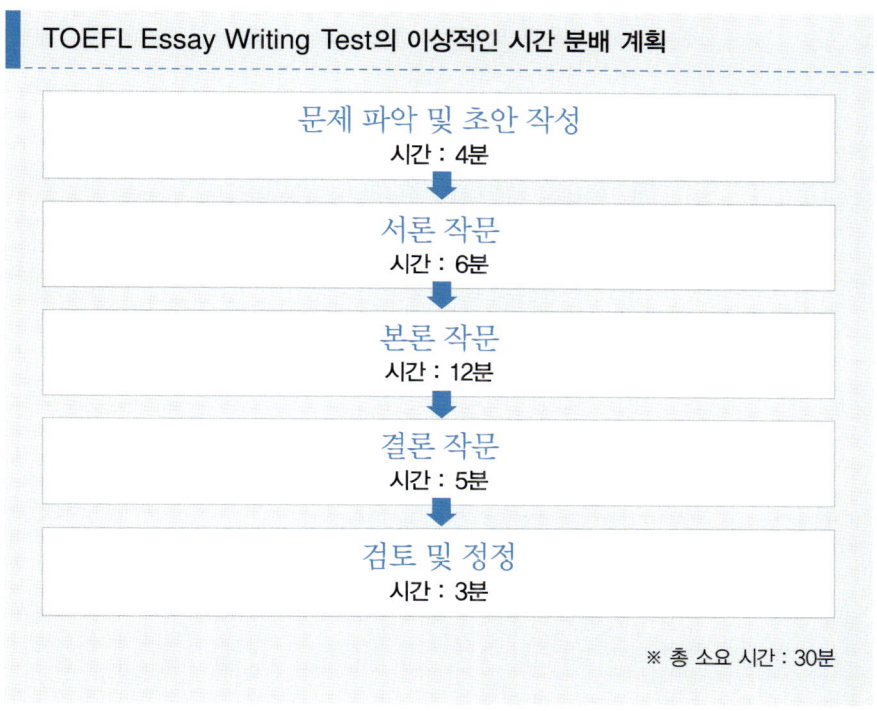

이 때 한 가지 유의할 것은, 각 단위에 배정된 시간을 철저히 지키라는 것이다. 예컨대, 서론 부분을 작문하는 데 계획된 시간인 6분이 초과하였을 경우, 가능한 빨리 서론 부분의 작문을 마무리 짓고 본론 부분의 작문으로 넘어가라는 것이다. 그렇지 않고 서론 부분의 작문에 미련을 갖다보면, 결국 에세이 전체의 작문 균형이 무너져버린다.

이로써 여러분은 본격적 작문을 위한 준비 단계인 작문 초안과 시간 계획 수립을 끝마쳤다. 그러면 이제부터는 본격적으로 작문을 시작할 차례이다.

작문을 할 때는 가능한 서론, 본론, 결론의 순서에 따라 작문을 하는 것이 바람직하다. 간혹 서론 부분의 작문이 잘 풀리지 않는다고 서론을 마무리 짓지 않고 불쑥 본론 작문으로 건너뛰는 사람들이 있는데 이것은 결코 바람직한 태도가 아니다. 이런 식으로 작문을 하게 되면, 에세이의 전체 구성이 산만해질 수 밖에 없다.

그리고 작문을 할 때 늘 마음 속에 새겨두어야 할 것이 한 가지 있다. '가능한 평소 익숙한 문장 구문들을 사용해 작문을 하라!'는 원칙이다. 실제 시험 상황에서 평소 한 번도 사용해보지 않은 문장 구문을 구사하는 것은 상당한 위험 부담이 따른다. 실전에서는 평소 익숙한 구문이나 또는 그것을 약간 응용한 구문들을 사용해 작문하는 것이 점수 측면에서 유리하다.

'역지사지'(易地思之)란 말이 있다. 즉, 입장을 바꿔놓고 생각하면 풀리지 않을 일이 없다는 말이다. 이 말을 TOEFL 에세이 영작문 시험에 적용해보면, 만약 수험생 입장에서 채점자들의 평가 항목을 미리 알고 있다면 훨씬 효과적으로 작문을 할 수 있다는 얘기가 된다. 이러한 측면에서 채점자들이 에세이들을 채점할 때 중점을 두는 평가 항목들을 살펴보는 것은 수험생 입장에서 효과적인 대비책이다.

다음은 에세이 채점자들의 주요 평가 항목 리스트이다.

에세이 채점 시 주요 평가 항목 리스트

- 문제의 질문 사항에 대해 빠짐없이 답변을 하고 있는가?
- 주제의 모든 측면을 논하고 있는가?
- 에세이의 3 구성 요소(서론, 본론, 결론)의 형식을 잘 갖추고 있는가?
- 에세이 작성자의 논점이 분명한가?
- 사고의 전개가 논리적인가?
- 문장들의 구조가 올바른가?
- 복문 및 혼합문을 적절하게 구사하고 있는가?
- 철자와 문법에서 얼마나 많은 오류가 있는가?
- 구사하고 있는 어휘들은 적절한가?
- 구사하고 있는 어휘의 난이도 수준은 어떠한가?
- 작문 분량이 적당한가?

> **4 단계** '작문 체크 리스트'에 따라 마무리 점검 및 수정을 한다

작문을 모두 마쳤으면 이제 마지막으로 지금까지 작문한 문장들을 검토하는 단계가 남았다. 보통 검토를 위해서는 3분 정도의 시간적 여유가 적당하다.

검토를 할 때 한 가지 유념할 것은 작문의 내용보다는 형식적인 측면에서 집중적으로 살펴보라는 점이다. 다시 말해, 작문 내용을 고치기보다는 문법이나 철자가 틀린 것들을 찾아내 수정하도록 한다. 사실, 검토 단계에서 작문의 내용에 대해 손을 대기 시작하면 밑도 끝도 없는 일이 되기 쉽다. 따라서, 일단 작문 내용에 대해서는 다소 만족스럽지 못한 부분이 있더라도 일단 크게 손대지 말고 넘어가기 바란다. 그 대신 철자와 문법 오류가 있는 부분을 재빨리 찾아내 수정하는 데 주력하기 바란다.

다음은 여러분이 형식적 측면에서 점검해야 할 '작문 체크 리스트'이다.

작문 체크 리스트

- 매 문단마다 들여 쓰기를 하였는가?
- 매 문장의 첫 글자를 대문자로 썼는가?
- 구두점을 올바로 사용했는가?
- 문장에 주어와 동사가 포함되어 있는가?
- 주어와 동사가 일치하는가?
- 동사의 시제가 올바로 사용되었는가?
- 명사와 대명사, 명사와 소유격이 일치하고 있는가?
- 잘못된 철자는 없는가?
- 문장의 어순이 올바른가?
- 연결어의 사용이 적합한가?

위의 '작문 체크 리스트'에서 특히 주목할 것이 한 가지 있다. 바로 맨 마지막에 위치한 "연결어의 사용이 적합한가?"라는 항목이다. 문단 앞머리에 위치한 연결어들은 에세이의 구성상 중요한 역할을 하므로, 작문을 마무리 점검할 때 각 문단 앞머리에 쓰인 연결어들의 논리적인 흐름에 특별히 신경을 써야 한다. 에세이가 논리적으로 잘 짜여져 있는지를 판단하는 방법 중 하나가 에세이를 이루는 문단들의 앞머리에 쓰인 연결어들을 훑어보는 것이고, 에세이 시험 채점자 역시 이와 같은 시각을 어느 정도 가지고 있다는 점을 마음 속에 새겨두기 바란다.

다음은 문단 및 문장 앞머리에 빈번하게 사용되는 연결어들을 상황별로 모아 놓은 것이다. 이를 열심히 익혀두면 "연결어의 사용이 적합한가?"라는 항목을 검토할 때 커다란 도움이 될 것이다. 뿐만 아니라 실제로 작문을 할 때도 아마 문장의 논리적 실마리를 쉽게 풀어나갈 수 있을 것이다.

상황별 연결어 리스트

1. 내용을 덧붙일 때 사용하는 연결어
   and, again, next, then, and then, additionally, in addition, besides, further, furthermore, equally important, what's more

2. 비교·대조할 때 사용하는 연결어
   by comparison, compared to this, but, on the other hand, meanwhile, in the meantime, in contrast to this, on the contrary, conversely, otherwise, similarly, likewise, in like manner

3. 이유를 밝힐 때 사용하는 연결어
   for this reason, for the same reason, obviously, evidently, indeed, in fact, to tell the truth

4. 목적을 나타낼 때 사용하는 연결어
   for this purpose, with this object, to this end

5. 양보를 나타낼 때 사용하는 연결어
   but, yet, still, however, even so, nevertheless, notwithstanding, despite that, for all that, in spite of this, at any rate, in any case, at all events, in any event

6. 강조할 때 사용하는 연결어
   definitely, absolutely, positively, certainly, naturally, of course, to be sure, emphatically, unquestionably, without a doubt, undeniably

7. 순서를 나열할 때 사용하는 연결어
   first(ly), second(ly), third(ly), at first, next, then, following this, at this time, at this point, later, afterward(s), subsequently, finally, lastly, previously, before this, simultaneously, concurrently

8. 결과를 나타낼 때 사용하는 연결어
   so, and so, thus, therefore, hence, accordingly, consequently, as a consequence, correspondingly, as a result

9. 예를 들거나 부연 설명할 때 사용하는 연결어
   for example, for instance, in this case, in another case, on this occasion, in this situation, to demonstrate, to illustrate, as an illustration, in other words, that's to say, as I have shown, as I have said, as has been noted

10. 요약하거나 결론을 맺을 때 사용하는 연결어
    in brief, in short, in sum, in a nutshell, to sum up, on the whole, to conclude, in conclusion, conclusively, finally

2. 첨삭 지도를 통한 「TOEFL Writing Test」 컨설팅

iBT TOEFL의 시험 파트들 중 가장 공부하기 어렵고 까다로운 부분이 Writing이라고들 한다. 그 이유는 Writing은 Listening, Reading과 달리 학습자의 독학만으로는 한계가 있기 때문이다. 즉, 학습자가 영작문을 하더라도 무엇이 잘못되었는지를 스스로 판단할 수 없기 때문에 혼자 공부하기가 무척 힘들다.

이를 위해 평균 영작문 실력을 가진 학생들이 직접 쓴 TOEFL 에세이들 중, 세 개를 문제 유형별로 선별해 미국인 교수의 꼼꼼한 첨삭 지도와 함께 수록해 보았다. 더불어 TOEFL Writing Test의 채점 기준에 입각해 세 개의 에세이들을 철저히 분석한 '코멘트'를 덧붙여 놓았다. 따라서, 이것들을 잘 학습하면 일종의 대리 체험을 통해 TOEFL Writing Test의 실전 감각을 생생하게 익힐 수 있을 뿐만 아니라, 영작문을 하면서 범하기 쉬운 오류와 실수들을 피하는 요령을 아울러 배울 수 있을 것이다.

첨삭 지도된 에세이 영작문을 살펴보기에 앞서 아래 주어진 각 에세이 주제에 대해 직접 에세이를 써보자. 에세이를 작문할 때에는 마치 실전처럼 제한 시간 30분 이내에 완성하도록 한다. 그리고 자신이 작문한 에세이와 첨삭 지도를 받은 샘플 에세이를 비교해 보면 더욱 큰 학습 효과를 기대할 수 있을 것이다.

| Essay Topic A |

Some people work more effectively during the day, while other people work much more effectively at night. Discuss which type of person you are. Give reasons and examples to support your response.

| Essay Topic B |

People have various ways of relieving stress. What are some of the ways that you find most effective in relieving stress? Give reasons and examples for your response.

| Essay Topic C |

Do you agree or disagree with the following statement? I think there is too much violence in movies. Use specific reasons and examples to support your opinion.

TEST 1 'Type A'형 샘플 에세이 & 첨삭 지도

| Topic |

Some people work more effectively during the day, while other people work much more effectively at night. Discuss which type of person you are. Give reasons and examples to support your response.

| Sample Essay |

~~Each person in the world~~ (Everyone) has ~~their~~ (his or her) own lifestyle. ~~They are living~~ (Many live) their life according to their occupation. For example, some writers work at night ~~of a day~~ because of ~~quiet~~ (the quiet) environment. But most ~~of~~ (Korean) salary men work in the daytime because they have to contact ~~to~~ other people ~~of~~ (at) companies during ~~the~~ (regular) working ~~time~~ (hours). In other words, ~~it~~ (we) can be divided into ~~a~~ night ~~person~~ (people, those) who ~~likes~~ (like) to work at night and into ~~a~~ day ~~person~~ (people, those) who ~~likes~~ (like) to work in the morning or ~~the~~ (during the) day. Which is your type? In my case, ~~I'd~~ (I) like to work during the daytime because I can spend ~~a lot of~~ (the) time usefully and ~~I can~~ concentrat~~e~~ (ing) on studying more effectively than (I can) at night.

I (usually) wake up at 6:00 a.m. ~~daily.~~ (, but s)ometimes when I have an exam I get up earlier than other days. There are three reasons (why) I am a day person.

First, if I begin ~~a~~ (the) day at 6:00 a.m., I feel ~~a~~ (the) day is very long. The morning time is 4~5 hours, so ~~the time~~ which I ~~can use in a day is~~ (have a) maximum (of) 10~12 hours ~~everyday~~. ~~Especially,~~ (And) early in the morning, there are many available seats in the library. ~~It~~ (This) means I ~~can take~~ (have) my favorite seat. Also, if I have a cup of coffee in ~~that~~ (the) morning, I feel ~~happiness.~~ (happy.) After that, I'm not sleepy any more.

~~The second,~~ Second, I can make ~~the~~ my plan ~~of a~~ for the day in the morning. There is a Korean proverb, ~~as you~~ know, "The plan of a year is made in spring, and the plan of a day is made in the morning." If we get up early in the morning, we can arrange things ~~to do of~~ for that day. When I do so, I can use time more effectively.

~~The third,~~ Third, if I get up early, I can ~~keep~~ maintain my good health. After I get up early, I ~~make~~ take a little time for exercise, such as stretching or rope-skipping. Just 10~20 minutes ~~of~~ in the morning time ~~is~~ contribute to d maintaining my good health. I ~~do necessarily stretching~~ make it a rule to stretch or ~~jogging~~ jog in the morning. And then, I take a shower and ∧ feel better. That ~~will be~~ is good for my health, I think.

Therefore, I like to work in the daytime rather than at night. Of course, I go to bed early, ~~within~~ by 12 p.m. I get up early in the morning because I can ~~earn~~ use the morning time, make ~~the~~ a plan ~~of~~ for the a day and keep ~~on~~ up my good health. ~~It~~ This doesn't say that a night person wastes time and they are living their lives in a disorderly way. ~~As~~ But as you know, it is very important to know which type fits ~~oneself~~ each person. That is the best way to do many things most effectively within short time.

해 석

Topic

어떤 사람들은 낮에 보다 효율적으로 일을 하는 반면, 다른 사람들은 밤에 더욱 효율적으로 일한다. 당신은 이 중 어느 타입에 속하는지를 논하라. 그리고 당신의 답변을 뒷받침하는 이유와 예들을 제시하라.

Sample Essay

모든 사람은 각자 자신의 생활양식을 갖고 있다. 많은 이들이 자신의 직업에 따라 삶을 산다. 예를 들어, 일부 작가들은 조용한 환경 때문에 밤에 일을 한다. 그러나 대부분의 한국 직장인들은 정규 근무 시간 중에 회사 내 다른 사람들과 접촉을 해야 하므로 낮에 일을 한다. 다시 말해서, 우리는 사람들을 밤에 일하기를 좋아하는 야간형 인간과 아침이나 낮 동안에 일하기를 좋아하는 주간형 인간으로 나눌 수 있다. 당신은 어떤 타입인가? 내 경우는 낮 동안에 일하기를 좋아한다. 왜냐하면 밤보다 낮에 더욱 효율적으로 공부에 집중함으로써 시간을 유용하게 쓸 수 있기 때문이다.

나는 보통 아침 6시에 일어나지만 시험이 있으면 더 일찍 일어난다. 내가 주간형 인간이 된 데는 3가지 이유가 있다.

첫째, 하루를 아침 6시에 시작하면 그 날이 매우 길게 느껴진다. 아침이 4~5시간이 되어, 매일 최대 10~12시간을 갖게 된다. 그리고 이른 아침에는 도서관에 빈 자리도 많다. 이것은 내가 가장 좋아하는 자리를 가질 수 있다는 말이다. 또한 그 날 아침 한 잔의 커피를 마시면 행복감이 느껴진다. 그리고 나면 더 이상 졸음도 오지 않는다.

둘째, 나는 아침에 그 날의 계획을 세울 수 있다. 한국 속담에 "1년의 계획은 봄에 세우고, 하루의 계획은 아침에 세운다"라는 말이 있다. 만약 우리가 아침 일찍 일어난다면, 우리는 그 날 일들을 잘 계획할 수 있다. 그렇게 할 때, 나는 시간을 보다 효율적으로 사용할 수 있게 된다.

셋째, 일찍 일어나면, 좋은 건강을 유지할 수 있다. 나는 일찍 일어난 후, 약간의 시간을 내어 스트레칭, 줄넘기와 같은 운동을 한다. 아침의 단지 10~20분이 나의 좋은 건강에 기여를 하는 셈이다. 나는 아침에 규칙적으로 스트레칭이나 조깅을 한다. 그리고 나서 샤워를 하면 기분이 더 좋아진다. 나는 그것이 내 건강에 좋다고 생각한다.

그러므로 나는 밤보다 낮 시간에 일하기를 좋아한다. 물론, 일찍 밤 12시까지는 잠자리에 든다. 나는 아침을 사용해 그 날의 계획을 세우고 내 좋은 건강을 유지할 수 있기 때문에 아침에 일찍 일어난다. 그렇다고 이것이 야간형 인간은 시간을 낭비하고 어지럽게 산다는 것을 말하는 것은 아니다. 그러나 알다시피, 각 개인에게 맞는 타입이 어떤 것인지를 아는 것은 중요하다. 그것은 많은 일들을 가장 효율적으로 행할 수 있는 최선의 방법이다.

코멘트

분량 및 논점 언급
작문 분량이 적당함. 그리고 논점을 서술할 때, 이유에 대한 제시는 나름대로 잘 하였으나 사례의 인용이 부족함. 만약 구체성을 띤 사례들을 적절히 인용하였다면 훨씬 좋은 점수를 기대할 수 있었음.
한편, 작문 내용 중 library 앞에 university를 붙여 university library라고 하였다면, 작문 작성자의 신분을 드러냄으로써 작문의 전체적 배경과 맥락을 효과적으로 전달하는 데 도움이 되었을 것임.

3단 논리 구성
구성적 측면에서 서론, 본론, 결론의 에세이 틀을 갖추고 있으나, 서론의 논제 서술부가 약함. 만약 결론에서 서술한 3가지 이유들을 서론의 논제 서술부에서 개략적으로 언급하였다면 훨씬 강화된 서론 문단이 되었을 듯함. 그러나 결론부의 유도는 매우 자연스럽고 논리적임.

창의성
글의 논리적 전개는 좋으나, 이유와 사례의 독창성이 다소 부족함.

문법 오류
약간의 문법적 오류가 발견됨. 특히 관사와 전치사의 사용이 서투름.

문장력
복문과 중문을 적절히 구사하고 있음. 하지만 문장을 매끄럽게 이어주는 분사구문의 구사 능력이 다소 떨어짐.

어휘 구사
사용 어휘가 적합하고 수준도 괜찮은 편임. 하지만 연어(Collocation) 표현 구사 능력이 부족함. 에세이 작문 시 연어 표현을 적절히 구사하게 되면 채점 위원에게 상당히 좋은 인상을 심어줄 수 있음.

TEST 2 'Type B'형 샘플 에세이 & 첨삭 지도

| Topic |

People have various ways of relieving stress. What are some of the ways that you find most effective in relieving stress? Give reasons and examples for your response.

| Sample Essay |

Living in an information ~~and~~ high technology ~~society,~~ people have more stress than they
   -based   era

did during ~~the industrial age~~. On the surface, the work looks simple. ~~For example,~~
           earlier times   , f

operating a computer or high-tech machines. However, the operator who is managing or

controlling the system can be very stressed out and snowed under by tons of work.

Searching for effective ways of relieving stress is our heart's desire. I have ~~created some~~
                                                                                found

ways ~~of relieving~~ stress for myself, and I want to share two of them with you. One method
     to   e

I follow is to mix all the traditional ways (cleaning, music, exercise, etc.). Another method

is to research a topic to educate myself and concentrate on it. ~~This~~ may not apply to
                                                                 These

everyone, but I hope you can get some ideas from them.

~~The first way~~ I mentioned about, I like to clean my house when I am stressed. If you are
Regarding the first method

ready to clean, turn on your favorite music, wear short pants, a T-shirt and socks, and then
                                                         s

follow the cleaning with these steps; dusting, vacuuming, scrubbing and waxing. It's fun

to listen to music, ~~do~~ exercise and refresh yourself. What ~~a traditional~~ way of relieving
                    to   to   an everyday

stress!

Part 1 Independent Writing Task

The other method I talked about is to pick ~~a neat~~ topic and do some research. Magazines, books, the ~~papers~~ and the internet are good sources, and you can work at home. However, I strongly suggest you ~~to~~ go somewhere outside to get information from the library, an internet cafe, museum or school. You can try to meet people who are ~~related to~~ the topic and talk about it. You don't have to write a paper or feel pressure to do anything with it. However, it is still a ~~good~~ challenge and helps you concentrate on one thing. You will get a lot of good information, too. Try it~~,~~ ~~and~~ I hope it works for you.

(margin corrections: an interesting; newspapers; cap.; cap.; interested in; ;)

My ways might be too strenuous, and you may want something less active~~.~~ ~~But~~ it all depends on you. Everybody has a different personality and needs his or her own style. ~~It can be a traditional way or the using of high-tech material.~~ You can relieve stress in the comfort of your home or on the Internet highway. The most important thing in relieving stress is to find your own way and try to make it yours. The world is becoming more complicated. The more progress~~ we want~~, the more stress~~ we get~~. However, complaining about society, work and ourselves~~, it really accumulates~~ stress. Don't panic and if you are seeking an idea on how to relieve stress, why not try mine?

(margin corrections: ; to; ,; .; itself creates)

해 석

Topic

사람들은 스트레스를 푸는 다양한 방법들을 갖고 있다. 스트레스를 푸는 데 있어서 당신이 발견한 가장 효과적인 방법들은 무엇인가? 당신의 답변을 뒷받침하는 이유와 예들을 제시하라.

Sample Essay

고도의 정보화 기술 시대에 사는 우리들은 이전 시대에 살던 사람들보다 많은 스트레스를 받는다. 겉보기에는 컴퓨터나 첨단 기계들을 조작하는 일이 간단한 듯 하다. 하지만, 시스템을 관리하고 조종하는 운영자는 매우 스트레스를 받고 엄청난 일에 쫓길 수 있다. 스트레스를 푸는 효과적인 방법을 찾는 것은 우리가 마음 속으로 늘 갈망하는 것이다. 나는 스트레스를 푸는 방법들을 스스로 찾아냈다. 그리고 그 중 두 가지를 당신과 나누고 싶다. 내가 따르는 한 가지 방법은 모든 전통적인 방법들(청소, 음악, 운동 등)을 섞는 것이다. 또 다른 방법은 스스로 배우고 집중할 수 있는 주제를 연구하는 것이다. 이것들이 모든 사람에게 적용될 수는 없겠지만, 나는 당신이 이것들로부터 약간의 아이디어를 얻을 수 있기를 바란다.

언급한 첫 번째 방법과 관련해, 나는 스트레스를 받을 때 청소하기를 좋아한다. 만약 당신이 청소할 준비가 되어 있다면, 좋아하는 음악을 틀고 그리고 반바지와 티셔츠 그리고 양말을 신고 나서 먼지 털기, 진공 청소기 돌리기, 문지르기, 광내기의 순서를 따라 청소를 해보라. 음악을 듣고, 운동을 하고, 그리고 기분을 새롭게 하는 것은 재미있다. 스트레스를 푸는 얼마나 멋진 일상적인 방법인가!

앞서 이야기한 또 다른 방법은 흥미 있는 주제를 골라 약간의 연구를 하는 것이다. 잡지, 책, 신문과 인터넷은 좋은 자료원들이며, 집에서 할 수가 있다. 하지만, 나는 도서관, 인터넷 카페, 박물관이나 학교 등 밖으로 나가 그 곳으로부터 정보를 얻기를 강력히 추천하는 바이다. 당신은 주제에 관심이 있는 사람들을 만나서 이야기를 나누는 것을 시도해볼 수도 있다. 이 때 페이퍼를 작성한다든지 어떤 것을 해야 한다는 압박감을 가질 필요는 없다. 하지만, 그러한 것은 여전히 하나의 도전이며 당신이 한 가지 일에 집중할 수 있도록 도와준다. 또한 당신은 많은 유익한 정보를 얻을 수 있을 것이다. 한 번 시도해보라. 잘 되기를 바란다.

내 방법들은 무척 힘들지 모른다. 그리고 당신은 덜 활동적인 것을 원할지도 모른다. 모든 것은 당신에게 달려 있다. 모든 사람은 다른 개성을 가지고 있고 각자의 스타일이 필요하다. 당신은 집에서 편안하게 또는 인터넷 정보 고속 도로 위에서 스트레스를 풀 수도 있다. 스트레스를 푸는 데 있어서 가장 중요한 것은 당신 자신의 방법을 찾아서 그것을 당신의 것으로 만들려는 노력이다. 세계는 더욱 복잡해지고 있다. 발전이 되면 될수록 스트레스도 많아진다. 하지만, 사회, 직장, 그리고 우리 자신에 대해 불평을 늘어놓는 것은 스스로 스트레스를 만드는 것이다. 당황하지 말고, 만약 당신이 지금 스트레스를 푸는 방법에 관한 아이디어를 찾고 있다면 내 방법을 시도해 보는 게 어떨까?

Part 1 Independent Writing Task

코 멘 트

분량 및 논점 언급

작문 분량이 이상적임. 하지만 서론 문단을 보다 압축적으로 표현해 분량을 조금 줄였으면 더 좋았을 듯함. 그리고 '1-2-1'(서론 1문단 - 본론 2문단 - 결론 1문단) 형식의 문단 안배는 외형적으로 간결하면서도 명쾌한 인상을 채점 위원에게 심어줄 수 있음.

한편, 논점 서술 시, 설득력 있는 예의 제시가 다소 미흡함. 이것은 상당 부분 감점 요인으로 작용할 수 있음.

3단 논리 구성

서론, 본론, 결론의 에세이 구성을 비교적 잘 갖추었음. 하지만 서론이 너무 장황하고, 또 본론과의 연결이 매끄럽지 못함. 그러나 마지막 문장을 질문으로 끝낸 것은 상당히 효과적인 에세이 작문 기법임.

창의성

두 번째 스트레스 해소법의 서술에서 독창성이 돋보임.

문법 오류

문법적 실수가 거의 없음. 하지만 동명사와 부정사, 그 중에서도 부정사의 작문법이 미숙함.

문장력

중문을 남발하는 경향이 있음. 중문 및 복문의 지나친 구사는 흔히 글을 무겁고 딱딱하게 만듦. 따라서, 가능하면 단문으로 짧게 끊어 쓰되, 필요하고 적절한 경우에만 중문을 사용하는 것이 바람직함.

어휘 구사

사용 어휘의 적합성과 난이도가 무난함. 하지만 작문 내용 중 'our heart's desire'처럼 문법적으로는 맞지만 다분히 '콩글리쉬' 표현이 간혹 눈에 뜨임.

TEST 3 'Type C'형 샘플 에세이 & 첨삭 지도

| Topic |

Do you agree or disagree with the following statement?
I think there is too much violence in movies.
Use specific reasons and examples to support your opinion.

| Sample Essay |

These days, movies are one of the most popular ~~part~~ (forms) of entertainment. People have different tastes and interests in movies~~,~~ ~~So~~ (, so) there are ~~many~~ movies in various genre. ~~But~~ ~~some~~ (Some) of them contain lots of violence, which ~~we can not be relieved from our children to see freely.~~ (should not see) In principle violent movies are rated ~~to adults,~~ (R for adults' viewing only,) but even those movies have too (rated PG-13) much violence in them.

~~Let's~~ (For example,) take a look at "Die Hard," which is ~~the most~~ (a) famous action movie. People believe that it has awesome ~~and cool~~ actions. ~~And~~ (cap.) many youngsters have seen it. But there are too many ~~gun~~ shooting and fighting scenes, which are not good for children to see. ~~And~~ (cap.) in that movie (,) the main character is divorced, which means he failed to maintain his marriage, but he is regarded as a hero. This may seem nothing to us but it may ~~have affected to~~ youngsters. Also in "Lethal Weapon" scenes of car racing, killing (,) destroying lots of (and) things to catch the bad guy are shown so ~~easily~~ (casually) that people think it is natural. Children may think it is okay to destroy and demolish everything to get the bad guy, the criminal (,) but we know ~~it~~ (that) is not right.

Moreover, parts from the movie "Dangerous Minds" even have some violent scenes.

This movie is recommended ~~to~~ [for] young students, middle school and high school students, teachers and parents but[it] still has crime problems. In the movie there appears a class of about 30 students ~~and~~[;] one of them is shot by another ~~guy,~~ [student] who was once a good student but turned out to be a young criminal. Of course, the point of this film is the great love and compassion of a teacher who opens the minds of ~~problem-making~~ [problem] students. ~~And~~ I wonder why they had to ~~put~~ [include] the idea of killing a student. Besides these movies, there are other movies that ~~are showing~~ [have] violence. If you choose to watch a common movie these days, it is likely to have scenes ~~such as~~ [containing] sexual harassment, family dissents, and so on. ~~And~~ [cap.] in horror movies, there are too many bloody scenes ~~which are not really~~ [unnecessary] necessary.

Maybe some would ask "So what?", "What's the problem?" But what matters is not only the violent scenes themselves but the meaning ~~and showing of them~~. When people see ~~those~~ movies which have crimes, they get those violent ideas unconsciously. ~~Especially,~~ [cap.] children and young students[,] who have [a] large capacity ~~of~~ [for] adopting and imagining will learn ~~the~~ bad things more quickly. We know that [the] frequency of student violence is high. We can't say that violence in movies has nothing to do with this. Movies ~~sure~~ [surely] have affected people in many different ways. Violent movies can make our mind and our society full of crime~~s~~. Therefore, we have to ~~check~~ [consider] those movies and decide what it should have or shouldn't have. That~~'s the way to make our future bright~~ [is our responsibility].

해석

Topic

당신은 다음 진술에 찬성하는가, 반대하는가?
나는 영화에 폭력 장면이 너무 많다고 생각한다.
구체적인 이유와 예들을 사용해 당신의 의견을 뒷받침하라.

Sample Essay

요즘 들어 영화는 가장 인기 있는 오락 형태들 중 하나이다. 사람들의 영화에 대한 취향과 관심은 다르다. 그래서 다양한 장르의 영화가 있는 것이다. 그들 중 일부는 우리 어린이들이 보아서는 안 될 많은 폭력을 담고 있다. 기본적으로 폭력성 영화들은 성인 등급을 받고 있지만, 미성년자 관람가 등급을 받은 영화들조차도 너무나 폭력 장면이 많다.

유명한 액션 영화인 "다이 하드"를 한 번 살펴보자. 사람들은 그 영화가 경이로운 액션이라고 생각하며, 많은 청소년들이 그것을 보았다. 그러나 어린이들이 봐서는 좋지 않은 총격 및 싸움 장면들이 너무 많다. 그리고 그 영화에서 주인공은 결혼 생활을 지속하지 못한 이혼남이지만 영웅으로 여겨진다. 이것은 우리들에게는 아무런 일이 아닐지 모르지만 청소년들에게는 영향을 줄 수 있다. 또한 "리셀 웨펀"의 자동차 추격, 살인, 그리고 나쁜 사람을 잡기 위해 많은 것들을 파괴하는 장면들은 너무 일상적으로 보여져 사람들은 그것을 자연스러운 것으로 생각한다. 어린이들은 나쁜 사람, 즉 범죄자를 잡기 위해서는 모든 것을 파괴하고 부수는 것이 괜찮다고 생각할지 모른다. 하지만 우리는 그것이 옳지 않다는 것을 알고 있다.

게다가, 영화 "위험한 생각"에는 여러 곳에서 폭력 장면조차 보인다. 이 영화는 어린 학생, 중고등 학생, 교사 및 부모들에게 추천된 바 있다. 하지만 여전히 범죄 문제를 안고 있다. 영화에서 약 30명의 학생들로 이루어진 교실이 나타난다. 그리고 그 중 한 학생이 한 때는 모범 학생이었지만 결국 소년 범죄자가 되어 버린 다른 학생의 총에 맞는다. 물론, 이 영화의 요지는 문제 학생들에게 열린 마음을 가진 한 교사의 위대한 사랑 및 연민이다. 나는 학생 살인 장면의 아이디어가 왜 포함되었는지 의아하기만 하다. 이 영화들 뿐만 아니라 다른 영화들도 폭력 장면이 있다. 만약 요즘 어떤 영화들을 보기로 선택한다면, 아마 성희롱, 가족 불화 등을 포함한 장면들이 있을 가능성이 높다. 그리고 공포 영화들에서는 불필요한 유혈 장면들이 너무나 많다.

아마도 일부 사람들은 "그래서 뭐가 어떻다구?", "뭐가 문제지?"라고 물을지 모른다. 그러나 중요한 것은 폭력 장면들 그 자체가 아니라 그것의 의미이다. 사람들은 범죄 장면이 있는 영화들을 볼 때, 무의식적으로 폭력적인 생각을 갖게 된다. 특히, 수용 및 상상 능력이 커다란 어린이 및 젊은 학생들은 나쁜 것들을 더욱 빨리 배울 것이다. 우리는 학생 폭력이 빈번하다는 것을 알고 있다. 우리는 이것이 영화의 폭력과 아무런 관계가 없다고 말할 수 없다. 영화들은 확실히 많은 다양한 방식으로 사람들에게 영향을 끼친다. 폭력 영화들은 우리의 마음과 우리 사회를 범죄들로 가득 차게 할 수 있다. 그러므로 우리는 그 영화들을 심사숙고해 무엇이 있어야 하고 없어야 할 것인지를 결정해야만 한다. 이것이 우리의 책임이다.

코멘트

분량 및 논점 언급

작문 분량이 적당함. 하지만 찬반 의견을 묻는 질문에 대한 답변으로서 논지가 다소 불명확함. 이것은 상당한 감점 요인이 될 수 있음.

한편, 여러 영화들을 예로 나열한 것은 좋은 시도이지만, 이러한 예들이 의도하는 목표의 일관성과 호소력이 약하다는 것은 아쉬운 점임.

3단 논리 구성

서론, 본론, 결론의 에세이 구성이 다소 균형감을 잃고 있음. 예컨대, 만약 서론에서 영화의 폭력 장면들에 대한 작문 작성자의 분명한 입장을 서술하고, 그리고 본론에서 '다이 하드' 등의 영화들을 통해 설득력 있는 예시를 하며, 마지막으로 결론부에서 다시 한 번 명확한 입장 표시와 함께 주의를 환기하는 마무리 문장을 덧붙임으로써 에세이를 끝마치는 것은 하나의 좋은 구성이 될 수 있음.

창의성

질문 유형상 창의력을 발휘할 여지가 적은 문제임을 십분 고려하더라도, 전체적인 논리의 전개가 다소 상투적이며 지루함.

문법 오류

문법적 실수가 대체로 적은 편이나, 관사의 사용에서 집중적인 오류들이 발견됨.

문장력

단문, 복문, 중문을 적절히 혼합해 작문하였음. 하지만 세미콜론(;), 콜론(:)과 같은 구두점의 사용이 너무 부족함. 참고로 원어민들은 작문 시 구두점을 아주 적극적으로 활용함.

어휘 구사

어휘 구사가 무난한 편이나 단어의 불필요한 중복 사용이 눈에 거슬림. 예컨대, 작문 내용 중 'awesome and cool action', 'gun shooting'의 표현들에서 cool과 gun은 각각 불필요한 단어임. 또 'destroy and demolish everything'의 경우도 두 단어 중 하나만 쓰더라도 충분히 의미 전달이 가능함. 이러한 단어의 중복 사용은 자칫 감점 요인이 될 수 있다는 사실을 유념할 것.

3. 시험 D-1 Week에 열어 보는 Essay Simulation

토플 에세이는 우리달의 논술문과 달리 서론에 일단 글 쓰는 이의 의견이나 주장을 명백히 밝혀야 한다. 그리고 그 이유를 역시 서론에 대략적으로 언급해 주는데, 이 때 이유가 두 가지라면 두 개의 문단으로 본론을 쓰고, 이유가 세 가지인 경우는 본론을 세 문단으로 각각 작문하는 것이다. 즉, 이유의 수에 따라 에세이의 문단의 수가 결정되는 것이다. 그리고 에세이의 끝 부분에 쓰는 결론 문단은 앞의 서론의 내용을 조금 단어를 바꿔 부연 설명 또는 강조하는 형태로 작문하면 된다.

대체로 이런 작문 요령에 따라 에세이를 쓰면 어떤 토픽이 출제되더라도 그리 당황하지 않고 작문의 실마리를 쉽사리 풀어갈 수가 있다. 물론 반드시 이러한 '에세이 모범 공식'을 따라 작문을 해야 하는 것은 아니다. 하지만 에세이 영작문을 위한 이러한 가이드라인은 특히 작문 초보자들에게 커다란 도움이 된다.

Part 1 Independent Writing Task

Simulation 1 **Simulation of Introduction**

토플 에세이에서 서론은 '에세이의 설계도'라고 불릴 만큼 무척 중요하다. 논리적이고 균형 잡힌 서론을 쓰는 것이야말로 고득점 에세이를 향한 첫 걸음인 것이다. 다음에 수록한 '카피 서론'들을 미리 외워 두면, 어떤 토픽이 출제되더라도 수월하게 실마리를 풀어 나갈 수 있을 것이다.

[**Type A**] ······ 선호형 [Stating a Preference]
: 상반된 내용 또는 선택형 논제를 주고, 그에 대한 선택 및 비교점을 논술하라는 유형의 에세이 문제이다.

(1) 선호 [Prefer]

| Copy Introduction 1 | There may be some advantages of + 명사/-ing. Yet I'd prefer + to부정사. ─ ─. It is for this reason that I prefer + to부정사.

(~에도 몇 가지 장점들이 있을 것이다. 그렇지만 나는 …하기를 더 좋아한다. ─ ─. 바로 이러한 이유 때문에 나는 …하는 것을 더 좋아한다.)

다음은 위의 카피 서론 문단을 '선호' 형식의 에세이 토픽에 대입하여 실제로 작문해 본 '에세이 시뮬레이션'이다.

| Topic |

Would you prefer to live in a traditional house or in a modern apartment building? Use specific reasons and details to support your choice.

(당신은 전통식 주택에 사는 것과 현대식 아파트 건물에 사는 것 중 어느 것을 더 좋아하는가? 구체적인 이유와 자세한 이야기들을 사용해 당신의 선택을 뒷받침하시오.)

| Simulation of Introduction |

There may be some advantages of living in a traditional house. Yet I'd prefer to live in a modern apartment. I love comfortable living. It is for this reason that I prefer to live in a modern apartment.

(전통적인 집에서 사는 것에도 몇 가지 장점들이 있을 것이다. 그렇지만 나는 현대적인 아파트에서 살기를 더 좋아한다. 나는 편안하게 사는 걸 좋아한다. 바로 이러한 이유 때문에 나는 현대적인 아파트에서 사는 걸 더 좋아한다.)

| **Copy Introduction 2** | S + is a very individual thing. Some people + V_1, while others + V_2. Often it depends on ~. But I'd rather + V_3. This is because ~.

(–는 매우 개인적인 일이다. 일부 사람들은 …하는 반면, 다른 사람들은 …한다. 흔히 그것은 ~에 달려 있다. 그러나 나는 …하고 싶다. 그 이유는 ~하기 때문이다.)

다음은 위의 카피 서론 문단을 '선호' 형식의 에세이 토픽에 대입하여 실제로 작문해 본 또 하나의 '에세이 시뮬레이션' 이다.

| **Topic** |

Some people prefer to eat at food stands or restaurants. Other people prefer to prepare and eat food at home. Which do you prefer? Use specific reasons and examples to support your answer.

(어떤 사람들은 간이 음식점이나 식당에서 식사하는 것을 선호한다. 또 다른 사람들은 집에서 음식을 준비하여 먹는 것을 더 좋아한다. 당신은 이 중 어느 것을 더 좋아하는가? 구체적인 이유와 예들을 사용하여 당신의 답변을 뒷받침하시오.)

| **Simulation of Introduction** |

Eating habit is a very individual thing. Some people like eating out at food courts or restaurants, while others like cooking food at home. Often it depends on the lifestyle of people. But I'd rather eat at home. This is because it's cheaper and more sanitary to eat at home.

(식사 습관은 매우 개인적인 일이다. 일부 사람들은 식당가나 레스토랑에서 외식을 하는 것을 좋아하는 반면, 다른 사람들은 집에서 음식을 조리하는 것을 좋아한다. 흔히 그것은 사람들의 생활방식에 달려 있다. 그러나 나는 집에서 식사를 하고 싶다. 그 이유는 집에서 먹는 것이 더 싸고 위생적이기 때문이다.)

(2) 선택 [Choose]

| **Copy Introduction 3** | The choice between 명사/-ing and 명사/-ing is not so easy. It's tough to say which is more desirable. Given this choice, however, I would + V for the following two reasons: — and — .

(~과 ~사이의 선택은 그리 쉬운 일이 아니다. 어떤 것이 더 바람직한지를 말하기란 힘들다. 하지만, 나는 이러한 선택이 주어졌을 때 다음의 두 가지 이유, 즉 -와 -때문에 ...하고 싶다.)

다음은 위의 카피 서론 문단을 '선택' 형식의 에세이 토픽에 대입하여 실제로 작문해 본 '에세이 시뮬레이션' 이다.

| Topic |

Is it better to enjoy your money when you earn it or is it better to save your money for some time in the future? Use specific reasons and examples to support your opinion.

(당신이 돈을 벌 때 돈을 즐기는 것이 더 좋은가, 아니면 미래의 어느 때를 대비해 돈을 저축하는 것이 더 좋은가? 구체적인 이유와 예들을 사용해 당신의 의견을 뒷받침하시오.)

| Simulation of Introduction |

The choice between spending my money and saving it is not so easy. It's tough to say which is more desirable. Given this choice, however, I would deposit money in the bank for the following two reasons: unexpected emergencies and the life after retirement.

(내 돈을 쓰는 것과 그것을 저축하는 것 사이의 선택은 그리 쉬운 일이 아니다. 어떤 것이 더 바람직한 지를 말하기란 힘들다. 하지만 나는 이러한 선택이 주어졌을 때 다음의 두 가지 이유, 즉 예상치 못한 긴급한 사태와 은퇴 후의 생활 때문에 은행에 예금을 하고 싶다.)

[Type B] 논술형 [Making an Argument]

: 질문 또는 논제를 주고, 그에 대한 답변과 이유를 논술하라는 유형의 에세이 문제이다.

(1) 논제에 대한 논술 [Statement & Discuss]

| **Copy Introduction 4** | It seems + that S_1 + V_2. However, that is not always the case. Definitely, besides + 명사, there are some other reasons + that S_2 + V_2; − and −.

(...하는 듯이 보인다. 하지만, 늘 그런 것은 아니다. 분명히 ~이외에 ...를 해야 하는 몇 가지 다른 이유들, 즉 −와 −같은 것들이 있다.)

다음은 위의 카피 서론 문단을 '논제에 대한 논술' 형식의 에세이 토픽에 대입하여 실제로 작문해 본 '에세이 시뮬레이션' 이다.

| Topic |

People work because they need money to live. What are some other reasons that people work? Use specific examples and details to support your answer.

(사람들은 살기 위해서는 돈이 필요하므로 일을 한다. 사람들이 일을 하는 몇 가지 다른 이유들은 무엇인가? 구체적인 예와 자세한 이야기들을 사용하여 당신의 답변을 뒷받침하시오.)

| Simulation of Introduction |

It seems that many people work to earn their living. However, that is not always the case. Definitely, besides the need to earn money, there are some other reasons that motivate people to work; interacting with people and feeling a sense of achievement.

(많은 사람들이 생활비를 벌기 위해 일을 하는 듯이 보인다. 하지만, 늘 그런 것은 아니다. 분명히, 돈을 벌어야 하는 필요 이외에 사람들을 일하게끔 하는 몇 가지 다른 이유들, 즉 사람들과의 교류와 성취감을 느끼는 것 같은 다른 이유들이 있다.)

(2) 논제에 대한 'Why'형 질문 [Statement & Why]

| **Copy Introduction 5** | These days, −. It seems to be a current trend now. S + feel + that S_1 + V_1. These are the reasons + why S_2 + V_2.

(요즘은 −하다. 그리고 지금은 그것이 최근의 조류처럼 보인다. −은 ...라고 느낀다. 이것이 왜 ...하는지에 대한 이유들이다.)

다음은 위의 카피 서론 문단을 '논제에 대한 Why형 질문' 형식의 에세이 토픽에 대입하여 실제로 작문해 본 '에세이 시뮬레이션'이다.

| Topic |

Many students choose to attend schools or universities outside their home countries. Why do some students study abroad? Use specific reasons and details to explain your answer.

(많은 학생들이 자기 고국을 벗어나서 학교나 대학에 다니기로 선택을 한다. 왜 일부 학생들은 해외에서 공부를 하는가? 구체적인 이유와 자세한 이야기들을 사용해 당신의 답변을 뒷받침하시오.)

| Simulation of Introduction |

These days, many students are studying abroad and many more want to. It seems to be a current trend now. Students feel that they can gain a wider perspective, proficiency in a new language, and familiarity with a different culture when they study in other countries. These are the reasons why so many students study abroad.

(요즘은 많은 학생들이 유학을 하고 있고 더 많은 학생들이 유학을 원한다. 지금은 그것이 최근의 조류처럼 보인다. 학생들은 다른 나라에서 공부를 하면, 보다 넓은 시야를 얻을 수 있고, 새로운 언어에 능숙해지며 다른 문화에 익숙해진다고 느낀다. 이것이 왜 그토록 많은 학생들이 유학을 하는지에 대한 이유들이다.)

(3) 논제에 대한 'How' 형 질문 [Statement & How]

| Copy Introduction 6 | It is probably inevitable + that S_1 + V_1. This is because + S_2 + V_2. Still, S_3 can and should + V_3 + in various ways that will be discussed as follows.

(…하는 것은 아마도 불가피할 것이다. 이것은 …하기 때문이다. 그렇지만 −는 다음에 논하게 될 여러 가지 방법으로 …할 수 있고 또 …해야 한다.)

다음은 위의 카피 서론 문단을 '논제에 대한 How형 질문' 형식의 에세이 토픽에 대입하여 실제로 작문해 본 '에세이 시뮬레이션' 이다.

| Topic |

When students move to a new school, they sometimes face problems. How can schools help these students with their problems? Use specific reasons and examples to explain your answer.

(새 학교로 옮길 때, 학생들은 때때로 문제에 부딪힌다. 어떻게 학교는 문제를 갖고 있는 이러한 학생들을 도울 수 있는가? 구체적인 이유와 예들을 사용해 당신의 답변을 뒷받침하시오.)

| Simulation of Introduction |

It is probably inevitable that students will face problems when they move to a new school. This is because they are leaving familiar environment and entering a new, possibly hostile place. Still, school can and should help those students in various ways that will be discussed as follows.

(학생들이 새로운 학교로 전학할 때, 문제들에 직면하는 것은 아마도 불가피할 것이다. 이것은 그들이 익숙한 환경을 떠나 새롭거나 혹은 호의적이 아닌 곳으로 들어가기 때문이다. 그렇지만, 학교는 다음에 논하게 될 여러 가지 방법으로 그러한 학생들을 도울 수 있고 또 도와주어야 한다.)

(4) 가상 질문 [If & What]

| **Copy Introduction 7** | If + S₁ +V₁, I would + V₂. Nowadays, many people tend + to부정사. However, I am of the opinion + that S₃ +V₃.

(만약 …한다면, 나는 …하고 싶다. 요즘 많은 사람들이 …하는 경향이 있다. 하지만, 나는 …라는 의견이다.)

다음은 위의 카피 서론 문단을 '가상 질문' 형식의 에세이 토픽에 대입하여 실제로 작문해 본 '에세이 시뮬레이션'이다.

| Topic |

Holidays honor people or events. If you could create a new holiday, what person or event would it honor and how would you want people to celebrate it? Use specific reasons and details to support your answer.

(휴일은 사람이나 행사들을 기린다. 만약 당신이 새로운 휴일을 만든다면, 그것은 어떤 사람이나 행사를 기리며 또 어떻게 사람들이 그것을 기념하기를 원하는가? 구체적인 이유와 자세한 이야기들을 사용해 당신의 답변을 뒷받침하시오.)

| Simulation of Introduction |

If I could create a new holiday, I would create a holiday for unknown soldiers. Nowadays, many people tend to regard holiday as just a day for rest and sports. However, I am of the opinion that a holiday should be a day to honor something meaningful.

(만약 내가 새로운 휴일을 만든다면, 나는 무명 군인을 위한 휴일을 만들고 싶다. 요즘, 많은 사람들이 휴가를 단지 휴식과 스포츠를 위한 날로 여기는 경향이 있다. 하지만, 나는 휴가는 무언가 의미 있는 것을 기리는 날이 되어야 한다는 의견이다.)

[Type C] ······ 찬반형 [Agreeing or Disagreeing]

: 서술 논제를 주고, 그에 대한 찬반 의견을 논술하라는 유형의 에세이 문제이다.

(1) 찬성 [Agree]

| **Copy Introduction 8** | There would be both advantages and disadvantages of + 명사/-ing. I'm worried about ~ . However, I think + that S + V. Overall, I agree with the statement.

(~에는 장점과 단점이 있을 수 있다. 나는 ~이 염려가 된다. 하지만 나는 … 라고 생각한다. 전반적으로, 나는 그 말에 동의한다.)

다음은 위의 카피 서론 문단을 '찬성' 형식의 에세이 토픽에 대입하여 실제로 작문해 본 '에세이 시뮬레이션' 이다.

| **Topic** |

Do you agree or disagree that progress is always good? Use specific reasons and examples to support your answer.

(발전은 항상 좋은 것이라는 말에 찬성하는가, 반대하는가? 구체적인 이유와 예들을 사용해 당신의 답변을 뒷받침하시오.)

| **Simulation of Introduction** |

There would be both advantages and disadvantages of progress. I'm worried about its side-effects. However, I think that it will lead us to a more convenient life and grow the economy. Overall, I agree with the statement.

(발전에는 장점과 단점이 있을 수 있다. 나는 그 부작용이 염려가 된다. 하지만, 나는 발전은 우리를 보다 편리한 삶으로 이끌고 경제를 성장시킬 거라고 생각한다. 전반적으로, 나는 그 말에 동의를 한다.)

Copy Introduction 9

I agree with the statement + that S_1 + V_1. Personally, I also believe + that S_2 + V_2. There are two(or three) reasons for this. First, – . Second, – . (Third, – .)

(나는 …라는 말에 찬성한다. 개인적으로 나는 …라고 생각한다. 그것은 두 (또는 세) 가지 이유 때문이다. 첫째, –. 둘째, –. (셋째, –.)

다음은 위의 카피 서론 문단을 '찬성' 형식의 에세이 토픽에 대입하여 실제로 작문해 본 또 하나의 '에세이 시뮬레이션' 이다.

| Topic |

Do you agree or disagree with the following statement?
Universities should give the same amount of money to their students' sports activities as they give to their university libraries.
Use specific reasons and examples to support your answer.

(다음의 말에 찬성하는가, 반대하는가?
대학은 대학 도서관에 주는 것과 똑같은 액수의 돈을 학생 스포츠 활동에도 주어야 한다.
구체적인 이유와 예들을 사용해 당신의 답변을 뒷받침하시오.)

| Simulation of Introduction |

I agree with the statement that universities should give the same amount of money to their students' sports activities as they give to their university libraries. Personally, I believe that sports activities are as important as studying and reading books. There are two reasons for this. First, sports facilities at universities help the students save time. Second, sports promote team spirits.

(나는 대학들이 학생 도서관에 주는 것과 똑같은 액수의 돈을 학생 스포츠 활동에 주어야 한다는 말에 찬성한다. 개인적으로, 나는 스포츠 활동이 공부나 책을 읽는 것만큼 중요하다고 생각한다. 그것은 두 가지 이유 때문이다. 첫째, 대학의 스포츠 시설들은 학생들의 시간 절약을 도와준다. 둘째, 스포츠는 단체 정신을 함양한다.)

(2) 반대 [Disagree]

| Copy Introduction 10 | I strongly disagree with the statement. For the following two(or three) reasons, I don't think it is a good idea + (for 의미상 주어) + to부정사. Firstly, −. Secondly, −. (Thirdly/Lastly, −.)

(나는 그 말에 강력히 반대한다. 다음의 두(또는 세) 가지 이유 때문에, 나는 (~가) ...하는 것은 좋은 생각이 아니라고 생각한다. 첫째로, −. 둘째로, −. (셋째로/ 마지막으로, −.)

다음은 위의 카피 서론 문단을 '반대' 형식의 에세이 토픽에 대입하여 실제로 작문해 본 '에세이 시뮬레이션'이다.

| Topic |

In some countries, teenagers have jobs while they are still students. Do you think this is a good idea? Support your opinion by using specific reasons and details.

(몇몇 나라들에서는 10대들이 학생 시절에도 일자리를 갖는다. 이것이 좋은 아이디어라고 생각하는가? 구체적인 이유와 자세한 이야기들을 사용해 당신의 의견을 뒷받침하시오.)

| Simulation of Introduction |

I strongly disagree with the statement. For the following two reasons, I don't think it is a good idea for teenagers to have jobs while they are still students. First, studying can be disturbed by jobs. Second, there are few works appropriate for teenagers.

(나는 그 말에 강력히 반대한다. 다음의 두 가지 이유 때문에, 나는 10대들이 아직 학생일 동안에 직업을 갖는 것은 좋은 생각이 아니라고 생각한다. 첫째, 공부가 직업에 의해 방해받을 수 있다. 둘째, 10대들에게 어울리는 일들이 드물다.)

Simulation 2 ## Simulation of Body

토플 에세이를 채점하는 한 미국인 채점자가 필자에게 다음과 같은 이야기를 들려준 바 있다.

"아시아 학생들과 유럽 학생들이 쓴 에세이는 금방 구분할 수 있어요. 문장과 문장을 연결할 때 사용하는 표현과 '양념 문장'이 있는지 없는지를 보면 금방 알 수가 있어요. 아시아 학생들은 문장 앞에 And와 But을 너무 많이 쓰고, 화제를 자연스럽게 유도하는 문장을 잘 구사하지 못해 전체적으로 에세이가 딱딱하고 논리적 설득력이 떨어지죠."

실제로 필자 역시 평소 학생들을 가르치면서 이러한 문제점을 무수히 경험하였다. 그래서 필자는 그 해결책으로 문장과 문장을 연결해주는 '연결 표현'(Transition Phrase)과 어떠한 토픽에서도 화제의 실마리를 풀어주는 '양념 문장'들을 열심히 외워 실전에 응용토록 하였다. 그 결과 앞서 채점관이 지적한 문제점들이 상당히 고쳐지면서 에세이, 특히 본론 부분의 작문이 매끄러워졌다.

다음의 10가지 '연결 표현'과 '양념 문장'들을 암기하여 실전에 활용한다면, 에세이 본론의 작문이 한 단계 업그레이드 될 것이다.

[Type A] ······ 본론에서 자주 쓰이는 「연결 표현」 10가지

: 다음은 에세이 영작문에서 그 유형과 관계없이 유용하게 사용되는 연결 표현 10가지이다.

◯ 주요 연결 표현

▶ 이처럼/이와 같이 – .   Likewise, + 문장.   Like this, + 문장.
▶ 한편/반면 – .   On the other hand, + 문장.
▶ 그럼으로써/그렇게 함으로써 – . By doing so, + 문장.
▶ 다시 말하자면/즉 – .   In other words, + 문장.   To put it another way, + 문장.
▶ 대부분/대체로 – .   In most cases, + 문장.   By and large, + 문장.
▶ 또한 – .   Also, + 문장.   In addition/Additionally, + 문장.
▶ 더욱이/게다가 – .   Moreover, + 문장.   Furthermore/Besides, + 문장
▶ 그래서/그러므로/따라서 – .   So/Therefore/Accordingly, + 문장.
                                           Hence/Thus/Consequently/Correspondingly, + 문장.
▶ 이러한 점/면에서 – .   In this regard, + 문장.   In this respect, + 문장.
▶ 그러나/하지만 – .   But/However, + 문장.   Yet/Still, + 문장.

Simulation Practice 1

Practice 1

Answer P 327

Translate the Korean Sentences into English.

1. 이처럼, 우리들은 미국 흑인들에 대해 편견을 갖고 있는 듯 하다.
   Tip [seem to, be prejudiced against]

   _____

2. 한편, 프랑스 인들은 독일인들과는 반대로 와인을 많이 마신다.
   Tip [French, a lot, as opposed to, German]

   _____

3. 그렇게 함으로써, 사이버 학교들이 증가할 것이다.
   Tip [cyberschool, on the increase]

   _____

4. 다시 말하자면, 우리는 우리의 실수들을 쉽사리 잊어버린다.
   Tip [easily, forget about]

   _____

5. 대체로, 이러한 문제들은 두 가지 요인들에 기인한다.
   Tip [be due to, factor]

   _____

6. 또한, 그는 그 일에 자격을 갖추고 있지 않다.
   Tip [qualify for]

   _____

7. 더욱이, 많은 사람들이 오늘날 우리 사회가 직면하고 있는 청소년 문제들을 인식하지 못하고 있다.
   Tip [be aware of, juvenile problem, facing]

   _____

8. 그러므로, 우리 자녀들의 의견이 그렇게 쉽사리 무시당해서는 안 된다.
   Tip [children, easily, be dismissed]

   _____

9. 이러한 점에서, 나는 그 말에 전적으로 찬성한다.
   Tip [entirely, agree with, statement]

   _____

10. 하지만, 나는 이러한 환경 문제들이 가까운 장래에 해결될 가능성이 없어 보인다.
    Tip [see, chance, solve, environmental, near future]

    _____

[Type B] ······ 본론에서 막힐 때 실마리를 풀어주는 「양념 문장」 10가지

: 다음은 에세이 영작문 시 어떤 토픽이 제시되더라도 유용하게 쓸 수 있는 문장 10가지이다.

● 주요 양념 문장

▶ 누구나 ~에 관해서 나름대로의 의견을 갖고 있다. — Everyone has some opinion of ~.
▶ 우선 -가 무엇인가를 아는 것이 중요하다. — First of all, it is important to know what S + is.
▶ 많은 문제들이 ...라는 사실에 기인한다. — A lot of problems result from the fact that S + V.
▶ ~에 관한 견해는 사람마다 다르다. — The view of ~ varies from person to person.
▶ 그것은 그게 얼마나 ~이냐에 달려 있다. — That depends on how 형용사 it is.
▶ -은 어느 장소, 어느 사람들에게든 즉각적인 관심사이다. — S + is something that is of immediate concern to everyone, everywhere.
▶ ~의 경우도 마찬가지일 것이다. — The same will apply to ~.
▶ ~에 대해 보다 자세히 다루기로 하겠다. — I will treat ~ in greater detail.
▶ ~에는 늘 양면성이 있다. — There are always two sides to ~.
▶ ~와 관련된 내 경험들을 예로 들어보겠다. — I will take an example of my experiences related with ~.

다음의 에세이 토픽이 출제되었다고 가정해 보자. 위의 10개의 「양념 문장」에서 에세이 문맥에 맞게 표현을 바꾸어 다음의 4개 문장을 작문할 수 있다면, 최소한 0.5점 이상의 득점 향상을 기대할 수 있을 것이다.

| 가상 실전 에세이 토픽 |

Do you agree or disagree with the following statement? All students should be required to study art and music in high(or secondary) school. Give specific reasons to support your opinion.

(다음의 말에 찬성하는가 반대하는가? 모든 학생들은 고등학교(또는 중등학교)에서 미술이나 음악을 필수적으로 공부해야 한다. 당신의 의견을 뒷받침하는 구체적인 이유들을 제시하시오.)

| 응용 본론 문장 |

1. A lot of problems result from the fact that getting a good exam score is more important than drawing or singing. (많은 문제들이 좋은 시험 성적을 받는 것이 그림 그리는 것이나 노래를 부르는 것보다 더 중요하다는 사실에 기인한다.)

2. Talent and aptitude vary from person to person. (재능과 적성은 사람마다 다르다.)

3. Art and music are something that is of immediate concern to everyone, everywhere. (미술과 음악은 어느 장소, 어느 사람들에게든 즉각적인 관심사이다.)

4. I will take an example of my experiences related with music class.
   (음악 수업과 관련된 내 경험들을 예로 들어보겠다.)

Simulation Practice 2

Translate the Korean Sentences into English.

1. 누구나 행복에 관해서 나름대로의 의견을 갖고 있다.
   Tip [happiness]

2. 우선 문제가 무엇인가를 아는 것이 중요하다.
   Tip [problem]

3. 많은 문제들이 더 많은 학생들이 해외 유학을 원한다는 사실에 기인한다.
   Tip [study abroad]

4. 미디어에 관한 견해는 사람마다 다르다.
   Tip [media]

5. 그것은 그게 얼마나 효율적이냐에 달려 있다.
   Tip [efficient]

6. 음악은 어느 장소, 어느 사람들에게든 즉각적인 관심사이다.
   Tip [music]

7. 온라인 교육의 경우도 마찬가지일 것이다.
   Tip [online education]

8. 환경 파괴에 대해 보다 자세히 다루기로 하겠다.
   Tip [environmental destruction]

9. 모든 문제에는 늘 양면성이 있다.
   Tip [every]

10. 그와 관련된 내 경험들을 예로 들어보겠다.
    Tip [it]

Simulation3 **Simulation of Conclusion**

결론은 에세이의 마무리라는 점에서 매우 중요하다. 하지만, 시간에 쫓기고, '어떻게 써야 하나…' 라는 구성에 대한 아이디어 부족으로 많은 학생들이 결론에서 자기의 평소 실력을 제대로 발휘하지 못하는 경향이 있다. 이를 위해 토픽 유형별로 작성한 아래의 '카피 결론' 들을 미리 외워 이것들을 응용하여 작문할 것을 제안한다.

[Type A] ······ 선호형 [Stating a Preference]

| **Copy Conclusion 1** | In short, both ~ and – can be advantageous. For the afore-mentioned reasons, however, I prefer + to부정사. But I'd recommend you to make the choice that fits + 명사 + best.

(요컨대, ~와 –둘 다 장점이 있을 수 있다. 하지만, 앞서 언급한 이유들로 인해 나는 …하는 것을 더 좋아한다. 그러나 나는 당신에게 ~에 가장 잘 맞는 선택을 하라고 권하고 싶다.)

다음은 위의 카피 결론 문단을 '선호형' 에세이 토픽에 대입하여 실제로 작문해 본 '에세이 시뮬레이션'이다.

| Topic |

Some people prefer to live in a small town. Others prefer to live in a big city. Which place would you prefer to live in? Use specific reasons and details to support your answer.

(어떤 사람들은 작은 도시에서 사는 것을 선호한다. 또 다른 사람들은 대도시에서 살기를 더 좋아한다. 당신은 그 중 어느 곳에서 사는 것을 더 좋아하는가? 구체적인 이유와 자세한 이야기들을 사용해 당신의 답변을 뒷받침하시오.)

| Simulation of Conclusion |

In short, both living in a small town and living in a big city can be advantageous. For the afore-mentioned reasons, however, I prefer to live in a small town. But I'd recommend you to make the choice that fits your lifestyle best.

(요컨대, 작은 도시에서 사는 것과 대도시에서 사는 것은 둘 다 장점이 있을 수 있다. 하지만 앞서 언급한 이유들로 인해, 나는 작은 도시에서 사는 걸 더 좋아한다. 그러나 나는 당신에게 당신의 생활 습관에 가장 잘 맞는 선택을 하라고 권하고 싶다.)

[Type B] ······ 논술형 [Making an Argument]

| Copy Conclusion 2 |

To sum up, if + S_1 + V_1, I would + V_2. There might be a number of reasons for this, but the most important reason is the fact + that S_3 + V_3. ~ can be the best solution to −. Who can deny the necessity of + -ing?

(요약을 하자면, 만약 …한다면 나는 …하고 싶다. 수많은 이유가 있겠지만, 가장 중요한 이유는 …라는 사실 때문이다. ~은 −에 대한 최선의 해결책이 될 수 있다. 누가 …하는 것의 필요성을 부정할 수 있겠는가?)

다음은 위의 카피 결론 문단을 '논술형' 에세이 토픽에 대입하여 실제로 작문해 본 '에세이 시뮬레이션'이다.

| Topic |

If you could change one important thing about your hometown, what would you change? Use reasons and specific examples to support your answer.

(만약 당신 고향에서 중요한 것 한 가지를 바꾼다면, 무엇을 바꿀 것인가? 이유와 구체적인 예들을 사용해 당신의 답변을 뒷받침하시오.)

| Simulation of Conclusion |

To sum up, if I could change one thing about my hometown, I would lay out a park in my hometown. There might be a number of reasons for this, but the most important reason is the fact that my town lacks green area. A park can be the best solution to this problem. Who can deny the necessity of providing a park for a town?

(요약을 하자면, 만약 우리 고향에서 한 가지를 바꾼다면, 나는 우리 고향에 공원을 세우고 싶다. 수많은 이유가 있겠지만, 가장 중요한 이유는 우리 고향에 녹색 지대가 부족하다는 사실 때문이다. 공원은 이러한 문제에 대한 최선의 해결책이 될 수 있다. 누가 마을에 공원을 제공하는 것의 필요성을 부정할 수 있겠는가?)

| **Copy Conclusion 3** | All things considered, the three most important characteristics of ~ are −, −, and −. Alone, none of these qualities will be so valuable. But together, they can + V.

(모든 것을 고려해 보건대, ~의 가장 중요한 세 가지 특성은 −, −, 그리고 − 이다. 각각 단독으로는 이러한 특성들 중 어느 것도 그리 값져 보이지 않지만, 합해졌을 때는 …을 할 수 있다.)

다음은 위의 카피 결론 문단을 '논술형' 에세이 토픽에 대입하여 실제로 작문해 본 또 하나의 '에세이 시뮬레이션'이다.

| Topic |

We all work or will work in our jobs with many different kinds of people. In your opinion, what are some important characteristics of a co-worker (someone you work closely with)? Use reasons and specific examples to explain why these characteristics are important.

(우리는 모두 여러 많은 종류의 사람들과 함께 직장에서 일하고 있거나 일을 할 것이다. 당신의 의견으로, 직장 동료(당신이 가까이서 함께 일하는 어떤 사람)의 몇 가지 중요한 특징들이 무엇이라고 생각하는가? 이유와 구체적인 예들을 사용해 왜 이러한 특징들이 중요한지 설명하시오.)

| Simulation of Conclusion |

All things considered, the three most important characteristics of a coworker are civility, responsibility, and a sense of humor. Alone, none of these qualities will be so valuable. But together, they can make you a good colleague.

(모든 것을 고려해 보건대, 직장 동료의 가장 중요한 세 가지 특성은 예의바름, 책임감, 그리고 유머 감각이다. 각각 단독으로는 이러한 특성들 중 어느 것도 그리 값져 보이지 않지만, 합해졌을 때는 좋은 동료가 될 수 있다.)

[Type C] ······ 찬반형 [Agreeing or Disagreeing]

| Copy Conclusion 4 | All in all, I agree with the statement + that $S_1 + V_1$. Of course, there are a lot of details to consider, but I believe that nothing substitutes for + 명사구. That is + why $S_2 + V_2$.

(전반적으로 나는 …라는 말에 찬성한다. 물론, 고려해야 할 세부적인 것들이 많이 있지만, 나는 어떤 것도 ~을 대신할 수는 없다고 믿는다. 그것이 내가 …하는 이유이다.)

다음은 위의 카피 결론 문단을 '찬반형' 에세이 토픽에 대입하여 실제로 작문해 본 '에세이 시뮬레이션'이다.

| Topic |

Do you agree or disagree with the following statement?
Parents are the best teachers.
Use specific reasons and examples to support your answer.

(다음의 말에 찬성하는가, 반대하는가?
부모는 최고의 스승이다.
구체적인 이유와 예들을 사용해 당신의 답변을 뒷받침하시오.)

| Simulation of Conclusion |

All in all, I agree with the statement that parents are the best teachers. Of course, there are a lot of details to consider, but I believe that nothing substitutes for the love and devotion of the parents. That is why I think parents are the best teachers.

(전반적으로, 나는 부모는 최고의 스승이라는 말에 찬성한다. 물론, 고려해야 할 세부적인 것들이 많이 있지만, 나는 어떤 것도 부모의 사랑과 헌신을 대신할 수는 없다고 믿는다. 그것이 내가 부모가 최고의 스승이라고 생각하는 이유이다.)

Part 2 Integrated Writing Task

1. 3단계 「TOEFL Integrated Writing Test」 실전 전략

어느 분야에서든 전략이 있는 사람은 외부 상황에 흔들리지 않고 자기 페이스를 유지한다. TOEFL Integrated Writing Test 역시 마찬가지다. 그럼 지금부터 실제 시험에서 활용할 수 있는 3단계 「TOEFL Integrated Writing Test」 실전 전략을 소개한다.

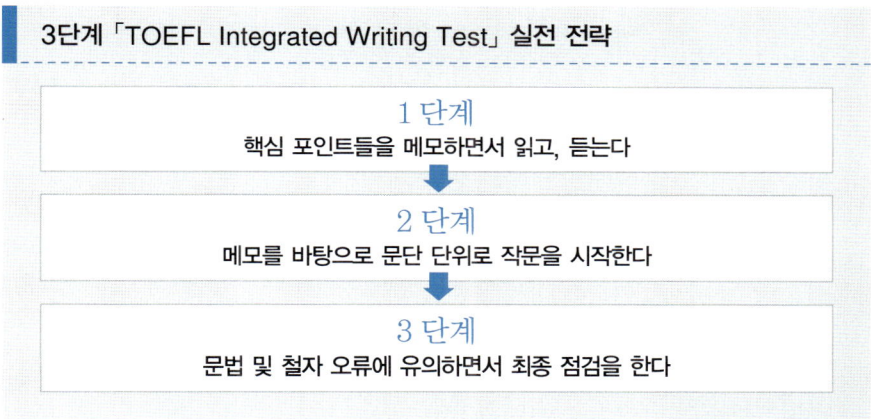

1 단계 ▶ 핵심 포인트들을 메모하면서 읽고, 듣는다

CBT TOEFL에서 iBT TOEFL Test로 전환되면서 생긴 커다란 변화 중의 하나는 시험 중에 메모(note-taking)를 하는 것이 허용되었다는 점이다. 따라서, Integrated Writing Test에서도 각각 독해 지문(Reading Passage)을 읽고 이에 대한 강의(Lecture)를 청취할 때 메모를 할 수 있다. 이 때 너무 많은 내용들을 메모하려고 하면 자칫 핵심 포인트를 놓칠 수 있다.

메모를 하는 목적은 결국 효과적인 작문을 하기 위함이므로, 작문 단위인 문단의 기본 틀, 즉 주제문(topic sentence)과 그것을 뒷받침하는 보조 문장들(supporting sentences)을 생각하면서 각각의 지문을 읽고 들을 때 topic과 그것을 뒷받침하는 핵심 내용들을 찾아내 메모하는 것이 바람직하다.

다음은 Integrated Writing Test에서 각각 독해 지문과 강의 내용에 대한 메모 작성의 실례이다.

[Type A] ⋯⋯ 독해 지문 메모 [Reading Passage]

| Example | It is common knowledge that forecasting is an attempt by meteorologists to determine what weather will be like in the future. Hindcasting is the opposite of forecasting, an attempt to determine what weather was like in the past. Meteorologists wish that records of weather had been kept in full for at least a few millennia, but it had been only in the last century that detailed records of the weather have been kept. Thus, meteorologists need to hindcast the weather, and they do so by using all sorts of information from other fields as diverse as archeology, botany, geology, literature, and art. These pieces of information from other fields that are used as a basis for drawing conclusions about what the weather must have been like at some point in the past are called proxies.

(Source: *Longman Preparation Course for the TOEFL Test:* Next Generation iBT)

(예보가 미래의 날씨가 어떨지를 측정하는 기상학자들의 시도라는 것은 모두가 다 아는 사실이다. 한편 후보(後報)는 예보의 반대로서, 과거의 날씨가 어땠는지를 측정하려는 시도이다. 기상학자들은 날씨에 관한 기록들이 적어도 수천 년 동안 온전히 작성되어져 있기를 바라지만, 날씨에 관한 상세한 기록들이 작성된 것은 불과 지난 세기의 일이었다. 이에 기상학자들은 날씨를 후보(後報)해야 할 필요로 인해 고고학, 식물학, 지질학, 문학, 미술과 같은 다양한 다른 분야들에서 얻은 온갖 종류의 정보들을 사용함으로써 이를 행하고 있다. 과거 어떤 시점의 날씨가 어땠는지에 관한 결론을 이끌어내는 하나의 근거로 사용되는 다른 분야들로부터의 이러한 정보들을 대용물이라고 부른다.)

| Note-taking Sample |

TOPIC OF READING PASSAGE: hindcasting (trying to determine what weather was like in the past)

main points about hindcasting:
· detailed weather records kept for less than a century
· proxies (information from various other fields) used to hindcast weather

(Source: *Longman Preparation Course for the TOEFL Test:* Next Generation iBT)

코멘트 먼저 독해 지문의 주제어(topic)로 hindcasting을 쓰고, 그것의 개략적 의미를 괄호 안에 메모해 둔다. 이 정도 메모를 해 두면 어렵잖게 문단의 주제문(topic sentence)을 작문할 수가 있다. 그 다음에는 hindcasting의 탄생 배경과 관련하여 '자세한 날씨 기록이 작성된 지 불과 1세기도 되지 않았다'는 사실과, 이로 인해 기상학자들이 '날씨를 후보(後報)하기 위해 대용물이라는 여러 다른 분야의 정보들을 이용하게 되었다'는 두 가지 사실들을 메모한다. 이것들은 나중에 실제 작문에서 주제문을 뒷받침하는 보조 문장들(supporting sentences)로서 유용하게 쓸 수 있다.

Part 2 Integrated Writing Task

[Type B] ······ 강의 내용 메모 [Listening to Lecture]

| Example | (professor) : Now let me talk about how hindcasting was used in one particular situation. This situation has to do with the weather in seventeenth-century Holland. It appears, from proxies in paintings from the time by numerous artists, that the weather in Holland in the seventeenth century was much colder than it is today. Seventeenth-century paintings show really cold winter landscapes with huge snow drifts and ice skaters skating on frozen canals. Since it's unusual today for snow to drift as high as it is in the paintings and for the canals to freeze over so that skaters can skate across them as they are in the paintings, these paintings appear to serve as proxies that demonstrate that the weather when the paintings were created in the seventeenth century was much colder than it is today.   (Source: *Longman Preparation Course for the TOEFL Test:* Next Generation iBT)

(이제 후보(後報)가 어떻게 한 특정 상황에서 사용되었는지에 대해 이야기하도록 하겠다. 이 상황은 17세기 네덜란드 날씨와 관계가 있다. 수많은 화가들에 의해 그려진 그 시대 그림들의 대용물들로부터, 17세기 네덜란드의 날씨는 오늘날보다 훨씬 더 추웠던 것처럼 보인다. 17세기 회화들은 커다란 눈 더미들이 쌓여 있고 얼어붙은 운하에서 스케이트를 타는 사람들이 있는 정말로 추운 겨울 풍경들을 보여주고 있다. 그림들에서처럼, 눈이 높이 쌓인다거나 가로지르며 스케이트를 탈 수 있을 정도로 운하들이 얼어 붙는 것이 요즘은 아주 드문 일이므로, 이러한 그림들은 작품들이 만들어진 17세기의 날씨가 오늘날보다 훨씬 더 추웠다는 사실을 보여주는 일종의 대용물들의 기능을 하는 듯 하다.)

| Note-taking Sample |

TOPIC OF LISTENING PASSAGE: paintings that are proxies showing weather in 17th-century Holland colder than today

details in 17th-century paintings showing cold weather:
- huge snow drifts higher than today's drifts
- skaters on canals that are not frozen today

(Source: *Longman Preparation Course for the TOEFL Test:* Next Generation iBT)

코 멘 트   강의를 하는 교수는 독해 지문에서 언급한 hindcasting에 대해 좀 더 구체적으로 설명하고 있다. 특히 '대용물들(proxies), 즉 17세기 네덜란드의 날씨가 요즘보다 춥다는 것을 보여주는 당시의 그림들'에 대해 집중적으로 이야기하고 있다. 따라서, 이를 문단의 주제문(topic sentence)으로 삼을 수 있을 것이다. 그리고 이를 뒷받침하는 세부 내용들로 '오늘날보다 더 높이 쌓인 거대한 눈 더미들'과 '요즘은 얼지 않는 운하에서 스케이트를 타는 사람들'의 두 가지 겨울 풍경들을 메모한다. 이것들은 나중에 실제 작문에서 역시 주제문을 뒷받침하는 보조 문장들(supporting sentences)로 유용하게 쓸 수 있다.

2 단계   메모를 바탕으로 문단 단위로 작문을 시작한다

메모를 바탕으로 작문을 시작하는데, 먼저 일종의 도입부(Introduction)에 해당하는 첫 번째 문단을 작문하는 요령에 대해 살펴보자.

우선, 첫 번째 문단에서는 무엇보다도 작문 전체의 개요에 대한 언급이 있어야 한다. 따라서, 앞서 작성한 독해 지문과 강의 내용에 관한 메모들을 일반적이고 포괄적인 용어를 사용해 다시 한 문장씩으로 가다듬어 작문하고, 필요하다면 독해 지문과 강의 내용의 연관성에 대해서도 언급한다. 이 때 너무 구체적이고 세부적인 서술보다는 일반적이고 포괄적인 서술이 바람직하다. 왜냐하면 보다 상세한 내용들은 곧 이어서 각각 두 번째와 세 번째 문단에서 쓸 것이기 때문이다.

이런 식으로 첫 번째 문단의 작문을 마쳤으면, 그 다음에는 독해 지문에 관한 메모를 훑어보면서 두 번째 문단을 작문하고, 이어서 강의 청취 메모를 살펴보면서 세 번째 문단의 순서로 작문을 해나간다. 이 때 군이 에세이의 결론부에 해당하는 네 번째 문단을 추가적으로 작문할 필요는 없다. Integrated Writing Test는 기본적으로 Essay Writing Test가 아니므로 3문단 분량으로 작문을 마쳐도 별 문제가 없다. 중요한 것은 얼마나 독해 지문과 강의 내용을 잘 압축하여 논리적으로 서술하느냐이지, 양적 측면인 문단의 수가 아니다.

고득점을 위해 보다 신경을 써야 할 부분은 독해 지문과 강의 내용에 등장하는 어휘 및 문장 패턴들을 그대로 반복하지 않고 얼마나 '바꿔 쓰기'(Paraphrase)를 잘 하느냐이다.

Integrated Writing Test는 새로운 논리나 내용의 전개를 필요로 하는 창의적인 글쓰기 시험이 아니다. 그보다는 독해 지문과 강의 내용들을 정확히 이해하여 논리적 그리고 수사적인 측면에서 적절히 표현하는 능력이 더욱 요구되는 시험이다. 따라서, 어휘나 문장 패턴들을 그대로 반복하지 않고 약간 변형하여 작문할 수 있는 능력인 '바꿔 쓰기 테크닉'(Paraphrase Techniques)의 구사가 필수적이다.

그럼 지금부터 실제로 Integrated Writing Test에서 유용하게 쓸 수 있는 네 가지 Paraphrase Technique에 대해 소개하기로 한다.

4가지 Paraphrase Techniques

첫째, 동의어 사용하기 [Using Synonyms]
둘째, 능동형과 수동형을 바꾸어 쓰기 [Interchanging Active and Passive Forms]
셋째, 품사 및 구문 바꾸기 [Changing the Part of Speech & Sentence Structures]
넷째, 단어나 문장 구성 요소의 어순 바꾸기 [Changing the Order of Words or Elements]

[Type A] 동의어 사용하기 [Using Synonyms]

: 단어나 표현의 반복을 피하기 위해 가장 빈번하게 사용하는 Paraphrase Technique 중의 하나이다. 다음은 그 예들이다.

| Example ❶ | They do so by **using all sorts** of information from **other fields** as **diverse** as archeology, botany, geology, literature, and art.

→ They do so by applying every kind of information from **different areas** as **varied** as archeology, botany, geology, literature, art, **and so on**.

(그들은 고고학, 식물학, 지질학, 문학, 미술 등의 다양한 다른 분야들로부터 얻은 온갖 종류의 정보들을 사용함으로써 이를 행하고 있다.)

| Example ❷ | **This** situation **has to do with** the weather in seventeenth-century **Holland**.

→ **Such** situation **is related to** the **Dutch** weather of seventeenth century.

(그러한 상황은 17세기 네덜란드 날씨와 관계가 있다.)

[Type B] 능동형과 수동형을 바꾸어 쓰기
[Interchanging Active and Passive Forms]

: 수동형을 능동형으로, 혹은 능동형을 수동형으로 바꿔 문장의 반복을 피할 수 있다.

| Example ❶ | It had been only in the last century that **detailed records of the weather have been kept**.

→ It had been only in the last century that **people have kept detailed records of the weather**.

(사람들이 날씨에 관한 상세한 기록들을 작성한 것은 불과 지난 세기의 일이었다.)

| Example ❷ | These pieces of information from other fields **are called proxies**.

→ **We call** these pieces of information from other fields **proxies**.

(우리는 다른 분야들로부터 얻은 이러한 정보들을 대용물이라고 부른다.)

[Type C] 품사 및 구문 바꾸기
[Changing the Part of Speech & Sentence Structure]

: 형용사를 부사(구)로, 또는 동명사를 to부정사로 바꾸는 것과 같은 품사의 전환, 그리고 'It is ~ that S + V.'를 'S₁ + V₁ + that S₂ + V₂.'로, 'S + need(s) to + V.'를 'It is necessary for 의미상 주어 + to부정사.'로, 혹은 'It appears + that S + V.'를 'Apparently, S + V.'의 구문으로 전환할 수 있다.

| Example ❶ | It had been only in the last century that **detailed** records of the weather have been kept.

→ It had been only in the last century that records of the weather have been kept **in detail**.

(날씨에 관한 기록들이 상세히 작성된 것은 불과 지난 세기의 일이었다.)

| Example ❷ | **It is common knowledge that** forecasting is an attempt by meteorologists to determine what weather will be like in the future.

→ **Everyone knows that** forecasting is an attempt by meteorologists to determine what weather will be like in the future.

(예보가 미래의 날씨가 어떨지를 측정하는 기상학자들의 시도라는 것은 모두가 다 아는 사실이다.)

| Example ❸ | **Meteorologists need to hindcast** the weather.

→ **It is necessary for meteorologists to hindcast** the weather.

(기상학자들은 날씨를 후보해야 할 필요가 있다.)

| Example ❹ | **It appears**, from proxies in paintings from the time by numerous artists, **that** the weather in Holland in the seventeenth century was much colder than it is today.

→ **Apparently**, from proxies in paintings from the time by numerous artists, the weather in Holland in the seventeenth century was much colder than it is today.

(얼핏 수많은 화가들에 의해 그려진 그 시대 그림들의 대용물들로부터 17세기 네덜란드의 날씨는 오늘날보다 훨씬 더 추웠던 것으로 보인다.)

[Type D] 단어나 문장 구성 요소의 어순 바꾸기
[Changing the Order of Words or Elements]

: 반복을 피하기 위해 단어나 문장 구성 요소의 어순을 바꿔주는 것도 빈번하게 쓰이는 Paraphrase Technique 중 하나이다.

| Example ❶ | Meteorologists wish that records of weather had been kept in full **for at least a few millennia**.

→ Meteorologists wish that **for at least a few millennia** records of weather had been kept in full.

(기상학자들은 적어도 수천 년 동안은 날씨에 관한 기록들이 온전히 작성되어져 있기를 바란다.)

| Example ❷ | **Since it's unusual today for snow to drift as high as it is in the paintings and for the canals to freeze over so that skaters can skate across them as they are in the paintings,** these paintings appear to serve as proxies that demonstrate that the weather when the paintings were created in the seventeenth century was much colder than it is today.

→ These paintings appear to serve as proxies that demonstrate that the weather when the paintings were created in the seventeenth century was much colder than it is today, **because(or for) it's unusual today for snow to drift as high as it is in the paintings and for the canals to freeze over so that skaters can skate across them as they are in the paintings**.

(그림들에서처럼, 눈이 높이 쌓인다거나, 가로지르며 스케이트를 탈 수 있을 정도로 운하들이 얼어붙는다는 것은 요즘은 아주 드문 일이므로, 이러한 그림들은 작품들이 만들어진 17세기의 날씨가 오늘날보다 훨씬 더 추웠다는 사실을 보여주는 대용물의 기능을 하는 듯 하다.)

3 단계 ▶ 문법 및 철자 오류에 유의하면서 최종 점검을 한다

마지막 단계로 지금까지 작문한 문장들을 최종 검토하도록 한다. 보통 검토를 위해서는 2분 정도의 시간적 여유가 적당하다. 따라서, 18분 만에 작문을 모두 마치고, 나머지 2분가량을 작문 검토를 위해 남겨두는 것이 이상적이다.

검토를 할 때는 앞서 에세이 작문 검토 때와 마찬가지로 작문 내용을 고치기보다는 문법 및 철자 오류를 재빨리 찾아내 수정하는 식의 외형적인 검토에 치중하도록 한다.

2. 시험 D-1 Week에 열어 보는 Writing Simulation

지금부터 TOEFL Test를 1주일 앞두고 실전 Integrated Writing Test에 대비한 '초단기 시험 전략'을 소개하기로 한다.

Integrated Writing Test는 Essay Writing Test가 아니므로 꼭 서론, 본론, 결론의 틀을 갖추어 작문할 필요는 없다. 그보다는 도입부에 해당하는 첫 번째 문단에서 간략히 Reading Passage(독해 지문)와 Lecture(강의)의 개요에 대해 언급하고, 두 번째 문단에서 독해 지문에 대한 보다 구체적인 서술, 그리고 세 번째 문단에서 강의자의 의견을 요약 서술하는 순서로 작문을 하는 것이 바람직하다.

이 때 두 번째 문단과 세 번째 문단의 구성은 메모의 주제어(topic)와 main points들을 활용해 각각 1개의 주제문(topic sentence)과 2개의 보조 문장들(supporting sentences)을 작문하도록 한다. 20분이라는 짧은 시험 시간을 감안할 때, 이것이 가장 효과적인 전략이다.

다음은 이상적인 작문 모범 공식이다.

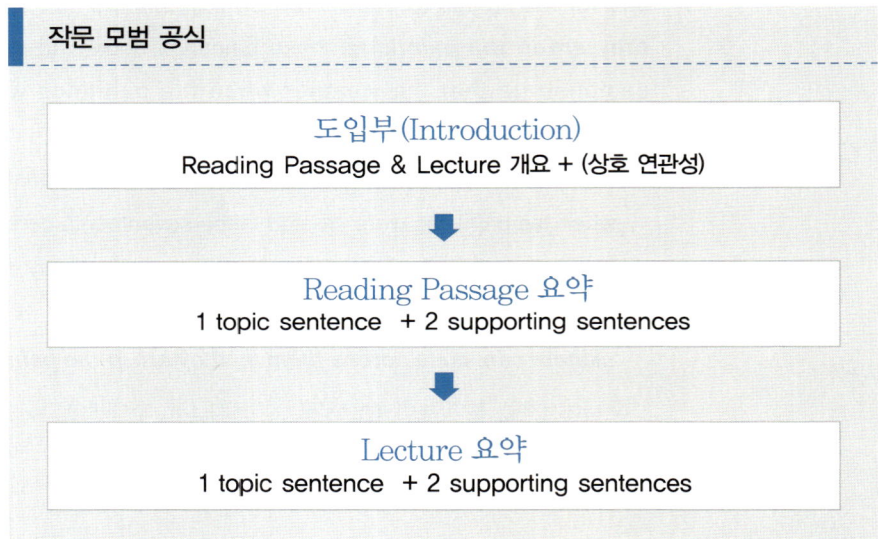

Simulation 1 — Simulation of 1st Paragraph

첫 번째 문단은 일종의 도입부로서 에세이로 치자면 서론(Introduction)에 해당한다. 가능한 시간을 낭비하지 않고 쉽게 실마리를 풀어나가는 것이 중요하다.

다음에 수록한 '카피 도입부'들을 암기하여 실전에 적극 활용하면, 한결 시험에 대한 부담감이 줄어들면서 어렵잖게 작문의 실마리를 풀어나갈 수 있을 것이다.

Part 2 Integrated Writing Task

| **Copy Introduction 1** | In this set of materials, the reading passage describes ~; the listening passage explains – in detail.

(한 쌍의 본 자료에서 독해 지문은 ~에 대해 서술하고 있는 반면, 청취 지문은 –을 상세히 설명하고 있다.)

다음은 위의 '카피 도입부' 기본 틀을 활용해 실제로 작성한 '작문 시뮬레이션' 이다.

| **Simulation of Introduction** |

In this set of materials, the reading passage describes a technique used by meteorologists; the listening passage explains this technique from seventeenth-century Holland in detail.

(한 쌍의 본 자료에서, 독해 지문은 기상학자들이 사용한 기술에 대해 논하고 있는 반면, 청취 지문은 17세기 네덜란드로부터 이 기술을 상세히 설명하고 있다.)

| **Copy Introduction 2** | The author of the reading passage discusses ~.
On the other hand, the lecturer provides an example of –.

(독해 지문의 저자는 ~에 대해 논하고 있다. 한편, 강의를 한 사람은 –의 사례를 제시하고 있다.)

다음은 위의 '카피 도입부' 기본 틀을 활용해 실제로 작성한 '작문 시뮬레이션' 이다.

| **Simulation of Introduction** |

The author of the reading passage discusses a technique used by meteorologists. On the other hand, the lecturer provides an example of this technique from seventeenth-century Holland.

(독해 지문의 저자는 기상학자들이 사용한 기술에 대해 논하고 있다. 한편, 강의를 한 사람은 17세기 네덜란드로부터 이러한 기술의 사례를 제시하고 있다.)

Simulation2 **Simulation of 2nd Paragraph**

두 번째 문단에서는 독해 지문을 논리적이며 구체적으로 요약하여 작문한다.

이 때 아래 수록한 '카피 독해 지문 요약' 들을 암기하여 실전에 응용한다면 당황하지 않고 작문 테스트에 임할 수 있을 것이다.

| Copy R. Summary 1 | The reading passage discusses ~. One particular point that is made about ~ is that $S_1 + V_1$. As a result. $S_2 + V_2$.

(독해 지문은 ~에 대해 논하고 있다. ~에 관해 언급된 한 가지 특별한 점은 …이라는 사실이다. 그 결과, …하다.)

다음은 위의 '카피 독해 지문 요약' 의 기본 틀을 활용해 실제로 작성한 '작문 시뮬레이션' 이다.

| Simulation of Reading Summary |

The reading passage discusses the technique of hindcasting, which is a method used by meteorologists to try to determine what the weather was like in the past. One particular point that is made about this meteorological method is that detailed weather records have not been kept for long. As a result, meteorologists have had to find another way to determine what the weather was like in the past. They developed a method of hindcasting using proxies, which are pieces of information from other fields.

(Source: *Longman Preparation Course for the TOEFL Test:* Next Generation iBT)

(독해 지문은 기상학자들이 과거의 날씨가 어땠는지를 측정하려고 시도하면서 사용한 하나의 방법인 후보라는 기술에 대해 논하고 있다. 이러한 기상학적 방법에 관해 언급된 한 가지 특별한 점은 날씨에 관한 상세한 기록들이 오랫동안 작성되어 있지 않았다는 사실이다. 그 결과, 기상학자들은 과거의 날씨가 어땠는지를 측정하기 위해 또 다른 방식을 찾아야만 했다. 그들은 다른 분야로부터의 정보들인 대용물들을 사용한 후보라는 방법을 개발하였다.)

Part 2 Integrated Writing Task

| **Copy R. Summary 2** | In the reading passage ~ is explained. ~ refer(s) to – . As $S_1 + V_1$, $S_2 + V_2$. Thus, $S_3 + V_3$.

(독해 지문에서는 ~이 설명되어 있다. 그리고 ~는 —을 지칭한다. ...하기 때문에 ... 한다. 그리하여, ...한다.)

다음은 위의 '카피 독해 지문 요약'의 기본 틀을 활용해 실제로 작성한 또 하나의 '작문 시뮬레이션'이다.

| **Simulation of Reading Summary** |

In the reading passage the technique of hindcasting is explained. It refers to a method used by meteorologists to try to determine what the weather was like in the past. As detailed weather records have not been kept for long, meteorologists have had to find another way to determine what the weather was like in the past. Thus, They developed a method of hindcasting using proxies, which are pieces of information from other fields.

(독해 지문에서는 후보라는 기술이 설명되어 있다. 그것은 기상학자들이 과거의 날씨가 어땠는지를 측정하려고 시도하면서 사용한 하나의 방법을 지칭한다. 상세한 날씨 기록들이 오랫동안 작성되어 있지 않았기 때문에 기상학자들은 과거의 날씨가 어땠는지를 측정하기 위해 또 다른 방식을 찾아야만 했다. 그리하여, 그들은 다른 분야로부터의 정보들인 대용물들을 사용한 후보라는 방법을 개발하였다.)

Simulation3 **Simulation of 3rd Paragraph**

세 번째 문단은 독해 지문에 대해 주로 반박이나 비판 또는 사례 제시를 하는 강의자의 의견을 요약하여 작문한다.

아래 수록한 '카피 청취 요약'을 암기하여 실전에 응용한다면 틀림없이 득점 향상을 꾀할 수 있을 것이다.

| Copy L. Summary | The lecturer provides an example of ~. ~ involve(s) –. There are many details that $S_1 + V_1$. For instance, $S_2 + V_2$.

(강의를 한 사람은 ~에 관한 하나의 예를 제시하고 있다. ~는 –와 연관이 있다. 그리고 …한 세부적인 것들이 많이 있다. 예컨대, …이다.)

다음은 위의 '카피 청취 요약'의 기본 틀을 활용해 실제로 작성한 '작문 시뮬레이션' 이다.

| Simulation of Listening Summary|

The lecturer provides an example of a situation where hindcasting was used. This situation involves paintings that are proxies showing that the weather in 17th-century Holland was colder than it is today. There were many details in the 7th-century paintings that showed how frigid the weather was. For instance, there were huge show drifts that were higher than today's snow drifts, and there were skaters skating on canals that are not frozen today.

(Source: *Longman Preparation Course for the TOEFL Test:* Next Generation iBT)

(강의를 한 사람은 후보가 사용된 상황에 관한 하나의 예를 제시하고 있다. 이 상황은 17세기 네덜란드의 날씨가 오늘날보다 추웠다는 것을 보여주는 대용물들인 그림들과 연관이 있다. 17세기 회화들에는 날씨가 얼마나 추웠는지를 보여주는 세부 묘사들이 많이 있었다. 예컨대, 오늘날 눈 더미보다 더 높은 거대한 눈 더미들이 있었으며, 요즘은 얼지 않는 운하들에서 스케이트를 타는 사람들이 있었다.)

LONGMAN Essay Writing

Answer Key

Self-Test Writing Skill Test

Test 1 논술형 [Making an Argument]

[Writing SkillTest 1] p.17

1. Therefore if I received some land to use as I wish, I would create a cultural facility for only teenagers.
2. Many adults are anxious about teenagers' behavior and culture.
3. First, our country has few cultural facilities or playgrounds for teenagers.
4. As a result, teenagers (have) become sick of going there.
5. Second, I would make it not only a place for pleasure, but also a place to read.
6. Then, teenagers who want to read books can read as much as they want.
7. Reading many books is necessary to develop their emotions and social skills.
8. Finally, this cultural facility can have a good effect on teenagers' social development and human relationships.
9. They can make new friends there.
10. Consequently, they have no place for their pleasure or satisfaction.

| 번역 |

| TOPIC | 당신이 원하는 대로 살 수 있는 땅을 가졌다고 상상해보라. 이 땅을 어떻게 쓸 것인가? 자세한 이야기를 사용해 당신의 답변을 설명하시오.

| Essay Writing 5.5 | 요즘, 10대들은 놀 수 있는 공간들을 갖고 있다. 하지만, 우리나라는 10대들을 위한 문화 시설들이나 놀이터들이 거의 없다. 그러므로, 만약 내가 원하는 대로 쓸 수 있는 땅을 조금 얻는다면, 나는 단지 10대들을 위한 문화 시설을 만들고 싶다. 그러면, 그들은 자신들의 문화를 만들 수 있다. 많은 어른들은 10대들의 행동과 문화에 대해 염려를 한다. 하지만, 만약 그러한 불량 행위가 발생한다면, 금지되도록 할 것이다. 그러므로, 어른들은 나쁜 행동이나 문화에 대해 염려할 필요가 없다. 그 밖에 내가 10대들을 위한 문화 시설을 만들고 싶은 데에는 몇 가지 이유가 더 있다.
첫째, 우리나라는 10대들을 위한 문화 시설들이나 놀이터들이 거의 없다. 10대들은 보통 노래방(가라오케)이나 PC방(인터넷 카페), 또는 당구장과 같은 똑같은 곳들을 간다. 그 결과, 10대들은 그 곳에 가는 것을 지겨워 한다. 또한, 어른들도 이러한 곳들이 10대들에게 좋지 않은 장소라고 생각한다. 그러므로, 만약 내가 원하는 대로 쓸 수 있는 땅을 조금 얻는다면, 나는 10대들을 위한 문화 시설을 만들 것이며, 그러면 비행 청소년이 없어질 것이다. 이렇게 하여 10대들은 그 곳에서 나름대로 자신들만의 문화를 만들 수 있다.
둘째, 나는 그 곳을 즐거움을 위한 장소일 뿐만 아니라 독서를 할 수 있는 장소로 만들고 싶다. 그러면, 책들을 읽고 싶어하는 10대들이 원하는 만큼 독서를 할 수 있다. 책을 많이 읽는 것은 감정과 사회 능력들을 개발하는 데 필요하다. 하지만, 요즘 10대들은 책을 많이 읽지 않는다. 문화 시설에 감으로써 그들은 책을 읽는 습관을 키울 수 있다. 그러므로, 나는 문화 시설 내에 독서할 수 있는 장소를 만들고 싶다.
마지막으로, 이러한 문화 시설은 10대들의 사회 성장과 인간 관계에 좋은 영향을 끼칠 수 있다. 그들은 그 곳에서 새 친구들을 사귈 수 있다. 또한, 그들은 인간 관계에 대해 배울 수 있다. 게다가, 그들은 다른 사람들을 배려하는 것을 배울 수도 있다. 요약을 하자면, 우리나라는 10대들을 위한 문화 시설들이나 놀이터들이 거의 없다. 그 결과, 그들은 기쁨이나 만족을 위한 장소를 갖고 있지 못하다. 그러므로, 만약 내가 원하는 대로 쓸 수 있는 땅을 조금 얻는다면, 나는 10대들이 자신들의 문화를 만들고, 책들을 읽고, 그리고 사회적으로 성장할 수 있는 10대들을 위한 문화 시설을 만들고 싶다.

Test 2 찬반형 [Agreeing or Disagreeing]

[Writing SkillTest 2] p.20

1. We have to learn everyday to survive in this world.
2. Some scholars say (that) the amount of knowledge to be learned by humans is doubling every 10 years.
3. The best way to learn efficiently is by learning from professionals, not (from) our parents.
4. Professionals are people who teach students everyday.
5. They have their own techniques on how to teach students effectively based on their teaching experiences.
6. Also, professionals have better methods about studying and (have) the best information about exams.
7. We have to learn what we can handle.
8. It is easier for students to learn from professionals who are full of teaching experiences and have the latest information.
9. Learning from professionals is good for both students and parents.
10. parents do not have to relearn to teach their children.

| 번역 |

| TOPIC | 다음의 말에 찬성하는가, 반대하는가? 부모는 최고의 선생님이다. 구체적인 이유와 예를 들어 당신의 답변을 뒷받침하시오.

| Essay Writing 5.0 | 우리는 이 세상에서 살아남기 위하여 매일 배워야 한다. 전 세계가 과거 그 어느 때보다도 더 빨리 변화하고 있다. 일부 학자들은 인간들에 의해 학습되어지는 지식의 양이 매 10년마다 두 배로 늘어나고 있다고 한다. 효과적으로 학습하는 최선의 방법은 우리의 부모들이 아닌 전문 직업인들로부터 배우는 것이다. 전문 직업인들은 가르치는 데 경험들을 갖고 있으며, 또한 우리 스스로의 힘으로는 얻기 힘든 가장 최근의 자료들을 갖고 있다.

부모들은 우리 인생에서 우리를 도와줄 수 있다. 하지만, 그들은 수학이나 과학에 대해 우리를 가르칠 수는 없다. 왜냐하면 그들은 그런 과목들을 가르치는 데 익숙하지 않기 때문이다. 전문 직업인들은 학생들을 매일 가르치는 사람들이다. 그들은 자신들이 가르쳐 본 경험을 바탕으로 하여 학생들을 효과적으로 가르치는 방법에 관한 기술들을 나름대로 갖고 있다. 또한, 전문 직업인들은 학습에 대한 더 좋은 방법들과 시험에 관한 최고의 정보를 갖고 있다. 이러한 정보의 가치는 아주 값진 것이다.

우리는 우리가 다룰 수 있는 것을 배워야 한다. 전문 직업인들은 많은 학생들을 가르치기 때문에, 학생들의 능력에 맞춰 어떤 자료들을 사용할지를 알고 있다. 최고의 선생님이나 전문 직업인들은 학생들을 그들의 능력 수준에 맞춰 가르칠 줄 안다.

전문 직업인들은 부모들보다 학생들을 보다 잘 가르칠 수 있다. 왜냐하면 그들은 많은 학생들을 가르치기 때문이다. 학생들은 가르쳐 본 경험이 풍부하고 가장 최근의 정보를 갖고 있는 전문 직업인들로부터 배우는 것이 더 쉽다. 전문 직업인들에게서 배우는 것은 학생과 부모 모두에게 좋다. 학생들은 자기 스스로 공부하는 것보다 더 빨리 배울 수 있으며, 부모는 자기 자녀들을 가르치기 위해 다시 배울 필요가 없다.

이러한 이유들 때문에, 나는 우리가 부모들이 아닌 전문 직업인들로부터 배워야 한다고 생각한다.

Step I Writing Collocations

Theme 1 Family & Society   p.57

1. Test & Learn 'Word Combination' 1~20

1. background	4. extended	5. authoritarian	6. piety	11. gap
13. individualistic	14. commit	17. eradicate	18. file	20. constructive

2. Test & Learn 'Word Combination' 21~40

22. outdated	24. transitional	26. improve	27. promote	30. win
31. reflect	32. form	33. cons	37. convert	40. status

3. Test & Learn 'Word Combination' 41~59

42. claim	45. establish	47. set	48. implement	52. take
53. provoke	54. overcome	57. victim		

4. Test & Learn 'Word Combination' 60~83

61. take	62. raise	63. spoil	66. spend	68. commit
70. witness	73. observe	74. violate	75. enforce	76. take
78. differentiate (or distinguish)		79. prejudiced	82. collective	

5. Test & Learn 'Word Combination' 84~104

84. security	89. eliminate	91. distrust	93. cause	97. invasion
98. current	100. abuse	102. delinquency		

[Review Test 1] p.62

Type 1

1. family background
2. extended family
3. filial piety
4. individualistic society
5. deter crime
6. spark a storm of criticism
7. constructive criticism
8. public transports
9. vested right
10. flexible policy
11. raise a child
12. spend one's childhood
13. enforce the law
14. collective egoism
15. eliminate (the) red tape
16. political apathy
17. sexual harassment
18. juvenile delinquency
19. population explosion
20. birth control

Type 2

1. If you greet people politely, it makes a good first impression.
2. Nowadays, a car accident is a fact of life.
3. The Japanese seem to be prejudiced against foreigners.
4. Imagine a world without values that differentiate between right and wrong.
5. More attention needs to be brought to the issue of juvenile delinquency.

Answer Key

Theme 2 Culture & Education p.64

1. Test & Learn 'Word Combination' 105~124

106. talented	107. moral	108. learn	110. drop	112. discipline
113. physical	116. earn	118. required	120. incompetent	122. early

2. Test & Learn 'Word Combination' 125~147

125. subscribe	128. report	129. press	130. barrier	132. literary
134. computerized	138. release	139. censor	141. rated	145. touching

3. Test & Learn 'Word Combination' 148~167

149. appeal	150. viewers	153. logical	155. make	156. character
159. popular	162. contemporary	163. long	166. donate	167. classify

4. Test & Learn 'Word Combination' 168~187

169. form	170. break	173. mutual	177. preserve	178. cherish
180. hand	182. affluent	183. material	186. racial	187. ethnic

5. Test & Learn 'Word Combination' 188~209

188. character	189. nature	191. respect	193. era	196. meet
197. follow	199. take	203. cram	205. reform	206. distance
209. accumulate				

6. Test & Learn 'Word Combination' 210~230

213. distort	215. curricular	217. potential	218. acquire	219. pure
220. commercialism	226. touch	228. religious	229. committed	

[Review Test 2] p.70

Type 1

1. learn a moral lesson
2. give a lecture
3. literary work
4. language barrier
5. X-rated film
6. share one's view
7. lack consistency
8. popular music
9. contemporary art
10. form a habit
11. preserve the cultural heritage
12. hand down a tradition
13. material civilization
14. respect human rights
15. open a new chapter
16. counteract the trend
17. seek the truth
18. develop one's potential
19. vulgar commercialism
20. rarity value

Type 2

1. The best way to master a foreign language is to spend a period of time in that country.
2. Thomas Hardy's works shed an interesting light upon life in nineteenth century England.
3. The college life didn't quite live up to my expectations.
4. 'Star Wars' is a brilliant film that would appeal to almost everyone, especially youngsters.
5. The book and the film, for all their differences, have the same point to make.

Theme 3 Living & Lifestyle p.72

1. Test & Learn 'Word Combination' 231~253

232. frozen	234. set	239. brew	241. residential	245. furnished
248. unpack	249. fake	250. go	251. catching	253. custom

2. Test & Learn 'Word Combination' 254~278

254. free	257. abroad	260. undergo	262. catch	263. miss
267. average	270. meticulous	275. pessimistic	277. judge	278. appearance

3. Test & Learn 'Word Combination' 279~303

282. double	283. meet	287. case	290. role	293. struggle
294. instinct	295. fierce	298. capacity	299. spirit	300. take
301. win				

4. Test & Learn 'Word Combination' 304~327

304. do	305. luxury	306. standard	308. lead (or live)	309. pension
310. living	316. delicate	318. ceaseless (or constant)		319. career
324. rural				

5. Test & Learn 'Word Combination' 328~349

331. adolescent	334. memorable	335. vivid	336. turn	337. reward
341. gloomy	345. terms	346. save	347. taste	

[Review Test 3] p.77

Type 1

1. frozen food
2. residential building
3. undergo a change
4. feel alienated
5. catch an opportunity
6. a man of individuality
7. exotic appearance
8. moral standard
9. meet a challenge
10. fierce competition
11. capacity to adapt
12. do a service
13. earn one's living
14. take pains
15. win honor
16. adolescent years
17. memorable experience
18. vicious circle
19. rosy future
20. mere formality

Type 2

1. As corny as it might sound, clothes are a symbol of individuality.
2. The adolescent years are the best time in my life.
3. I don't think stars and athletes are good role models for youngsters.
4. I firmly believe the chance will come if I bide my time.
5. The dream has turned to a reality.

Answer Key

Theme 4 Economy & Business p.79

1. Test & Learn 'Word Combination' 350~367

352. narrow	354. productivity	355. competitiveness	357. competition	360. developed
362. surplus	364. barriers	365. indiscriminate	366. rationalization	367. restructuring

2. Test & Learn 'Word Combination' 368~390

368. stabilize	371. impose	372. recovery	374. rapid	377. abolish
379. tighten	381. private	382. capitalism	384. entrepreneur	388. go

3. Test & Learn 'Word Combination' 391~413

391. skilled	393. workforce	397. hire	399. dismiss	400. union
402. go	404. engaged	406. hit	407. chronic	410. take
413. debt				

4. Test & Learn 'Word Combination' 414~438

414. bear	416. declining	417. modernize	418. automation	420. investment
421. substantial	423. merchandise	424. decrease	427. win	428. attract
429. revenue	430. estimate	432. statistical	433. collect	437. consumer
438. deposit				

5. Test & Learn 'Word Combination' 439~463

441. rise	444. occupational	445. neglect	446. achieve	447. stand
448. career	449. accumulate	452. break	454. employed	457. prosperous
458. housing	462. medium	463. promoting		

[Review Test 4] p.84

Type 1

1. narrow a wealth gap
2. productivity enhancement
3. increase one's competitiveness
4. economic imbalance
5. developing country
6. vitalize the economy
7. loosen up a regulation
8. private sector
9. dismiss a worker
10. labor union
11. hit an all-time high
12. office automation
13. per capita GNP
14. monopolize the market
15. consumer protection
16. disposable plate
17. occupational disease
18. make a career
19. accumulate wealth
20. middle-class people

Type 2

1. Eventually, the lust for money is what drives people.
2. In a newspaper I read a story about people who won the lottery.
3. To my mind, it is most desirable to accumulate wealth by doing what you love.
4. The path to success is different for everyone.
5. Doing the Internet business may look like fun, but it's a lot of work.

Theme 5 Thinking & Behavior p.86

1. Test & Learn 'Word Combination' 464~483

| 465. standard | 466. face | 469. original | 470. creative | 473. express |
| 474. fixed | 476. diverse | 479. common | 480. consistency | 483. stir |

2. Test & Learn 'Word Combination' 484~503

| 484. make | 486. state | 489. make | 490. return | 493. cherish |
| 495. make | 497. respect | 498. contradictory | 499. ambiguous | 501. set |

3. Test & Learn 'Word Combination' 504~523

| 506. blameworthy | 508. take | 510. convey | 511. display | 512. inferiority |
| 517. reject | 518. level | 520. position | 521. bias | 522. jump |

4. Test & Learn 'Word Combination' 524~544

| 525. try | 526. make | 529. matter | 530. appeal | 532. accept |
| 534. play | 536. reverse | 537. manners | 540. confiscate | 541. satisfy |

5. Test & Learn 'Word Combination' 545~566

| 546. lay | 547. adhere | 550. give | 552. overcome | 555. sense |
| 556. demonstrate | 558. take | 561. pioneer | 563. attribute | 564. set |

6. Test & Learn 'Word Combination' 567~590

| 568. cause | 570. raise | 571. argument | 574. neutrality | 578. curb |
| 581. satisfy | 584. come | 585. vain | 588. switch | 589. go |

[Review Test 5] p.92

Type 1

1. have a double standard
2. original thinking
3. fixed idea
4. diverse views
5. Confucian way of thinking
6. common sense
7. ambivalent attitude
8. set a goal
9. display one's feelings
10. reject a compromise
11. change one's position
12. eliminate a bias
13. make an attempt
14. adhere to a principle
15. feel a sense of duty
16. pioneer work
17. set a good example
18. carry one's point
19. cause a controversy
20. prime interest

Type 2

1. I pictured a peaceful country village in my mind.
2. I still cherish the fond illusions of my youth.
3. Sometimes it's not so easy to convey your feelings in words.
4. I want to try new stuff and see how far I can go.
5. Being a pioneer takes a sense of adventure.

Answer Key

Theme 6 Nature & Science p.94

1. Test & Learn 'Word Combination' 591~608
- 592. recycled
- 595. contaminated
- 597. make
- 599. term
- 601. undertake
- 602. practice
- 603. pay
- 605. expense
- 606. warming
- 608. alternative

2. Test & Learn 'Word Combination' 609~628
- 610. economize
- 611. run
- 613. exploit
- 615. conservation
- 617. extinction
- 619. instinct
- 622. observation
- 625. develop
- 626. apply
- 628. innovation

3. Test & Learn 'Word Combination' 629~650
- 629. reach
- 632. facilitate
- 633. hinder
- 634. achieve
- 636. genetic
- 637. clone
- 641. replaced
- 643. space
- 644. dread
- 648. intellectual

[Review Test 6] p.97

Type 1
1. recycled paper
2. reduce air pollution
3. contaminated water
4. spoil the landscape
5. at the expense of natural resources
6. global warming
7. harness solar energy
8. economize on electricity
9. wildlife conservation
10. make a keen observation
11. scientific verity
12. develop a technology
13. technological innovation
14. pose a mystery
15. achieve a breakthrough
16. create a (human) clone
17. high-tech industry
18. prediction for the future
19. information-intensive society
20. hold a patent

Type 2
1. This is not an impossible dream if we make the environment a top concern.
2. I suppose global warming is the biggest threat to human race.
3. Without urgent action, up to one-fifth of the animals could be on the brink of extinction.
4. Cellular phones make our lives more enjoyable and facilitate communications.
5. Humans are not going to be replaced by computers

Theme 7 Health & Leisure p.99

1. Test & Learn 'Word Combination' 651~670
- 652. balanced
- 654. take
- 657. go
- 658. refrain
- 661. impulsive
- 663. take
- 664. run
- 666. harm
- 667. recover
- 669. physical

2. Test & Learn 'Word Combination' 671~692
- 672. hygienic
- 674. fresh
- 675. rotten
- 677. attraction
- 681. take
- 682. broaden
- 684. issue
- 688. resort
- 689. facilities
- 692. season

3. Test & Learn 'Word Combination' 693~714

693. routine	696. have	699. immune	700. catch	701. prevent
703. incurable	706. take	708. checkup	710. undergo	711. practice
713. expectancy				

4. Test & Learn 'Word Combination' 715~737

716. spare	718. take	720. do	724. set	727. boost
730. around	731. stay	735. relieve	737. frame	

[Review Test 7] p.103

Type 1

1. healthy diet
2. take nutrition
3. be overweight
4. go on a diet
5. curb the impulse
6. necessary evil
7. harm one's health
8. hygienic packing
9. tourist attraction
10. take the holiday trip
11. broaden one's horizons
12. exotic experience
13. daily routine life
14. catch a disease
15. medical insurance
16. indoor sports
17. spare time
18. do exercise
19. work around the clock
20. relieve the stress

Type 2

1. Last summer my family took the holiday trip from Seoul to my aunt's house in LA.
2. Travel is the search for exotic experiences.
3. Vacation makes a refreshing change from daily routine life.
4. As medical technology improves, humans may be able to surmount the cancer in the near future.
5. All age-groups suffer from the stressful modern life.

Step II Writing Functions

Part 1 Functions in 'Introduction' p.107

1. 주장을 펼 때 [Contending]
1. I'd maintain (that) agriculture is as important as high-tech industry.
2. I insisted (that) the accident took place on the crosswalk.
3. I am convinced that most cancer diseases can be cured if they are discovered early enough.
4. People say that changes in fashion are just a way of making them spend more money.

2. 의견을 말할 때 [Stating an Opinion]
1. The way I see it is that social drinking sometimes leads to heavy drinking.
2. Personally, I believe (that) we should find enough time for our family, however busy we may be.
3. I tend to think (that) nowadays kids watch too much television.
4. It seems to me that her attitude is typical of the X generation.

3. 찬성할 때 [Agreeing]
1. I am in favor of the new regulation to ban people from smoking in all public places.
2. I agree with him on that point.
3. I agree on the point that those ideas are behind the times.
4. I partly agree that housework is time-consuming and certainly not easy.

4. 반대할 때 [Disagreeing]
1. I am against the idea that all the factories causing pollution should be closed down.
2. I agree with you in principle, but my opinion on teenage drinking is rather different.
3. There is a lot of truth in it. Still, I believe (that) there should be a speed limit on all roads.

[Review Test 8] p.111

Type 1
1. I am convinced (or I am sure, I am quite positive)
2. I'd maintain (or I'd contend)
3. I tend to think (or I am inclined to think)
4. I partly agree
5. I am in favor of (or I approve of)

Type 2
1. I'd maintain (that) the students must get outside and see what the world is like.
2. People say that it's not always convenient to do everything online.
3. Personally, I believe (that) the media doesn't show teenage life as it really is.
4. I completely agree that the typical characteristics of first-born people are perfectionistic and conservative.
5. I agree in principle, but my opinion on the issue of overcrowded classes is rather different.

5. 제안할 때 [Making a Suggestion]
   1. I suggest that you take Thursday off and work Friday instead.
   2. What I suggest is that prisons should be abolished and some more humane way of treating prisoners be found.
   3. My idea is for us to travel in one car.
   4. I think it might be a good idea if you could exercise on a regular basis, whether or not you are busy.

6. 사실을 말할 때 [Telling the Fact or Truth]
   1. Indeed, Korea is so international that almost everything is available.
   2. In reality, more and more people are going into personal service work these days.
   3. It is true that half of a man's life is spent at work.
   4. Honestly, computer games are more interesting than anything else.
   5. Many of American women adopt their husbands' names when they marry. Of course, there are some exceptions.

7. 무엇에 관해 말할 때 [Stating a Connection]
   1. With regard to health, people are worrying more than they should.
   2. In connection with shopping in America, "I'm just looking." is a very useful phrase to know.
   3. In this regard, music surely has meaning for everyone in some way or other.
   4. As far as golf is concerned, I am an absolute beginner.

[**Review Test 9**] p.115

Type 1
1. it might be a good idea
2. It is true
3. Of course
4. Indeed (or In fact, As a matter of fact)
5. In connection with (or In relation to)

Type 2
1. What I suggest is that you should eat all foods in variety and moderation.
2. In reality, many people came from far away to Korea to participate in the convention.
3. Honestly, most students do not want to perform volunteer services.
4. In this regard, mathematics is an interesting subject.
5. As far as stock investment is concerned, I don't know and I don't care, either.

Answer Key

Part 2 Functions in 'Body' p.116

1. 예를 들 때 [Giving an Example]
1. To illustrate, the number of the unemployed in Korea came to nearly two and a half million.
2. I'll take the effect of drugs on young people for instance.
3. To exemplify what I mean, visiting America can be an exciting experience, but it can be a frightening one, too.

2. 대조할 때 [Contrasting]
1. It is very hot in Las Vegas in the day, but in contrast it is cold at night.
2. As distinct from this, owning a house certainly provides a person with a sense of security.
3. Some love eating meats, while others like eating vegetables.

3. 비교할 때 [Making a Comparison]
1. The boy differs from children of his age in that he is physically handicapped.
2. Chi is similar to Yoga in several ways.
3. Compared with Japanese food, Korean food is far more fatty and spicy.
4. My own assessment is that living in the country is better than living in a town.

4. 이유를 밝힐 때 [Stating a Reason]
1. We'll have to adjust to each other's habits and beliefs because our family backgrounds are different.
2. For this reason, public transport should be free.
3. The primary reason is that I am quite satisfied with the type of work I am doing.
4. My experiences have shown that hard working should always be rewarded.
5. I think it is justified for the following reasons; firstly, life without music would not be exciting, and secondly, music plays a significant part in virtually everyone's life whether he realizes it or not.

[Review Test 10] p.121

Type 1
1. To exemplify what I mean (or To illustrate my point)
2. On the other hand
3. My own assessment
4. Compared with
5. My experiences have shown

Type 2
1. Like this, one must always do one's duty.
2. Genetic engineering and bioengineering are different in several ways.
3. There are many similarities between online shopping and regular supermarket shopping.
4. I am going to specialize in law because my parents want me to study it.
5. There are several main causes of the recent economic depression.

5. 부연할 때 [Making an Explanation]
1. In other words, an individual's health is greatly influenced by his/her emotional and mental state.
2. In explanation, ecosystem mature, just as people do, from infants to adults.
3. To put it another way, sightseeing with a group is more pleasant than traveling alone.
4. In more technical terms, the Internet and the Internet-related information systems will be more comprehensive and more widespread.

6. 일반론을 펼칠 때 [Generalizing]
1. Generally, everyone has some opinion of the person who has so much day-to-day influence on his/her life.
2. Largely, allergy symptoms tend to worsen after a rain storm.
3. In the vast majority of cases, Chinese characters are used with the same meaning in China, Japan and Korea.
4. On the whole, we tend to be strongly impressed by what we have heard from other people.

7. 순서대로 나열할 때 [Enumerating]
1. It is not difficult to bake cakes.
   First, read the recipe carefully.
   Second, gather the ingredients and turn on the oven to 150 degrees C.
   Third, mix the sugar with the butter.
   Fourth, add the flour and continue mixing for 15 minutes.
   Then, pour the mixture into a cake pan and put the cake in the oven.
   Finally, after half an hour check to see if the cake is ready and take the cake out of the oven.

8. 분류할 때 [Classifying]
1. Basically, there are two kinds of schools: public and private schools.
2. I'd classify the salaried workers into two types: white-collar and blue-collar workers.
3. By and large, animals can be grouped into five categories.

[Review Test 11] p.126

Type 1
1. In more technical terms
2. To put it another way
3. Finally (or Lastly)
4. there are two kinds of (or there are two types of, there are two classes of)
5. classify, into two types

Type 2
1. In other words, this is the first time for me to travel in an airplane.
2. To explain, two-thirds of the members are over 60 years of age.
3. Generally speaking, man is physically stronger than woman.
4. Largely, this phenomenon tends to appear in city area.
5. In most cases, fathers work hard for the support of the family.
   (or In the vast majority of cases, fathers work hard to support the family.)

Answer Key

9. 묘사할 때 [Describing]
1. He describes himself as an ordinary person.
2. It is about 2 meters long and 3 meters wide.
3. It is 7 inches in breadth and 5 inches long.
4. It is made of durable material.
5. The building used to be a warehouse.

10. 확신이 없을 때 [Expressing Uncertainty or Doubt]
1. I am not sure that Germany, like Britain, has a tradition of the afternoon coffee break at work.
2. I suspect whether the public at large has any idea of the second Industrial Revolution, the Revolution in information technology.
3. One cannot say with any certainty that the replacement of people by computers should enhance productivity.

11. 흥미를 나타낼 때 [Expressing Interest]
1. I find network games very exciting.
2. I am excited at the thought of my backpacking trip to Europe next summer.
3. My particular interest is to make foreign penpals via the Internet.

12. 대안을 제시할 때 [Proposing an Alternative]
1. As an alternative, the growing number of people practice Chi today.
2. Alternatively, you could take the train or go by car.
3. Instead of paying money, he offered 200 cattle.
4. Everyone doesn't have the same talents and interests. Otherwise, it would be a dull world.

13. 조건을 말할 때 [Stating a Condition]
1. On conditions, I support the allegations that the ship-building industry is gradually dying out.
2. In that case, you must figure out what the sale price is.
3. Dolphins differ from whales in that they are smaller in size.
4. Considering my talent and aptitude, perhaps more creative work is the thing for me.

[Review Test 12] p.132

Type 1
1. say with any certainty
2. am excited at the thought of
3. Otherwise
4. On conditions (or On one condition, Conditionally)
5. in that

Type 2
1. Bill Gates used to be my idol.
2. I doubt if the Europeans also like cokes and hamburgers.
3. I have some interests in fixing Western foods.
   (or I am fairly interested in preparing Western foods.)
4. As an alternative, homeschooling or distance learning deserves consideration.
5. Considering the population density in Seoul, apartments rather than houses are to be built.

14. 이야기를 덧붙일 때 [Making an Addition]
1. Also, I wonder how many people would be able to give a definite answer to it.
2. In addition to impairing the health, cigarette smoking is often annoying to other people.
3. Furthermore, people dream the most just before they wake up.
4. Besides, air pollution can cause respiratory ailments.

15. 양보를 나타낼 때 [Expressing a Contrast]
1. Although it rained the whole time, we had a marvelous time on the camping trip.
2. In spite of the fact that they use a common language, US and Britain have very little in common.
3. Love is one word. Yet it is expressed in many other ways.
4. At any rate, it'll probably be the most memorable experience in my life.

16. 목적·의도를 나타낼 때 [Expressing Purpose or Intention]
1. For the purpose of relieving stresses, I listened to jazz music with my eyes closed.
2. With a view to building a house, he wanted to buy a lot.
3. I am making this suggestion to the effect that the students are now under the pressure of examinations.
4. Intentionally, I asked him about the customs and traditions of Christmas and how they came into being.

17. 시간 관계를 나타낼 때 [Expressing Time Sequence]
1. Shortly, I have to decide whether I will pursue my own career or take over the business of my father's.
2. Simultaneously, the aim of Chi is to free the mind and expand consciousness.
3. From then on, I developed a passion for computer games which carried me eventually into becoming a progamer.

[Review Test 13] p.137

Type 1
1. In addition to
2. Besides
3. In spite of the fact (or Despite the fact)
4. For the purpose of (or With the aim of)
5. Simultaneously (or Coincidentally, At the same time)

Type 2
1. Though they are small in size, the rooms are comfortable and well-furnished.
2. In any case, football may be called the national sport of Korea.
3. For this purpose, every country has its own national flag and national anthem.
4. Then, we gathered in the sitting room and watched television.
5. From then on, I preferred Korean movies to American ones.

Answer Key

Part 3 Functions in 'Conclusion' p.138

1. 결과를 나타낼 때 [Expressing Result]
  1. As a result of the increasing life span, a new set of social problems has arisen.
  2. Accordingly, by the year 2000 computer learning in schools will be quite normal.
  3. The most enjoyable aspect of my work is the fact that I am a freelance. Therefore, I can work whenever I wish.

2. 요약할 때 [Summarizing]
  1. To sum up, acupuncture is the ancient Chinese practice of inserting needles into various parts of the body.
  2. To make a long story short, studying abroad is not as romantic as it is thought to be.
  3. In brief, you must give as much as you take.
  4. What it comes down to is a choice between theory and practice.

3. 결론을 맺을 때 [Stating a Conclusion]
  1. In conclusion, placing older people in old-age homes, however lavish, is not the solution to the problem.
  2. I came to the conclusion that I would leave this city and move to the country.
  3. Last but not least, one must enjoy what one is doing.

4. 강조할 때 [Emphasizing]
  1. What I want to stress is that child raising should be based on the complementary experiences of both parents.
  2. In particular, vegetables and fruits are excellent sources of the vitamins man needs.
  3. Among other things, the essence of advertising is to persuade people to buy a particular product.
  4. Definitely, school years are the best years of my life.

[Review Test 14] p.142

Type 1
  1. As a result of (or As a consequence of)
  2. What it comes down to
  3. Last but not least
  4. In particular (or Particularly, Especially)
  5. Among other things (or Above all)

Type 2
  1. Therefore, it's difficult to define exactly what an essay is.
  2. In a word, my trip to Africa was a terrible experience.
  3. I came (or have come) to the conclusion that I should hunt for a well-paid and steady job.
  4. What I want to stress is that the teacher is the symbol of authority and morality.
  5. First and foremost, I'll write about the interrelationship between music and culture.

Step III Writing Copy-Structures

Part 1 Warmup Level p.145

1. Copy Structure 1~5
1. Her icy attitude can appear to others as indifference.
2. This adjective is commonly used to describe people's character.
3. According to some psychologists, man has a habit of lying.
4. It seems as if he knows everything.
5. I want to find out whether they have interests in common.

2. Copy Structure 6~10
6. Obviously, you cannot make friends with everybody.
7. This is because we have coffee as a way of relieving tension.
8. She is most likely to pass the driving test.
9. Broadly speaking, commuting by car has grown since the 1960's.
10. Even so, over one-fifth of the population still lives below the poverty line.

3. Copy Structure 11~15
11. As I have pointed out, its environmental effect could be disastrous.
12. No matter how long it takes, I will complete my task.
13. No wonder he has a stomach upset after eating so much.
14. The survey shows that 24 percent of children watch TV after 9 o'clock.
15. It is reported that whales travel at the speed of 56 kilometers per hour.

[Review Test 15] p.150

1. The Internet is commonly used to exchange e-mails.
2. It seems as if he has no worries about school life.
3. I try to find out whether the seminar is open to students.
4. Obviously, Michael Jordan is the best basketball player of all time.
5. This is because I like talking to people.
6. Brazil is most likely to win the next World Cup Games.
7. Even so, carrying cellular phone is still against the rule.
8. As I have pointed out, the youngsters are easily exposed to violent entertainment.
9. No matter how long it takes, the project must be completed.
10. It is reported that underage smoking is so serious.

Answer Key

4. Copy Structure 16~20
16. This passage is divided into two quite separate parts.
17. The fact of the matter is that meat is a highly concentrated form of nutriment.
18. This is largely because the fat intake is low.
19. What surprises me is that even the teenagers use drugs.
20. Women are also entitled to do what they want.

5. Copy Structure 21~25
21. I don't think (that) I have any striking features.
22. Once designed, a silicon chip is extremely cheap to manufacture in bulk.
23. I am learning how to play the saxophone.
24. I used to drink quite a lot.
25. It is doubtful whether the public at large has any idea of the Internet revolution.

6. Copy Structure 26~30
26. As far as TV is concerned, 65% of teenagers often watch television.
27. I have never considered studying abroad.
28. If my memory serves me right, his uncle is a police officer.
29. I have great difficulty (in) getting close to other people.
30. This house seems to be typical of European building.

[Review Test 16] p.156

1. The participants are divided into three groups.
2. The fact (of the matter) is that a number of people are concerned with health.
3. This is largely because the Korean culture is male-dominated.
4. What surprises me is that using the Internet is kind of addictive.
5. Everyone over 18 is entitled to vote.
6. I don't think I am qualified for the job.
7. I am learning how to play golf.
8. I used to study Japanese.
9. I have never considered doing my own business.
10. I have great difficulty (in) adjusting myself to changes in my environment.

7. Copy Structure 31~35
31. I've often thought about changing my profession.
32. A telephone has existed since the beginning of the 20th century.
33. Housework involves caring for the members of the family, cleaning the house and doing the laundry.
34. There aren't enough computers available.
35. Jobs are getting scarcer.

8. Copy Structure 36~40

36. Everyone has some opinion of politics.
37. It keeps changing.
38. Work and job are not necessarily synonymous.
39. The baby is bigger than average.
40. Chatting over the Internet might be fun.

9. Copy Structure 41~45

41. It must have been something special.
42. It's far from sensible.
43. It has the same effect as caffeine.
44. Most of the smaller marine mammals are called dolphins.
45. Worrisome thoughts have adverse effects, while joyous thoughts have beneficial effects.

[Review Test 17] p.163

1. The Internet has existed since the late 1960s.
2. There aren't enough natural resources available.
3. The economic situation is getting worse.
4. Everyone has some opinion of a philosophy of life.
5. Success and achievement are not necessarily synonymous.
6. Backpacking through Europe might be fun.
7. It must have been something ominous.
8. It is far from the truth.
9. A portable cassette tape recorder is often called 'Walkman'.
10. The father is the symbol of authority, while the mother gives the children affection.

10. Copy Structure 46~50

46. I seldom buy music CDs.
47. The '88 Summer Olympic Games were held in Seoul.
48. The orchestra was well received.
49. It turned out to be a great success.
50. The Koreans, as opposed to the Chinese, drink a lot of beer.

11. Copy Structure 51~55

51. I base this assertion on some evidence.
52. I became aware of the fact that she had been mistaken.
53. Either way, the structure of the Korean economy will change.
54. This type of publication falls into three categories.
55. Curiously enough, he did not lose his job.

Answer Key

12. Copy Structure 56~60

56. From a medical point of view he shows no evidence of illness.
57. She has no regard for the feelings of others.
58. I have no choice but to use force.
59. In economic matters decisions must be made quickly.
60. In the course of time I got accustomed to my new surroundings.

[Review Test 18] p.169

1. I seldom listen to classical music.
2. The COMDEX trade show is held in Las Vegas every autumn.
3. Fusion foods are well received.
4. It turned out to be a big mistake.
5. The Koreans, as opposed to the Japanese, are religious.
6. I become aware of the fact that it all starts at home.
7. Curiously enough, some Americans enjoy Korean food.
8. I had no choice but to leave the dormitory.
9. In environmental matters we should predict the future with great caution.
10. In the course of time the beautiful traditions have faded away a little.

13. Copy Structure 61~65

61. I have never been ill in my life. In this respect I have been very lucky.
62. In view of these circumstances we decided not to take legal action.
63. There is no point in trying to convince him.
64. I will sign the contract on condition that you deliver the goods on time.
65. Personally, I believe (that) every human being has the right to equal opportunity.

14. Copy Structure 66~70

66. A lot of problems with teenagers result from the fact that parents are too permissive.
67. The point is that women continue to be regarded as second-rate citizens.
68. The underlying idea of the reform is fair distribution of wealth.
69. There is no doubt that production will be stepped up before long.
70. There is no sense in going on strike.

15. Copy Structure 71~76

71. Customs vary from place to place.
72. This book has great flexibility of use.
73. The film begins with the death of a woman and ends with her revenge.
74. I am very good at fixing mechanical things.
75. First of all, it is important to know what your aptitude is.
76. South America is roughly triangular in shape.

Review Test 19 p.175

1. In this respect eating is one of the greatest pleasures in life.
2. There is no point in trying to improve the situation.
3. Personally, I believe (that) Korea will face the challenge successfully.
4. The point is that the skyscrapers must not spoil the landscape.
5. The underlying idea of the novel is the family value.
6. Cookery varies from place to place.
7. The notebook computers have great flexibility of use.
8. I am very good at making friends with strangers.
9. First of all, it is important to know what your strong point is.
10. The observation tower is roughly triangular in shape.

16. Copy Structure 77~80
77. Where it can apply is in sports that require skill and practice.
78. Hiphop is more influenced by reggae music than might be thought.
79. The other side of the coin is tolerance, an acceptance of people and situations.
80. Postures are associated with emotional states, either directly or indirectly.

17. Copy Structure 81~85
81. The extent of addiction varies according to the person and the drug.
82. People who are addicted to drugs are of any age and walk of life.
83. The longer he continues taking pills, the harder a cure will be.
84. This is unlikely unless the anti-pollution law is passed.
85. When we think of the environment, we tend to think about energy, pollution, conservation, etc.

18. Copy Structure 86~90
86. For whatever reason it is pleasant to share a room with friends.
87. First of all, I'd touch on the need to discuss this subject.
88. This will help you decide which is the most appropriate.
89. There are sharp contrasts between modes of travel according to sex and income.
90. The whales range in length from about 1.3 meters to 5 meters.

Review Test 20 p.181

1. The teenagers are more influenced by the media than might be thought.
2. National character is associated with climate, either directly or indirectly.
3. The extent of damage varies according to the region.
4. People studying English are of any age and walk of life.
5. The longer we defer a decision, the more serious the problem will be.

Answer Key

6. When we think of the Internet, we tend to think about computers.
7. For whatever reason it is unacceptable to kill others.
8. First of all, I'd touch on the basic structure of the Korean educational system.
9. This will help (you) decide which is the most desirable.
10. There are sharp contrasts between ways of dressing according to personality.

19. Copy Structure 91~95
91. I believe it important that these claims should be widely known.
92. It tells well how procedures were ignored.
93. It's common knowledge that the US president Clinton is a womanizer.
94. My resentment towards(or at) Karen is largely due to the fact that she solely occupies the room.
95. TV is a vital factor in holding a family together.

20. Copy Structure 96~100
96. It's open to question that the central bank raised the interest rate last month.
97. Special care should be taken in interpreting economic statistics.
98. It's only a matter of time before we can find any evidence.
99. You might go and change that product, rather than go on feeling bad about it.
100. If you keep talking about something for long enough, eventually people will pay attention to you.

21. Copy Structure 101~105
101. Many people still consider it odd that a woman can make a political career.
102. Sometimes being married has more pitfalls than people realize.
103. It will make driving more comfortable as well as safe.
104. A solution to the problem may lie in using an alternative means of transport — the bicycle.
105. Recently, a problem has arisen with the British Royal Family.

Review Test 21   p.187

1. It tells well how the Korean economy has recovered.
2. It's common knowledge that the school education has been collapsing.
3. It is largely due to the fact that the Korean educational system is basically Japanese style.
4. Special care should be taken in dealing with the problem of sex education.
5. It's only a matter of time before we reach a consensus.
6. If we keep making an effort in this way, eventually we will achieve our goal.
7. Many people still consider it odd that some teenagers dye their hair yellow.
8. Working freelance has more pitfalls than people realize.
9. Music makes our life more romantic as well as comfortable.
10. A problem has arisen with inflation and foreign exchange rate.

22. Copy Structure 106~110
106. Of the major world religions Buddhism adopts a vegetarian diet.
107. The number of vegetarians in Europe is estimated at several million.
108. There is certainly a tendency for vegetarians to have lower calorie intakes than people on mixed diets.
109. Receiving a present is the finest thing that can happen to a child.
110. The school program is generally recognized as (being) the most successful of its kind.

23. Copy Structure 111~115
111. It is viewed as a useful alternative way of dealing with these troublesome school problems.
112. It's quite easy to differentiate between a middle-class and a working-class child.
113. This indicates the degree to which a person is influenced by what he learnt as a child.
114. People are simply not aware of the terrible effects (that) a nuclear bomb could have.
115. I don't know what it's like to be a star.

24. Copy Structure 116~120
116. I sympathize with his idea but am disappointed at his way of working.
117. Conceivably, more creative work is the thing for me.
118. It's really exciting but at times rather time-consuming.
119. I think it's high time (that) she went on a diet.
120. As is true of any housework, gardening is tedious.

[Review Test 22] p.193

1. Of the top 10 universities in the US Harvard often counts as the best.
2. The number of Christians in Korea is estimated at about 12 million.
3. It is viewed as a useful alternative way of improving efficiency.
4. It's quite easy to differentiate between a Korean and a Japanese.
5. I don't know what it's like to act in cyberspace.
6. People are not aware of the terrible effects that human cloning could have.
7. Conceivably, a teaching job is the thing for me.
8. It's really stereotyped but at times rather rewarding.
9. I think it's high time (that) we introduced new methods into the film industry.
10. As is true of any job, fund managers face a radical change.

25. Copy Structure 121~125
121. The most enjoyable aspect of my work is the fact that I am a freelance.
122. Nowadays, job mobility is the rule rather than the exception.
123. Some feel a great sense of obligation, while others do not care at all.
124. What's interesting to me may not be interesting to someone else.
125. It seems like only yesterday that we were married.

Answer Key

26. Copy Structure 126~130

126. I haven't made up my mind about whether I want to be a programmer or run a convenience store later.
127. Whether or not we are young, we should keep fit.
128. That depends on how efficient it is.
129. The students can tailor the program to their individual needs.
130. Yoga is believed to be conducive to a longer, healthier life.

27. Copy Structure 131~135

131. Illness is thought to be the result of an improper balance of the body's forces.
132. I haven't had the occasion to use my medical insurance.
133. Black people express their feelings about life in the form of gospel music.
134. All we have to do is go and wait for the result.
135. The inflation rose by 3% to 9.5%.

[Review Test 23] p.199

1. The most enjoyable aspect of college life is the fact that I can study whatever I wish.
2. Cybershopping is the rule rather than the exception.
3. What's serious to me may not be serious to someone else.
4. It seems like only yesterday that I graduated from high school.
5. I haven't made up my mind about whether I enter a college or get a job.
6. That depends on how long it takes.
7. This summer's unusually high temperature is thought to be the result of the greenhouse effect.
8. I haven't had the occasion to demonstrate my computer skill.
9. All we have to do is know our own limitations and do our best.
10. The interest rate rose by 0.5% to 8%.

28. Copy Structure 136~140

136. The search for spiritual consolation is what gospel music is all about.
137. Music surely has meaning for everyone in some way or other.
138. "Every dog has his day", as the saying goes.
139. All that matters now is that the new government implements the necessary reforms without delay.
140. It is all the more serious as productivity has been steadily falling in the last few years.

29. Copy Structure 141~145

141. I wonder whether this article is really based on facts.
142. It is quite right in pointing out that most applicants just do not qualify for the job.
143. It is worth pointing out that pollution has put fish at risk.
144. The importance of the new law can be seen from the fact that even the opposition has voted for it.
145. Whether I can master English or not depends on three factors.

30. Copy Structure 146~150

146. Traveling gives you an insight into the mentality of people in other countries.
147. Irrespective of what side you take, you should start the immediate negotiation.
148. It is needless to say that breaking down the walls of prejudice is difficult.
149. It is a generally accepted truth that cigarette smoking is harmful to the health.
150. It takes considerable expertise to forecast the fluctuation in stock prices.

[Review Test 24] p.205

1. Bible study and prayer are what Christianity is all about.
2. An advance in science and technology has meaning for every individual in some way or other.
3. "Easy come, easy go", as the saying goes.
4. It is all the more serious as more chemicals are used.
5. I wonder whether the film is really based on a real story.
6. Whether I can complete it depends on my determination.
7. Irrespective of age, we should try to develop our potentials.
8. It is needless to say that we must practice English harder.
9. It is a generally accepted truth that women live longer than men.
10. It takes considerable expertise to write a computer program.

Part 2 Intermediate Level p.206

1. Copy Structure 151~155

151. I would like to make it clear that I am not prejudiced against anyone.
152. On the one hand she advocates a classless society, on the other (hand) she prides herself on living in the West.
153. The main point at issue is whether students can carry beepers and cellular phones at school.
154. I do not see any chance of putting these ideas into practice.
155. You must take into consideration that the fabric of society in that country is completely different from ours.

2. Copy Structure 156~160

156. Taking all that into consideration, I think the whole situation is not so confusing as it looks.
157. The good thing about it is that you do not need to speak fluent English.
158. The key to the solution of many social problems lies in a wider understanding of the economic facts of life.
159. There are always two sides to every problem.
160. To sum up, we can say that women are often superior to men in almost every field.

Answer Key

3. Copy Structure 161~165
161. I should treat this subject in some detail.
162. When it comes to sports, he is the best in our class.
163. That is nothing but wishful thinking.
164. One of the best ways to shop seems to prepare in advance by making a list of what you need.
165. The problems related to the environment become progressively more comprehensive.

4. Copy Structure 166~172
166. I hate washing dishes almost as much as doing laundry.
167. The big washing machine holds about three times as many clothes as the regular one.
168. I always thought it would be much more expensive to repair.
169. Things have changed since the 1950s for various reasons.
170. Soon after I had left my country, I started to feel homesick.
171. I was too nervous about the exam result to eat the food.
172. What is interesting about money is not its value, but the behavior of people toward it.

[Review Test 25] p.213

1. I would like to make it clear that life (just) isn't that simple.
2. The main point at issue is whether the students are required to wear school uniforms.
3. I do not see any chance of turning the dream into reality.
4. You must take into consideration that life is full of choices.
5. Taking all that into consideration, I think (that) the Internet will continue its rapid growth.
6. The key to longer life lies in the advance in medical technology.
7. A society without crime is nothing but wishful thinking.
8. The problems related to the destruction of ozone layers become progressively more comprehensive.
9. I always thought it would be much cheaper to recycle.
10. Things have changed a lot since the invention of the computer for various reasons.

Part 3 Advanced Level p.214

1. Copy Structure 173~177
173. The discussion is on basic body shape and it stands regardless of what you weigh and how fat you may be.
174. In some cases addiction will be lifelong; in others it may be a temporary phase.
175. This machine works in a way similar to that of computer, though slow-moving.
176. Their reasons for taking drugs are as varied as the environments in which they live.
177. Usually, the way someone speaks reveals of his or her character.

2. Copy Structure 178~182

178. For most people it is not only the type of housing which is important, but the whole neighborhood as well.
179. The aim is to make the public more aware of the wildlife's plight.
180. I was so disenchanted with life in a big city that I decided to give up my job and make a fresh start somewhere in the country.
181. I think it no longer makes sense that the universities remain in a densely populated part of Seoul.
182. Whether or not it's healthier to be a vegetarian is just a matter of opinion.

3. Copy Structure 183~187

183. You can blame TV for the fact that children take longer to learn to read these days.
184. The trouble is that when we look at the photo we don't know how the photo was taken.
185. I have little knowledge of the actual production of what I buy and am therefore unable to make firsthand judgements of quality.
186. It may be useful to refer to a business dictionary to read financial pages in the newspaper.
187. Part of the reason for this may lie in people choosing a holiday that is unsuitable for them.

[Review Test 26] p.219

1. The discussion is on quality of life and it stands regardless of how rich you are.
2. The reasons for their studying English are as varied as their jobs.
3. Usually, the way someone speaks reveals of his or her educational background.
4. For most people it is not only a success which is important, but the feeling of achievement.
5. The aim is to make the public more aware of the importance of the information-intensive society.
6. I think it no longer makes sense that you stick to the morals and values of the industrial age.
7. Whether or not it's impolite to smoke in front of elders is just a matter of opinion.
8. You can blame violent films for the fact that the school shootings have recently taken place so often.
9. I have little knowledge of law and am therefore unable to judge what is unlawful.
10. Part of the reason for my being overweight may lie in eating junk foods like hamburgers.

4. Copy Structure 188~192

188. It is not uncommon these days to hear of people who become disenchanted with city life.
189. More and more people are finding it increasingly stressful to commute to their work.
190. Sex education at school will come as quite a shock if you've been accustomed to a regular curriculum.
191. Food is something that is of immediate concern to everyone, everywhere.
192. Vegetarianism in the West is less a matter of economic necessity than of taste.

5. Copy Structure 193~197

193. Vegetable foods tend to have a higher water content so that vegetarians automatically take larger quantities of water.
194. There is much to criticize and little to praise in the schooling we received.
195. There are, however, still some lingering doubts as to whether this new system can replace the old one.

Answer Key

196. The same rules will apply to the Nobel prizewinners and their equivalents.
197. Plastic surgery today is widely practiced and causes little controversy.

6. Copy Structure 198~202

198. People don't work as hard nowadays as they used to.
199. Schools as we know them today won't exist in the 21st century.
200. The new system, though not objectionable in itself, might lead to great concern.
201. TIME magazine differs from LIFE in that it is more serious.
202. Traditionally, auto-racing has always been a man's sport, for it takes a great deal of stamina.

[Review Test 27] p.226

1. It is not uncommon these days to hear of young millionaires.
2. More and more people are finding it increasingly stressful to compete with their colleagues.
3. Music is something that is of immediate concern to everyone, everywhere.
4. Home brew is less a matter of economic necessity than of taste.
5. There is much to criticize and little to praise in the current political system.
6. Abortions are widely practiced and cause little controversy.
7. People don't read as much nowadays as they used to.
8. Public transports as we know them today won't exist in 2050.
9. Online magazines differ from paper ones in that they are updated more frequently.
10. Traditionally, a nurse has always been a women's job, for it needs feminine qualities.

7. Copy Structure 203~207

203. I still find it difficult to convince my friends that studying abroad is not as glamorous as it is thought to be.
204. I anticipate (that) some new problems will arise as a result of the increasing life span.
205. The company is quite unusual in the sense that it is owned by its staff.
206. I made a remark to the effect that more people will lose their jobs.
207. I ended up buying more than I could afford.

8. Copy Structure 208~212

208. It is not always simple to draw a clear distinction between ideal and reality.
209. In most cases the line drawn between amateur and professional is necessarily subjective.
210. Anybody who hears the word "hero" will probably think of the name Napoleon.
211. Strange as it may sound, the fact is that the "Swan Lake" was not in the least recognized while Tchaikovsky was alive.
212. Though the scientist himself did not want any publicity, newspapers, as is often the case, began to publicize his discovery.

9. Copy Structure 213~217

213. All the proposed solutions now boil down to one: specialization and globalization.
214. For one thing the immigrants have different values, and then many of them do not speak English.
215. The plan sounds good in theory, but I wonder whether it will work in practice.
216. It is in the nature of things that the best way to achieve a success is by doing what we love.
217. On the surface sexism seems to have disappeared, but in reality it still exists.

10. Copy Structure 218~222

218. The advantages of early education outweigh the disadvantages.
219. We must carefully consider all the pros and cons of local autonomy.
220. The subjects treated in this book range from gardening to mountaineering.
221. I will take an example of the recent controversies surrounding sexual harassment.
222. A folk tale is a story about ordinary people, revealing their beliefs and customs.

[Review Test 28] p.234

1. I anticipate (that) some new problems will arise as a result of the destruction of the ecosystem.
2. My family ended up emigrating to America.
3. It is not always simple to draw a clear distinction between freedom and indulgence.
4. Anybody who hears the word "golf" will probably think of Tiger Woods.
5. Electronic democracy sounds good in theory, but I wonder whether it will work in practice.
6. It is in the nature of things that money begets money.
7. The advantages of borderless free trade outweigh the disadvantages.
8. We must consider all the pros and cons of the censorship of pornography on the Internet.
9. The subjects treated in this magazine range from current affairs to pop art.
10. I will take an example of the recent controversies surrounding venture businesses.

Step IV Simulation of TOEFL Writing

Part 1 Independent Writing Task

[Simulation Practice 1] p.278

1. Likewise, we seem to be prejudiced against black Americans.
2. On the other hand, the French drink a lot of wine, as opposed to the Germans.
3. By doing so, cyberschools will be on the increase.
4. In other words, we easily forget about our mistakes.
5. By and large, these problems are due to two factors.
6. Also, he does not qualify for the job.
7. Moreover, many people are not aware of the juvenile problems facing our society today.
8. Therefore, our children's opinion should not be so easily dismissed.
9. In this regard, I entirely agree with the statement.
10. However, I do not see any chance of solving these environmental problems in the near future.

[Simulation Practice 2] p.280

1. Everyone has some opinion of happiness.
2. First of all, it is important to know what the problem is.
3. A lot of problems result from the fact that many more students want to study abroad.
4. The view of the media varies from person to person.
5. That depends on how efficient it is.
6. Music is something that is of immediate concern to everyone, everywhere.
7. The same will apply to online education.
8. I will treat environmental destruction in greater detail.
9. There are always two sides to every problem.
10. I will take an example of my experiences related with it.